高等职业教育财经类专业群 **智慧财经** 系列教材

高等职业教育新形态一体化教材

金融科技概论

武　飞　胡增芳　任碧峰　主编

中国教育出版传媒集团
高等教育出版社·北京

内容提要

本书是高等职业教育财经类专业群智慧财经系列教材之一。

本书为适应《职业教育专业目录（2021）》中"金融科技应用"专业的设置要求，坚持立德树人、德技并修，坚持产教融合、校企合作，坚持工学结合、知行合一，共设置了11章，具体包括金融科技概述、金融科技发展历程、金融科技与信息技术、金融科技与支付、金融科技与银行业、金融科技与证券业、金融科技与保险业、金融科技与其他相关行业、金融科技安全、金融科技风险和金融科技监管，教材内容适应中国金融业发展新业态、新模式、新流程的变化，突出对学生职业素养提升及解决问题和实践创新的能力培养。另外，本书从教师"易教"和学生"易学"的角度出发，精心设计了学习目标、思维导图、章前引例、思考与实践、教学活动设计、金融科技知信行与知识自测等栏目，极大地方便了教师的教学需要，也方便了学生的阅读。

本书同步开发了教学课件、电子教案、参考答案等数字化教学资源，供广大教师和学生深入学习使用。授课教师可登录"高等教育出版社产品信息检索系统"（xuanshu.hep.com.cn）免费下载相关资源。本书还配有二维码资源，用手机扫描本书边白处的二维码即可进行自主学习。

本书既可作为高等职业教育专科、本科院校财经商贸大类"金融科技应用"专业相关课程的教材，也可作为金融科技领域相关从业人员和科研人员的参考用书，还可供各类金融机构开展员工培训使用。

图书在版编目（CIP）数据

金融科技概论 / 武飞，胡增芳，任碧峰主编．

北京：高等教育出版社，2025. 2. -- ISBN 978-7-04-063208-8

Ⅰ．F830

中国国家版本馆 CIP 数据核字第 2024MA3722 号

金融科技概论
JINRONGKEJIGAILUN

| 策划编辑 | 张雅楠 | 责任编辑 | 李瑞欣 张雅楠 | 封面设计 | 李树龙 | 版式设计 | 于 婕 |
| 责任绘图 | 于 博 | 责任校对 | 窦丽娜 | 责任印制 | 刘思涵 | | |

出版发行	高等教育出版社	网　　址	http://www.hep.edu.cn
社　　址	北京市西城区德外大街4号		http://www.hep.com.cn
邮政编码	100120	网上订购	http://www.hepmall.com.cn
印　　刷	三河市华骏印务包装有限公司		http://www.hepmall.com
开　　本	787mm×1092mm　1/16		http://www.hepmall.cn
印　　张	16.5		
字　　数	310千字	版　次	2025年2月第1版
购书热线	010-58581118	印　次	2025年2月第1次印刷
咨询电话	400-810-0598	定　价	49.80元

本书如有缺页、倒页、脱页等质量问题，请到所购图书销售部门联系调换
版权所有　侵权必究
物　料　号　63208-00

前 言

习近平总书记在 2023 年中央金融工作会议上提出:"做好科技金融、绿色金融、普惠金融、养老金融、数字金融五篇大文章",这为牢牢把握推进金融高质量发展这一主题,做好相关金融工作指明了方向。党的二十届三中全会提出:"积极发展科技金融、绿色金融、普惠金融、养老金融、数字金融,加强对重大战略、重点领域、薄弱环节的优质金融服务。"这一系列部署和要求锚定金融强国建设目标,凸显改革力度。

随着数字技术和实体经济日益深度融合,数字产业化蓬勃发展、产业数字化转型快速推进。未来在我国数字经济不断做强、做优、做大的趋势下,金融业数字化转型也要不断深化,以数字金融创新来更好服务数字经济发展。以 5G 通信、物联网、人工智能、区块链、云计算和大数据等为代表的新一代信息技术在金融领域应用取得了长足进步,有力地促进了金融科技的发展,进一步推动了金融机构在客户服务、产品开发、市场推广、风险管理等领域的数字化转型。为了更好地适应金融行业发展的新需求,加强金融科技专业相关课程建设,大力培养金融科技专业的复合型人才,《金融科技概论》应运而生。

本书在编写过程中,坚持将党的二十大精神、中央金融工作会议精神和党的二十届三中全会精神融入各部分内容的编写,以推进中国金融供给侧结构性改革为导向,坚定不移走中国特色金融发展之路。本书努力把握和处理好短期与长期、稳增长与防风险、内部与外部的关系,坚持立德树人、德技并修;坚持产教融合、校企合作;坚持工学结合、知行合一;坚持面向市场、促进就业;坚持面向实践、强化能力;坚持面向人人、因材施教;强化职业教育类型特色,突出反映中国金融改革新成就,适应中国金融业发展的新业态、新模式、新流程。本书深入分析了金融科技发展趋势,坚持理论与实践结合,加强实践技能的训练,培养学生发现问题、分析问题、解决问题的能力。

本书具有如下特点：

1. 坚持正确的价值导向，培养德才兼备的金融人才

在金融强国建设过程中，广大金融从业人员必须坚持正确的价值导向，必须努力做到：诚实守信，不逾越底线；以义取利，不唯利是图；稳健审慎，不急功就利；守正创新，不脱实向虚；依法合规，不胡作非为。本书精心设计了"金融科技知信行"栏目，选取最新的政策文件和典型案例进行介绍，引导和鼓励广大学生树立正确的价值观、人生观和世界观。

2. 坚持正确的教学理念，体现数智赋能

在金融职业教育人才培养过程中，广大教师必须坚持"以学生为中心"的教学理念，引导和鼓励学生在学习过程中努力做到工学结合、知行合一。本书体现数智赋能，关注金融科技领域的新趋势、新变化、新政策，将金融科技领域的最新变化体现在教材编写中，既全面讲解了金融科技的基本理论知识，又详细介绍了金融科技在金融行业的具体应用前沿案例。

3. 坚持产教融合，校企"双元"合作开发

在职业教育高质量发展背景下，充分实现产教融合、校企"双元"合作无疑是破解发展难题、提高办学质量的必由之路。本书编者充分调动全国金融职业教育教学指导委员会的专家力量，有效整合全国数字金融产教融合联盟的企业资源，大量调研金融科技的发展情况，深入挖掘金融科技领域的最新实践，推动全国"智慧数字财经""数字财金""智慧财经""智慧金融"等行业产教融合共同体的建设和发展。

本书由北京财贸职业学院武飞、安徽商贸职业技术学院胡增芳、广州番禺职业技术学院任碧峰担任主编，负责梳理编写思路，提出总体要求，制定教材大纲，确定章节体例。本书由广州番禺职业技术学院杨则文主审。编写人员分工具体如下：第一章，由重庆财经职业学院赵蕊编写；第二章，由浙江工商职业技术学院朱艳敏编写；第三章，由广州番禺职业技术学院任碧峰编写；第四章，由辽宁金融职业学院孟庆海编写；第五章，由陕西财经职业技术学院路涛编写；第六章，由安徽商贸职业技术学院李星星编写；第七章，由山东外贸职业学院刘宜编写；第八章，由四川财经职业学院涂菲编写；第九章，由安徽国际商务职业学院马京京编写；第十章，由天津商务职业学院王军强编写；第十一章，由安徽商贸职业技术学院胡增芳和李星星编写；配套的数字化课程平台资源由东方鲲鹏教育科学研究院提供。

本书在编写过程中参考了大量金融科技领域的学术文献和相关教材，借鉴了其最新研究成果，由于篇幅所限，无法一一列举，在此一并表示感谢。

由于编者水平有限，教材难免有很多不足之处，恳请广大师生及读者提出宝贵意见，以便进一步修改完善。

编者

2025 年 1 月

目　录

第一章　金融科技概述　/　001
　　第一节　金融科技的定义与内涵　/　005
　　第二节　金融科技业态的分类和发展　/　009
　　第三节　金融科技产生的影响及面临的挑战　/　017

第二章　金融科技发展历程　/　025
　　第一节　互联网金融阶段的金融科技　/　029
　　第二节　新一代信息技术阶段的金融科技　/　033

第三章　金融科技与信息技术　/　039
　　第一节　5G 与物联网在金融领域中的应用　/　042
　　第二节　人工智能在金融领域中的应用　/　047
　　第三节　区块链在金融领域中的应用　/　050
　　第四节　云计算在金融领域中的应用　/　055
　　第五节　大数据在金融领域中的应用　/　058

第四章　金融科技与支付　/　067
　　第一节　支付技术　/　071
　　第二节　支付模式　/　074
　　第三节　数字货币　/　083

第五章　金融科技与银行业　/　091
　　第一节　金融科技与银行业务　/　095
　　第二节　金融科技与银行风险控制　/　103

第三节　金融科技与银行商业模式 / 113

第六章　金融科技与证券业 / 123
　　第一节　金融科技与证券自营业务 / 126
　　第二节　金融科技与证券财富管理业务 / 134
　　第三节　金融科技与证券投行业务 / 145

第七章　金融科技与保险业 / 153
　　第一节　金融科技与保险定价 / 157
　　第二节　金融科技与核保理赔 / 164
　　第三节　金融科技与保险营销 / 168

第八章　金融科技与其他相关行业 / 173
　　第一节　金融科技与财富管理 / 177
　　第二节　金融科技与信用产业 / 182
　　第三节　金融科技与互联网行业 / 189

第九章　金融科技安全 / 195
　　第一节　金融科技安全概述 / 198
　　第二节　金融数据安全和个人金融信息保护 / 205
　　第三节　金融科技安全技术 / 211

第十章　金融科技风险 / 215
　　第一节　金融科技风险概述 / 219
　　第二节　科技赋能的金融科技风险管理 / 226

第十一章　金融科技监管 / 233
　　第一节　金融科技监管概述 / 237
　　第二节　金融科技在监管中的应用 / 241
　　第三节　金融科技伦理治理体系 / 245

参考文献 / 253

第一章
金融科技概述

- 金融科技的定义与内涵
- 金融科技业态的分类和发展
- 金融科技产生的影响及面临的挑战

学习目标

素养目标
- 通过对金融科技内涵及发展的学习，树立学生金融报国、科技强国的理想信念，以及对新技术、新知识孜孜不倦的求索精神
- 通过对金融科技的影响和面临的挑战的学习，培养学生对新事物的思辨能力及创新精神

知识目标
- 掌握金融科技的内涵和本质
- 理解金融科技和互联网金融以及科技金融之间区别与联系
- 了解金融科技发展的理论基础
- 了解金融科技的业态
- 了解金融科技产生的影响及面临的挑战

技能目标
- 能够阐述我国金融科技的发展现状
- 能够区分金融科技、互联网金融和科技金融
- 能够对金融科技的影响和发展中面临的挑战进行简单的分析

思维导图

章前引例

中国人民银行印发《金融科技发展规划（2022—2025 年）》

2022 年 1 月，中国人民银行印发《金融科技发展规划（2022—2025年）》(简称《规划》)。《规划》依据《中华人民共和国国民经济和社会发展第十四个五年规划和 2035 年远景目标纲要》制定，提出新时期金融科技发展的指导意见，明确金融数字化转型的总体思路、发展目标、重点任务和实施保障。

《规划》强调，要以习近平新时代中国特色社会主义思想为指导，全面贯彻党的十九大和十九届历次全会精神，坚持创新驱动发展，坚守为民初心、切实履行服务实体经济使命，高质量推进金融数字化转型，健全适应数字经济发展的现代金融体系，为构建新发展格局、实现共同富裕贡献金融力量。

《规划》指出，要坚持"数字驱动、智慧为民、绿色低碳、公平普惠"的发展原则，以加强金融数据要素应用为基础，以深化金融供给侧结构性改革为目标，以加快金融机构数字化转型、强化金融科技审慎监管为主线，将数字元素注入金融服务全流程，将数字思维贯穿业务运营全链条，注重金融创新的科技驱动和数据赋能，推动我国金融科技从"立柱架梁"全面迈入"积厚成势"新阶段，力争到 2025 年实现整体水平与核心竞争力跨越式提升。

《规划》提出八个方面的重点任务。一是强化金融科技治理，全面塑造数字化能力，健全多方参与、协同共治的金融科技伦理规范体系，构建互促共进的数字生态。二是全面加强数据能力建设，在保障安全和隐私前提下推动数据有序共享与综合应用，充分激活数据要素潜能，有力提升金融服务质效。三是建设绿色高可用数据中心，架设安全泛在的金融网络，布局先进高效的算力体系，进一步夯实金融创新发展的"数字底座"。四是深化数字技术金融应用，健全安全与效率并重的科技成果应用体制机制，不断壮大开放创新、合作共赢的产业生态，打通科技成果转化"最后一公里"。五是健全安全高效的金融科技创新体系，搭建业务、技术、数据融合联动的一体化运营中台，建立智能化风控机制，全面激活数字化经营新动能。六是深化金融服务智慧再造，搭建多元融通的服务渠道，着力打造无障碍服务体系，为人民群众提供更加普惠、绿色、人性化的数字金融服务。七是加快监管科技的全方位应用，强化数字化监管能力建设，对金融科技创新实施穿透式监管，筑牢金融与科技的风险防火墙。八是扎实做好金融科技人才培养，持续推动标准规则体系建设，强化法律法规制度执行，护航金融科技行稳致远。

（资料来源：中国人民银行官网）

> **分析**：《金融科技发展规划（2022—2025年）》依据《中华人民共和国国民经济和社会发展第十四个五年规划和2035年远景目标纲要》制定，《规划》从宏观层面对我国发展金融科技进行顶层设计和统筹规划，将进一步推动金融科技迈入高质量发展的新阶段，更充分发挥金融科技赋能作用，增强金融服务实体经济的能力和效率，对引领我国金融科技发展具有重要指导意义。

第一节 金融科技的定义与内涵

一、金融科技的定义

"金融科技"（Fintech）一词源于"金融（Financial）"和"科技（Technology）"的缩写。早在1972年的科学文献中，金融科技被定义为将银行专业知识与现代管理科学技术和计算机相结合的一种金融技术。从2010年开始，金融科技在全球范围内广受关注，各国监管当局、金融业界以及主要国际金融组织都对金融科技给予了高度重视。但目前各国际组织和学术界对金融科技的定义尚无统一定论。

现有文献主要通过以下三类观点来界定金融科技。第一类观点将技术作为金融科技的本质内容，认为技术是推动金融发展的重要手段，强调利用技术达到金融发展模式的创新或效能的提高。例如，美国国家经济委员会（National Economic Council，NEC）的定义为：金融科技是指不同种类的技术创新，这些技术创新影响各种各样的金融活动，包括支付、投资管理、资本筹集、存款和贷款、保险、监管合规，以及金融服务领域里的其他金融活动。第二类观点认为金融是金融科技的核心，金融科技是由技术支撑的金融创新，是新技术条件下金融的一种类型，仍然没有脱离金融的本质，其落脚点还是在金融。例如，新加坡金融管理局（Monetary Authority of Singapore，MAS）指出，金融科技是通过使用科技设计新的金融服务和产品。英国政府发布的《金融科技未来》报告，将金融科技定义为"通过金融与科技的融合，有望创新和颠覆传统金融模式和业务，为企业和个人提供一系列全新的金融业务"。第三类观点把技术创新和金融创新都纳入金融科技的范畴中，认为金融科技所包含的创新范围较广，既包含前端的产品、模式，也包含后端的技术。例如，国际证监会组织（International Organization of Securities Commissions，IOSCO）认为，金融科技是有潜力改变金融服务行业的各种创新的商业模式和新兴技术。

国际上认可度最广的定义出自金融稳定理事会（Financial Stability Board，

FSB）2016 年发布的报告，该报告将金融科技定义为"技术带来的金融创新，它能够产生新的商业模式、应用、过程或产品，从而对金融市场、金融机构或金融服务的提供方式产生重大影响。"中国人民银行在《金融科技发展规划（2019—2021 年）》中沿用了上述定义，指出"金融科技是技术驱动的金融创新，旨在运用现代科技成果改造或创新金融产品、经营模式、业务流程等，推动金融发展提质增效。"

在当前背景下，后端的新型信息技术和前端由技术驱动的金融创新，都是金融科技内涵的两个不可分割的有机组成部分。本书将金融科技的定义归纳为：金融科技是以物联网、人工智能、移动互联网、大数据、云计算、区块链等新兴技术手段驱动的金融创新，它通过技术创新不断变革金融产品、经营模式、业务流程等，并由此打造出新的金融业态、新的金融科技市场及新的商业模式。

二、金融科技的本质

金融科技的本质为以下几点。

（一）金融科技的底层逻辑仍为金融

金融科技的出现所改变的主要是金融交易的载体、渠道、成本和效率等要素，并没有改变交易、支付、投资和信贷等金融核心业务，也没有改变金融资源配置这一金融服务实质，金融体系也依旧要履行支付清算、管理风险等基本功能，金融科技的底层逻辑仍是金融，金融科技的发展也必须遵循金融行业运行的基本规律。

（二）金融科技以新兴技术作为后端支撑

物联网、人工智能、移动互联网、大数据、云计算、区块链等信息技术作为根本引擎驱动了金融科技的发展，信息技术的更迭也不断催生了新的金融科技创新形式。因此，科技虽是手段，但已成为金融科技创新的牢固基石，能够有效契合各类金融业态和场景的需求，在风险防控、产品创新、运营管理、基础设施等方面发挥重要的赋能作用，为金融科技的发展提供重要的技术支撑。

（三）金融科技是金融与科技的深度融合

金融科技是技术驱动的金融创新，它将高速发展的 5G、人工智能、大数据、云计算、物联网、区块链等新技术全面应用于支付、清算、融资租赁、保险、互联网金融等方面，通过影响金融市场、金融机构或金融服务的提供方式来实现金融产业整体效率提升。金融科技既不是简单地在金融中加入技术因素，也不是金融与科技的简单融合，而是大数据、人工智能和区块链等新一代信息技术深度变革金融的创新飞跃。

> **思考与实践**
>
> 请搜集近三年的金融科技创新案例，思考新一代信息技术是如何与金融场景相结合从而改变金融服务行业的？

三、金融科技、互联网金融与科技金融的区别

（一）金融科技与互联网金融的区别

互联网金融是指传统金融机构与互联网企业利用互联网技术和信息通信技术实现资金融通、支付、投资和信息中介服务的新型金融业务模式。虽然互联网金融和金融科技都是信息技术和金融服务彼此融合的结果，二者都以金融为底层逻辑，但并不等同。相比本土化的互联网金融，金融科技的国际化程度更高，更能概括当前先进技术在金融领域的应用及其影响，是关键技术驱动金融的升级飞跃。互联网金融和金融科技的区别见表1-1。

第一，从驱动技术来看，互联网金融的发展主要得益于互联网技术应用和移动互联网等终端的普及，强调的是通过互联网技术实现金融交易数字化，以此来简化业务流程、优化产品及服务、改善用户体验；而金融科技的驱动力量则为区块链、人工智能、物联网、大数据、云计算等新兴技术，比传统的互联网技术更为智能化，更注重科技手段在金融领域中的创新应用。

第二，在业务领域方面，互联网金融侧重将金融业务互联网化，主要表现为传统金融机构搭建在线业务平台，对经营渠道进行变革，以及互联网企业利用线上平台从事金融业务，其主要业态包括互联网支付、网络借贷、股权众筹融资、互联网基金销售、互联网保险、互联网信托和互联网消费金融等，成熟业态集中在支付和信贷领域；金融科技涉及的业务领域更多元，对金融的改变已经从互联网等渠道层面升级到更深层次的技术层面，并由此打造出新的金融业态、新的金融科技市场、新的商业模式。除了在移动支付和网络贷款领域发展领先，数字货币、智慧银行、保险科技、智能投顾、智能投研、数字征信、智能风控等也逐渐成为金融科技创新的重要领域。

第三，从服务主体来看，互联网金融主要由互联网企业开展，例如阿里巴巴、腾讯、百度等进入金融领域，提供第三方支付和网络贷款等多种互联网金融模式，传统金融机构业务的互联网化则作为补充；而金融科技的服务运行主体更加多元化、全面和成熟，包括互联网企业、新兴科技企业、传统金融机构及其内部孵化的金融科技公司、金融监管机构、通信服务机构等。

第四，在影响和变革方面，金融科技远比互联网金融更加深入和全面。互联网金融通过传统金融业务的线上化以及第三方支付、P2P网贷、互联网理财等多种互联网金融模式拓宽了金融服务的渠道与覆盖面，提高了交易的便捷性

和融资效率,激发了大量潜在用户的金融消费需求。而金融科技领域,大数据、云计算、物联网、区块链、人工智能等新技术的融入,以迅猛的速度升级了金融业态,其颠覆性创新为金融业的生产方式带来根本性变革,不仅对金融渠道、金融产品、金融服务效率等方面产生了更加广泛和深远的影响,还体现在为金融监管、技术风险系统性防范、金融消费者教育和保护、数据确权和数据保护等金融生态体系和金融基础设施均带来了机遇和挑战。在金融科技中,科技已演变成金融行业发展的核心环节,已深入金融行业本质,而不再仅限于拓宽金融发展的渠道。

互联网金融和金融科技的区别如表1-1所示。

表1-1 互联网金融和金融科技的区别

项目	互联网金融	金融科技
驱动技术	互联网技术应用和移动互联网等终端的普及	区块链、人工智能、物联网、大数据、云计算等新兴技术
业务领域	互联网支付、网络借贷、股权众筹融资、互联网基金销售、互联网保险、互联网信托和互联网消费金融等	数字货币、智慧银行、保险科技、智能投顾、智能投研、数字征信、智能风控等
服务主体	主要由互联网企业开展,传统金融机构业务的互联网化作为补充	互联网企业、新兴科技企业、传统金融机构及其内部孵化的金融科技公司、金融监管机构、通信服务机构等
影响和变革	金融渠道、金融产品、金融服务效率等	金融监管、技术风险系统性防范等金融生态体系和金融基础设施

(二)金融科技与科技金融的区别

科技金融是指促进科技开发、科技成果转化和高新技术产业发展的一系列金融工具、金融制度、金融政策与金融服务的系统性、创新性安排,是由向科学与技术创新活动提供融资资源的政府、企业、组织、社会中介机构等各种主体及其在科技创新融资过程中的行为活动共同组成的一个体系。虽然金融科技与科技金融是科技、金融两个词前后顺序不同形成的组合,但两者含义大不相同。在实践中极易被混淆。

首先,科技金融通过金融产品创新直接服务于初创期到成熟期各发展阶段的科技企业,侧重于通过金融创新服务科技行业;而金融科技则是利用人工智能等前沿科技提高金融服务的效率,侧重于通过科技创新服务金融行业;其次,科技金融提供服务的主体多是商业银行、创业投资机构、科技担保机构、科技保险等提供金融产品服务的金融机构，主要需求者则为科技型企业。而金融科技是新技术革命对金融领域边界的拓宽和重构，其提供服务的主体主要为互联网企业、科技企业等技术性驱动企业，以及数字化、智能化转型的金融机构等，个人、企业、政府等都是需求者；最后，科技金融的主要产品与应用包括投资引导基金、投贷联动、科技保险、科技信贷等，例如苏州工业园区的"园科贷"产品，通过"园区资金池+银行"的风险分担模式，为科技型中小企业缓解"融资难、融资贵"问题。金融科技的主要产品与应用则包括数字货币、金融云、智能投顾、数字征信、大数据风控系统等。科技金融和金融科技的区别见表1-2。

表1-2 科技金融和金融科技的区别

项目	科技金融	金融科技
核心要义	通过金融创新服务科技行业	通过科技创新服务金融行业
实现方式	大数据、人工智能、区块链等新兴技术在金融领域中的应用	适合科技型企业的金融创新产品的研发
参与主体	供给主体：商业银行、创业投资机构、科技担保机构、科技保险等提供金融产品服务的金融机构 需求主体：科技型企业	供给主体：互联网企业、科技企业等技术性驱动企业，以及数字化、智能化转型的金融机构等 需求主体：政府、企业、个人等
典型产品和应用	投资引导基金、投贷联动、科技保险、科技信贷	数字货币、金融云、智能投顾、数字征信、大数据风控系统

虽然金融科技和科技金融有不同的内涵，但二者之间可以相互赋能。一方面，金融科技的发展会推动科技金融服务业务线上化、智能化、场景化；另一方面，科技金融的发展也会为金融科技发展提供资本支持。

第二节 金融科技业态的分类和发展

一、金融科技业态的分类

（一）国际组织的分类

巴塞尔银行监管委员会（Basel Committee on Banking Supervision，BCBS）及金融稳定理事会（Financial Stability Board，FSB）对金融科技的当前业务类型均有界定。目前，巴塞尔银行监管委员会将金融科技分为支付结算、存贷款与资本筹

拓展阅读：中国信通院发布《中国金融科技生态白皮书（2023年）》

集、投资管理、市场设施四类，见表1-3。其中，支付结算类指提供个人与个人或商家之间的支付服务以及对商家的结算服务，主要包括面向个人客户的小额零售类支付服务，如数字货币、移动钱包等，以及针对机构客户的大额批发类支付服务，如跨境支付等；存贷款与资本筹集类包括借贷平台和股权融资，即融资方通过互联网平台，以债权或股权形式向一定范围内的合格投资者募集小额资金；投资管理类主要指通过技术手段实现金融产品和金融服务的智能化和自动化，包括智能投顾和电子交易服务，前者是运用智能化、自动化系统提供投资理财建议，后者是提供各类线上证券、线上货币交易的电子交易服务；市场设施类科技属性较为明显，相对更广泛，既包括客户身份数字认证、多维数据归集处理等可以跨行业通用的基础技术支持，也包括分布式账户、大数据、云计算等技术基础设施。

表1-3 金融科技业务模式分类

支付结算	存贷款与资本筹集	投资管理	市场设施
• 零售类支付 　移动钱包 　点对点汇款 　数字货币 • 批发类支付 　跨境支付 　虚拟价值交换网络	• 借贷平台 　借贷型众筹 　线上贷款平台 　电子商务贷款 　信用评分 　贷款清收 • 股权融资 　投资型众筹	• 智能投顾 　财富管理 • 电子交易服务 　线上证券交易 　线上货币交易	• 基础技术支持 　客户身份数字认证 　多维数据归集处理 • 技术基础设施 　分布式账户 　大数据 　云计算

教学活动设计

教师活动情景：要求学生查询并阅读近年来国家层面发布的有关金融科技行业的政策文件及其主要内容。

学生活动情景：学生搜索、查询并阅读近年来的金融科技行业政策文件，了解政策发布时间、主要内容、发布意义等，并完成金融科技行业政策汇总表格。

政策名称	发布时间	发布部门	主要内容

活动要点：了解金融科技行业政策的主要内容。

金融稳定理事会将金融科技活动分为五类：支付、清算和结算，存款、贷款和融资，保险，投资管理以及市场服务支持，涉及上述所有类别金融服务，包括零售（即家庭和中小企业）和批发（公司、非银行金融机构和银行间）服务活动。金融稳定理事会较巴塞尔银行监管委员会对金融科技活动的分类业务范围较宽，增加了保险类。随着金融科技的不断发展，新产品和新服务的不断涌现逐渐模糊金融业边界，金融科技活动的范围也日趋广泛。

（二）国内业态分类

金融科技是由技术驱动的金融创新活动，移动互联网、物联网、大数据、人工智能、云计算、区块链等新兴技术与支付结算、借贷融资、财富管理、基础设施、保险等业务领域的深度融合，衍生出移动支付、数字货币、智能投顾、开放银行、大数据风控、保险科技等新兴业态。金融科技的业务领域、主要支撑技术、创新业态代表和典型产品或服务图如表1-4所示。

表1-4 金融科技业务领域与创新代表

业务领域	主要支撑技术	创新业态代表	典型产品或服务
支付结算	移动互联网、生物识别、人工智能、区块链	移动支付、第三方支付、跨境交易、数字货币支付	支付宝、云闪付
借贷融资	移动互联网、人工智能、区块链、大数据	智慧银行、网络借贷、智能风控、智能催收、互联网消费金融	微众银行、网商贷、建信金科大数据及智能风控服务
财富管理	人工智能、区块链、大数据	智能投顾、量化投资、区块链资产证券化	华泰证券"省心投"、交通银行"聚财链"
基础设施	云计算、大数据、区块链	大数据征信、金融云服务、智能科技监管	腾讯金融云、阿里金融云、百行征信、芝麻信用、数字人民币
保险	人工智能、区块链、大数据	保险科技、智能核保	众安保险、平安"金管家"

教学活动设计

教师活动情景：要求学生登录蚂蚁集团和平安集团官方网站，查询并阅读公司基本信息和金融科技产品与服务等资料。

学生活动情景：登录蚂蚁集团和平安集团的网站，查询并阅读这两家公司的介绍、发展历程、历史大事记、组织架构、金融科技产品和服务等信息，对两家公司的金融科技产品和服务按照不同的业态进行分类，并比较两家公司金融科技业态的发展情况。

活动要点：掌握金融科技的业态及发展。

二、国内金融科技主要业态发展情况

金融科技在支付结算、借贷融资、财富管理、基础设施和保险等主要业务领域的创新业态代表分别为移动支付、智慧银行、智能投顾和保险科技等。

（一）移动支付

支付结算是最早互联网化、移动化、数字化的，随着技术的发展，网络支付产业链不断延伸，支付方式从传统的现金、纸质票据、银行卡支付，拓展到网络支付、二维码支付、手机支付、传感支付等新型支付。近年来，我国以移动支付为代表的网络支付业务发展全球领先，成为我国支付产业在全球的亮眼名片。移动支付作为移动互联网领域和金融领域的革命性创新和代表应用，业务规模整体呈现高增长态势，在促进电子商务及零售市场的发展、满足消费者多样化支付需求方面正发挥着越来越重要的作用。中国支付清算协会发布的《中国支付产业年报2023》显示，近五年来银行机构和支付机构的移动支付业务量一直保持稳步增长。

> **思考与实践**
>
> 移动支付在哪些场景表现活跃？结合自身实际，找出自己移动支付应用最多的五个场景，并进行排序。

中国人民银行发布的《2023年支付体系运行总体情况报告》中显示，2023年，银行共处理电子支付业务2961.63亿笔，金额3395.27万亿元，其中，移动支付业务1851.47亿笔，金额555.33万亿元；非银行支付机构处理网络支付业务1.23万亿笔，金额340.25万亿元。移动支付的发展势头除了表现在支付规模增长迅猛，还表现为在移动支付的身份识别领域。移动支付目前已经与生物技术进一步结合，发展出指纹支付、刷脸支付、语音支付、虹膜支付、掌纹支付甚至无感支付等支付功能，将支付业务的便捷性、安全性和场景化进一步提升，为大众带来更好的支付体验。

（二）智慧银行

智慧银行是传统银行、网络银行发展的高级阶段，传统银行通过融合大数据、人工智能等现代科技，以智慧化手段和全新的思维模式来审视客户需求，并由此形成全新的金融服务与经营模式，构建科技赋能金融、金融赋能社会的全新金融生态。智慧银行更加注重场景金融，积极打造集智慧识别、智能获客、智慧营销、智慧交易、智能风控、智能客服和智慧管理等多种场景于一体的智慧网点，将科技与业务深度融合，致力于满足客户在特定场景下的金融需求，大大优化了金融服务的效率，提高了金融服务的用户体验。目前，多家银行已经设立了5G智慧网点，加快了向智慧银行发展的步伐。中国工商银行于

2019年11月发布了智慧银行生态系统（ECOS），致力于实现智慧服务、智慧产品、智慧风控和智慧运营，用前沿金融科技支撑新时期的转型发展，开启智慧银行建设的新篇章。

（三）智能投顾

金融科技在财富管理领域的应用包括智能投顾、量化投资交易等。智能投顾又称机器人理财，是指在线自动提供以算法为基础的投资组合管理咨询等财富管理服务的一类理财顾问。随着人们投资理财意识的提高，智能投顾也成为科技产业和金融产业争夺的热点。智能投顾利用云计算、大数据和人工智能技术，通过一系列智能算法和现代投资组合理论等投资分析方法，在深度分析和识别客户的理财需求、投资偏好、风险承受能力等因素的基础上，自动计算并为客户提供个性化、智能化的投资理财组合参考，并依据市场动态对资产配置再平衡提供建议。智能投顾具有低门槛、低费用、投资广、易操作、透明度高、个性化定制等特点，未来市场潜力庞大，具有广阔的成长空间。2015年国内的金融市场开始出现智能投顾的概念，目前仍处于探索发展阶段，市场规模有限。近年来，各大互联网公司、传统金融机构、科技初创企业等纷纷积极拓展智能投顾市场，先后推出了蓝海智投、摩羯智投、贝塔牛、帮你投等多款智能投顾产品，智能投顾服务已经在我国大量展开并不断优化。

2021年11月，证监会发布《关于规范基金投资建议活动的通知》（简称《通知》）。自《通知》发布后，多家银行开始进行业务整改，不少银行都在2022年6月30日前作出了暂时关闭智能投顾的调整。虽然智能投顾目前遇到业务发展的挑战，但它能够发挥智能化技术的优势，为投资者提供风险和收益匹配的产品，从而以低成本高效地服务海量大众投资人群，代表了金融科技发展的趋势，长期看依然具有较好的前景。

（四）保险科技

保险科技是指由传统或非传统市场参与者利用信息技术为保险企业提供特定解决方案的创新，即利用技术创新推动现有保险模式创新，以节省成本和提高效率。随着人工智能、大数据、移动互联网、云计算、物联网、区块链等技术在传统保险领域的不断应用和渗透，保险科技对保险公司产品开发、保险营销、核保理赔、精算定价、运营管理等整个保险价值链产生的影响不断加深，成为行业创新发展新动能。移动互联技术实现了线下传统保险产品销售渠道向线上转移的模式进步；大数据分析技术提升了核保风控和驱动业务能力；人工智能的生物识别、机器学习可助力产品定价、精准营销和风险欺诈识别，使保险业务的营销、运营风控能力得到全面提升；区块链技术所特有的去中介化和信息的不可更改性为自动承保和智能理赔提供了广阔的发展前景，这些新兴科技的能力汇聚推动着保险行业在产品、风控、渠道、服务、生态等方面加速迭代。

近年来保险科技在全球范围内迅速发展，保险科技融资金额和交易数量与日俱增。我国保险科技也迅速崛起发展，应用场景逐渐深化。当前，我国多家大型头部保险公司都拥有了自己的互联网科技子公司，其内部架构、业务流程和服务等不断完善，主营业务范围不断延伸，保险科技的具体应用场景也日益深化，主要包括智能保顾、一站式比价、精准营销、智能合约理赔、防灾减损和健康管理等。为了充分发挥保险业的经济减震器和社会稳定器功能，保险科技持续助力保险业创新产品的设计，在助力乡村振兴、绿色发展、健康养老等方面发挥重大作用。以服务"双碳"战略为例，保险机构借助物联网、卫星遥感等技术，设计聚合企业、政府、第三方专业环评机构、保险公司四方的环境污染责任保险，从而实现"保险＋科技＋监管＋服务"的联动。

三、金融科技发展相关理论

金融科技发展相关理论主要包括金融创新理论、交易成本理论、信息不对称理论和长尾理论。

（一）金融创新理论

约瑟夫·熊彼特（Joseph Alois Schumpeter）是创新理论的最早提出者，他在1912年《经济发展理论》中指出："创新是指把一种新的生产要素和生产条件的'新结合'引入生产体系。"

自熊彼特提出创新概念以来，经济学家们在此基础上从不同角度对金融创新进行了研究。我国经济学界一般将金融创新定义为：金融创新是指通过引进新的金融要素或者将已有的金融要素进行重新组合，在最大化原则基础上构造新的金融生产函数的过程。

金融科技在本质上属于技术驱动的金融创新，是金融创新演进过程的一部分。从经济发展和制度变革的角度来看，金融科技契合熊彼特提出的创新特质，利用新技术对生产要素进行重新组合，是金融当局或金融组织以寻求收益为目的进行的金融变革。金融科技借助大数据、移动互联网、云计算、人工智能、物联网、区块链等技术重构了金融业态，创造了新的金融产品、新的金融业务模式、新的服务方式、新的金融组织形式与管理方法等，从而对金融市场、金融机构和金融服务的提供方式产生了重大影响。

> **思考与实践**
> 金融科技符合熊彼特划分的哪几种创新情形？请说明原因。

(二)交易成本理论

交易成本又称交易费用,最早由经济学家罗纳德·哈里·科斯(Ronald H. Coase)提出,他在《企业的性质》一书中认为交易成本是"通过价格机制组织生产的,最明显的成本,就是所有发现相对价格的成本""市场上发生的每一笔交易的谈判和签约的费用"及利用价格机制存在的其他方面的成本。奥利弗·威廉姆森(Oliver E. Williamson)于1975年将交易成本分为搜寻成本、信息成本、议价成本、决策成本、监督交易进行的成本、违约成本六大类,并在1985年进一步将交易成本加以整理区分为事前成本(签约、谈判、保障契约等成本)与事后成本(适应性成本、约束成本等)两大类。

金融业应用金融科技的重要动机之一在于控制成本。科技赋能金融,降低了金融机构在信息搜集和处理、风险控制、交易清算、客户管理等方面的成本,提高了服务效率,丰富了服务类型,拓展了金融服务的广度和深度。

(三)信息不对称理论

信息不对称理论是指在市场经济活动中,各类人员对有关信息的了解是有差异的;掌握信息比较充分的人员,往往处于比较有利的地位,而信息贫乏的人员,则处于比较不利的地位。

在金融市场进行金融交易的过程中,存在着广泛的信息不对称现象,影响着金融交易的公平、公正,使得交易效率降低、金融风险增大,成为传统金融业进一步发展的瓶颈。

金融科技的发展提升了金融市场中的资金供给者获取维度更多元、覆盖范围更全面的信息的能力,令过去难以获得和利用的信息具有了被挖掘的可能,缩短了金融参与主体之间信息获取能力的差距,从而有助于缓解交易的信息不对称问题。

(四)长尾理论

长尾理论指的是只要产品的存储和流通的渠道足够大,需求不旺或销量不佳的产品所共同占据的市场份额可以和那些少数热销产品所占据的市场份额相匹敌甚至更大,即众多小市场汇聚可产生与主流相匹敌的市场能量。长尾模型见图1-1。

长尾理论主要用于解释互联网时代呈现出的经济驱动模式从主流市场转向非主流市场的现象,其理论逻辑也适用于金融科技行业。传统金融市场历来信奉"二八定律",认为20%的客户能带来80%的利润,将头部20%的高端客户视为兵家必争之地,而往往忽视了剩下那些金融资产规模相对较小、贡献值与活跃度较低但数量庞大的长尾客户。传统金融机构对数量众多的长尾客户金融服务供给不足,为金融科技发展留下了巨大的空间。

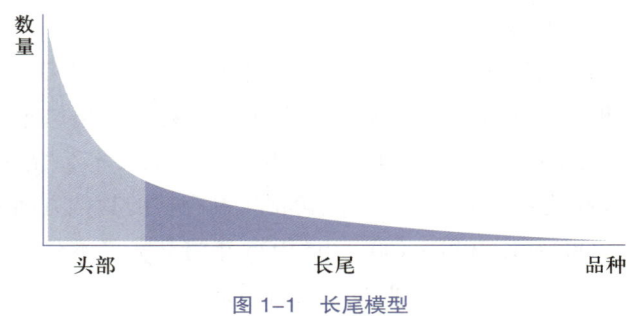

图 1-1 长尾模型

移动互联网、云计算、人工智能、大数据、物联网、区块链等科技的迅猛崛起，推动了金融业务模式、流程和产品的创新，提高了金融机构的运营效率，降低了金融服务的成本，使得金融机构可以发展以往因成本较高而难以推广的金融服务，一些被传统金融机构忽略的长尾用户群体（如小微企业、农民、城镇低收入人群、贫困人群和残疾人、老年人等特殊群体）也被纳入服务对象，受众群体和服务范围大大扩展，金融服务的可及性得以极大提升。

金融科技知信行

新市民的金融服务

2022年3月初，原中国银保监会和中国人民银行联合发布了《关于加强新市民金融服务工作的通知》，针对新市民在创业、就业、住房、教育、医疗、养老等重点领域的金融需求，鼓励引导银行保险机构积极做好与现有支持政策的衔接，结合地方实际，因地制宜强化产品和服务创新，高质量扩大金融供给，提升金融服务的均等性和便利度。继面向大众的普惠金融之后，新市民金融服务将成为整个金融行业的重点课题。

新市民主要是指因本人创业就业、子女上学、投靠子女等原因来到城镇常住，未获得当地户籍或获得当地户籍不满三年的各类群体，包括但不限于进城务工人员、新就业大中专毕业生等，目前这一群体约有三亿人。

新市民进入城市后，希望能在城里就业创业、租房买房，他们的父母子女要在城里就医就学，因此他们对相关的金融服务有着强烈的需求。但同时，在新市民中，农民工职业以短期工或临时工居多，收入不稳定且部分从事的行业危险性高。而新毕业大学生的收入水平低、流水短，且大部分新市民缺乏有效抵押物，缺乏可供金融机构识别风险和衡量风险成本收益的信息，因此，其从传统途径获得合理金融服务的难度相应提升。新市民缺乏稳定收入和抵押担保，并非传统金融的优质客户群体，金融科技可针对这部分人群，推动传统金融服务发展，提高普惠金融服务效率，降低金融服务对抵押物的依赖，更精准发掘新市民客户的"闪光点"，为新市民金融服务保驾护航。例如，信飞科技通过自主研发的灯塔智能风控系统，依托大数据和人工智能技术，从数据、技术和场景三个方面，结合新市民收入特点、资金需求等因素的分析，精准评估新市民信用状况，优化新市民信贷产品，助力刚进入城镇的新市民用户飞得更高、更远。

做好新市民金融服务，对畅通国民经济循环、构建新发展格局、实现高质量发展、推进以人为核心的新型城镇化具有重大意义，也是推进金融供给侧结构性改革、满足人民对美好生活向往、促进全体人民共同富裕的必要举措。

> **思考与实践**
>
> 你认为新市民有哪些金融需求？金融科技可以在哪些方面提高新市民金融服务可得性和便利性？

第三节　金融科技产生的影响及面临的挑战

一、金融科技产生的影响

金融科技给金融业带来了深刻的影响，这种影响既是基础性，又是颠覆性的，其涉及面广、内涵丰富，主要包含以下几个方面。

（一）推动传统金融机构的数字化转型

随着人工智能、大数据、移动互联网、云计算、物联网等信息技术与金融业务深度耦合，尤其是第三方支付、互联网理财等金融新业态的快速发展，打破了传统金融行业的固有领域，改变了原有的金融生态环境，对传统金融体系产生了较大冲击，倒逼金融机构深化金融服务模式改革，结合技术创新改进既有金融产品和服务，加速实现数字化转型。近年来，在产业数字化转型已成为全社会共识的背景下，金融业数字化转型的布局更加系统化，数字化已深度根植于金融业经营的各个环节。我国金融机构通过在战略层面高度重视金融科技发展、构建适应数字化转型的组织架构、持续加大金融科技资金和人才投入、全面拓展以客户为中心的场景创新等多方面举措推动自身数字化转型，同时引领我国金融科技发展进入新时期。

目前，我国金融业数字化转型呈现以下两个特点。一是金融业数字化转型的顶层设计不断完善，并初步形成系统化的数字化转型标准和方法论。例如，国务院印发的《"十四五"数字经济发展规划》列出的重点行业数字化转型提升工程中，将"加快金融领域数字化转型"作为重点工作。中国人民银行、原银保监会相继出台的规划和指导意见中明确了金融业数字化转型的原则、框架与目标等内容。二是数字化转型发展模式加速构建，转型成效已开始显现。金融机构数字化转型已不再停留在战略层面，而是落实到战术和执行层面，数字化转型工作已全面展开。

以商业银行为例，大数据、人工智能等技术被引进金融科技后，银行进一步智能化、互联网化，对商业银行的组织架构、业务结构、风险控制体系、经营模式、经营效率和发展战略等都产生了一定程度的影响。商业银行的数字化转型使得互联网银行、移动银行等成为新业态，突破了时空限制，提升了金融服务效率。目前，我国商业银行在财富管理、借贷融资、风险管理等方面的数字技术运用较为成熟，实现了新老产品和服务的快速迭代和效率提升，一些银行也开始在应用场景构建、大数据挖掘、人工智能应用、区块链产品创新等方面进行探索，银行功能业态的实现形式已经发生颠覆性改变。

（二）推动金融业务出现新形态

传统金融业态相对比较单一，可能会导致金融业垄断程度较高、金融产品多样化程度不足、金融服务的供给偏低等问题，而金融科技对于推动金融新业态的产生具有重要作用。金融科技通过将底层技术全面应用到产品创新、流程优化和数字化转型中，不断推出新的产品、新的服务和新的商业模式，给金融行业带来了包括技术、生态、场景、渠道、媒介、风控等多方面的业态延伸与变革，满足了用户多层次的金融需求。金融科技已逐步在支付结算、财富管理、借贷融资、投资咨询等领域引领技术潮流和业态趋势，带来了移动支付、智能投顾等大量金融新业态。例如，金融科技推动了支付方式的变革和创新，第三方支付和移动支付迅速兴起改变了金融支付模式；金融科技拓展了金融服务对象的范围，网络借贷等金融模式为中小微企业和中低收入者等客户提供了金融服务；大数据、人工智能等新技术的运用，全面优化了产品设计、风控、营销等金融业务各个环节，智能投顾、智能风控、智能营销、智能客服等新的业务场景和服务日趋成熟，拓展了金融业务的边界等。

（三）促进普惠金融发展和经济增长

金融科技借助大数据、人工智能等新兴信息技术，有效降低金融市场中的信息不对称程度，降低了金融业务的获客、人力、运营等成本，有效提升了金融服务能力和效率，拓宽了金融服务的辐射范围，为普惠金融发展和经济增长打下良好的基础。发展普惠金融旨在解决金融排斥、提高金融包容，以可负担的成本为有金融服务需求的中小微企业和低收入人群提供适当、有效的金融服务。近年来，大数据、区块链和分布式账本技术等新兴信息技术赋能传统金融行业，提高了金融机构的数据存储及运算能力、自动化与智能化服务能力、精准营销能力、精细化风险管理能力、防欺诈及风险定价能力等，创造了众多低成本、高质量的金融产品，丰富了企业的融资渠道、降低了企业的融资门槛，提高了金融服务的便利性、可得性、覆盖范围、普及率和效率，在一定程度上满足了普通个人消费者和中小微企业等长尾客户的金融需求，同时为金融机构更好地服务实体经济并促进实体经济高质量发展提供了有效机制。

二、金融科技发展面临的挑战

金融科技发展前景广阔，但不能忽视高速扩张中的安全风险和行业规范问题。金融科技发展也面临着数据安全与隐私保护、新型金融风险、金融监管和技术与业务融合等方面的诸多挑战。

（一）数据安全与隐私保护的挑战

金融是产生和积累数据量最大、数据类型最丰富的领域之一，金融数据不仅具备数据的一般特性，更是包含了用户个人、企业资金流转、社会经济动态等重要信息，而且具有较高的复杂性、隐蔽性和易扩散性，这对数据安全和隐私保护提出了更高的要求。

金融机构和金融科技公司利用互联网、大数据、云计算等技术对金融数据进行采集、存储、整合、分析、挖掘，其中不乏对消费者的健康、教育、收入、投资、交易、社交等敏感且相对私人的信息进行存储和分析，金融消费者的身份信息、资产信息、交易数据、行为信息等都可能因不当采集、传播和使用，或者因黑客入侵等非法行为而出现泄露，从而给消费者的人身、财产权益造成不利影响。目前，信息泄露的风险增加的原因主要有以下三点。一是金融科技带来金融业务全流程的数据化，个人金融信息数据使用范围扩大、渠道增加，客观上增加了信息泄露的风险。二是不同金融机构和金融科技公司关于数据脱敏、防泄露等数据安全技术水平及软硬件投入方面有较大差异，部分公司数据模型、数据布局、数据服务以及数据资产运营的数据架构不完善，难以适应日益复杂、频繁多变的业务场景的需求，增加了客户信息泄露的风险。三是某些金融机构将采集获得的客户数据在未经客户授权的情况下共享，从而强化其自身市场地位，或者出售给其他机构以谋取商业利益。

金融科技不仅使金融消费者个人数据保护及隐私权问题更为突出，而且让金融市场的数据安全问题更加凸显。金融行业一直是网络攻击者的重点目标，企业的数字化转型和业务场景"云化"也都给金融企业网络安全带来了全新的挑战。此外，网络攻击呈现手段专业化、技术智能化、目的商业化等趋势，在利益的驱动下，攻击者更趋于攻击"高价值"的金融行业。涉及个人隐私、企业商业机密、金融科技创新产品等高度敏感数据一旦发生泄露事件，将影响金融市场的平稳运行，损害消费者与金融机构的数据权益，甚至威胁国家和人民财产安全。

（二）新型金融风险的挑战

金融科技是一把"双刃剑"，虽然金融创新能够不断降低金融服务成本，提高金融服务效率，但金融科技并未消除传统的金融风险，甚至会引发新的风险，并且更具隐蔽性和传染性。金融科技带来的新型金融风险主要体现在以下三个方面。

一是新技术带来了新型金融风险。随着人工智能、云计算、大数据和区块链等技术在金融领域应用范围的不断扩大，新技术具有的一些无法预测、无法解释的风险，以及由于新技术引发的新型金融风险给金融机构及监管部门带来了较大的挑战。金融科技高度依赖计算机和互联网，涉及机器学习、生物识别、密码技术等复杂技术，在风险来源和风险构成上呈现出更大的特殊性和复杂性，技术风险、模型算法风险、网络风险、运营风险、操作风险、合规风险等可能突破现有监管架构和体制，对金融市场和金融运行造成冲击。

二是新的参与主体进入金融科技领域带来的风险。在供给端，金融科技的应用改变了金融市场的形态，使得金融与非金融业务的边界变得模糊，一些科技企业虽从事金融相关业务，但其风险管理的意识和制度的完善程度与传统金融机构相比仍有较大差距，携款潜逃、停业、客户提现困难、接受经侦调查等经营风险事件不断发生。许多大型金融科技企业不仅从事金融业务，而且连接着实体经济、社交媒体等相关领域，进一步扩宽了金融风险的来源。在需求端，一些原本由于风险水平较高而被排除在传统金融的服务范围之外的高风险客户群，由于新的信用评估与风险控制技术的应用得以进入金融市场，这些新客户在增加金融机构的收入来源的同时也相应提高了整个金融体系的风险水平。

三是新型金融风险传染更快，后果更严重。在现代科技支持下，金融交易具有实时化、网络化、远程化等特性，打破了以往行业间的壁垒，扩宽了金融风险传递的范围，金融科技在提供跨行业、跨市场、跨机构金融服务的同时，也会使金融风险的传染性更强、波及面更广、传播速度更快。金融科技在"数据化""技术化"的背景下业务类型和盈利模式更加复杂和多样化，业务内容高度细分并且相互关联、渗透，交易速度和交易量成倍增长，一旦某一结点发生风险，就会迅速在整个金融科技体系中广泛传播，破坏性更强，甚至可能引发系统性金融风险，后果极其严重。

（三）金融监管的挑战

金融科技的发展对金融体系产生了深刻的影响，既带来了金融业务环节、金融服务供给结构、风险布局、商业模式等一系列变革，也给金融行业监管带来了新的挑战，主要有以下三点。

一是传统监管方式对新型金融业态的监管有限。金融科技在新技术支撑下蓬勃发展，创新性业务层出不穷，很多金融产品和服务可能都是极具创造性和颠覆性的，使得金融监管当局对其风险状况作出准确评估的难度骤增，传统监管方式不但难以覆盖已经显著拓展的金融业务，而且对于新型金融业态的监管手段也非常有限。另外，金融交易规模和交易频度呈几何级数增长，金融监管面临的数据规模性、业务复杂性、风险多样性持续上升，面对日益纷繁复杂的金融交易行为，金融监管能力面临巨大挑战。

二是易出现监管空白或监管套利现象。金融科技催生了不同于传统金融机构的新型金融业务模式与组织形态，金融产品和服务的供给方从较为单一的金融机构拓展至金融机构、金融科技公司、技术企业、互联网公司等多元化供给者，金融监管涉及不同领域甚至法域的多个监管主体。这种情况很容易出现监管空白或监管套利现象，可能导致潜在风险。且一些金融科技企业为初创企业，其自身的经营活动存在较大的不确定性，加之监管政策法规的配套性、完善性、可操作性亟待增强，使得行业中风险聚集。

三是金融创新和金融监管难以有效平衡。创新在金融科技的发展过程发挥了重要的引领作用。如果实行过于严格的监管，往往会抑制金融科技创新，相应的代价可能就是金融科技发展的滞后。而如果监管环境过于宽松，在催生金融创新的同时也容易累积风险，一些金融科技公司利用监管不完善和监管缺失，以不正当、不合规手段进行创新的情形频发。

（四）技术与业务融合的挑战

人工智能、大数据、云计算、物联网、区块链等新一代信息技术日趋成熟，正以业务重构和产品创新的方式，不断推动金融发展提质增效。然而，从实际应用场景来看，简单场景和轻量需求已经实现覆盖，而将数字技术向更底层、更复杂的金融业务场景推进则难度较大，且各类技术的应用程度参差不齐，科技与业务融合度有待提升。一方面，大数据、云计算和移动互联网等技术本身的成熟度较高，各金融机构在这方面也投入了较多的精力，但在金融领域的应用方面仍存在覆盖范围不足、应用场景单一和应用效益不高等问题。以中小银行为例，从目前科技应用实际情况来看，越来越多的中小银行开始探索将科技运用在业务操作、客户服务、风险防控和运营管理等领域，但从应用融合的标准来看，科技与其很多核心业务和创新业务的融合度还不够深入，线上线下一体化程度还不完善，各个业务条线之间的渠道整合还存在一定程度的割裂，特别是在供应链金融、特色"三农"业务、财富管理和同业业务等方面，与发展期望还存在较大差距。另一方面，人工智能和区块链等技术仍处于快速发展中，面临着如何在金融市场落地与应用推广问题，对于金融行业的应用价值还没有得到很好的体现。例如，区块链技术尚难以兼顾金融对安全、去中心化、可扩展性的多维度要求，区块链金融在技术成熟程度、标准体系建设等方面均存在不足，在金融市场落地与应用推广方面依然存在诸多挑战和难点。

1. 单选题

（1）以下关于金融科技的本质描述错误的是（　　）。
　　A. 金融科技的底层逻辑仍为金融
　　B. 金融科技以新兴技术作为后端支撑
　　C. 金融科技是金融与科技的深度融合
　　D. 金融科技就是技术创新

（2）（　　）侧重于通过金融创新服务科技行业。
　　A. 金融科技　　B. 科技金融　　C. 普惠金融　　D. 互联网金融

（3）下列不属于金融科技创新业态的是（　　）。
　　A. 移动支付　　B. 数字货币　　C. 智能投顾　　D. 银行卡转账

（4）以下关于金融科技监管描述错误的是（　　）。
　　A. 对新型金融业态的监管有限
　　B. 易出现监管空白或监管套利现象
　　C. 金融创新和金融监管难以有效平衡
　　D. 比传统金融监管更加容易

（5）金融资产规模相对较小、贡献值与活跃度较低但数量庞大的客户一般被认为是（　　）。
　　A. 高端客户　　B. 长尾客户　　C. 优质客户　　D. 劣质客户

2. 多选题

（1）（　　）与移动互联网等信息技术驱动了金融科技的发展。
　　A. 物联网　　B. 人工智能　　C. 大数据
　　D. 云计算　　E. 区块链

（2）巴塞尔银行监管委员会将金融科技的业态分为（　　）四类。
　　A. 支付结算类　　　　　　B. 存贷款与资本筹集类
　　C. 投资管理类　　　　　　D. 市场设施类
　　E. 保险类

（3）金融科技的服务运行主体包括（　　）及金融科技公司。
　　A. 互联网企业　　　　　　B. 新兴科技企业
　　C. 传统金融机构　　　　　D. 金融监管机构

E. 通信服务机构

3. 简答题

（1）如何理解金融科技与互联网金融、科技金融的关系？

（2）你认为金融科技对金融业产生了什么影响？

（3）金融科技包含哪些业态？

Chapter

02

第二章
金融科技发展历程

·)) 互联网金融阶段的金融科技
·)) 新一代信息技术阶段的金融科技

学习目标

素养目标
- 树立科技强国、勇于创新的责任担当
- 养成务实诚信的职业品质

知识目标
- 了解金融科技的发展阶段
- 了解技术如何改变金融形态
- 掌握技术进步与金融创新的辩证关系

技能目标
- 能够梳理出金融形态演进与科技进步的脉络，归纳技术革命带来的金融创新
- 能在历史分析的基础上，厘清互联网金融、金融科技等相关概念的内涵和外延

思维导图

- 金融科技发展历程
  - 互联网金融阶段的金融科技
    - 互联网金融概述
    - 传统金融机构网络化
    - 金融的互联网居间平台
  - 新一代信息技术阶段的金融科技
    - 新一代信息技术的概念
    - 世界主要国家金融科技发展现状

章前引例

只有科技没有金融会如何？

10 世纪前后，宋代中国经济文化发展居于世界前列，是当时先进、文明的国家。无论是科学技术还是经济实力，都几乎具备了 18 世纪英国工业革命的所有条件。例如，10 世纪至 15 世纪，中国 GDP 平均占到世界 30%，位居世界各国第一位；宋代在科学技术上领先世界，中国古代四大发明中有三项是在宋朝完成的，即指南针、火药、活字印刷术，指南针开始用于航海，印刷术得到了大幅度改良（毕昇的活字印刷术），火药开始用于军事；1078 年（北宋元丰元年），中国的钢铁产量为 7.5 万～15 万吨，然而在 1720 年工业革命前夕，英国的钢铁产量才 1.7 万～2 万吨。为什么第一次工业革命没有发生在中国宋代，而推迟 700 余年在英国发生？

实际上，英国工业革命早期使用的技术创新，大多数在之前早已有之。然而，之前的科技创新既没有引发经济持续增长，也未导致工业革命。这是因为当缺乏能够提供大量及长期资金的金融制度时，科技创新不能使产业发展从作坊阶段走向规模化的产业阶段。因此，英国诸如钢铁、纺织、铁路等大规模工业的成熟发展必须经历一个等待的过程，即当金融体系逐步完善、金融市场蓬勃发展后，工业革命也就随之发生了。也就是"工业革命不得不等候金融革命"。

> **分析**：从历史中能够发现，大国崛起总是与科技创新同步。但实际上，无论工业革命、电气化革命，还是后来的信息革命，都伴随着一种全新的金融制度。金融制度的变革为科技创新提供了更为广泛的资本动能和市场基础。

金融科技诞生于金融与科技的深度融合。金融是在人与人之间配置资金的活动，高度依赖信息的交换，与信息的收集、存储、处理和传递相关的技术发展能改善金融活动的成本和效率，金融机构应用相关技术能够完善自身功能、提高服务水平、增强竞争力。因此，金融的发展与技术的发展紧密相关，根据科技与金融融合的科技群不同，大致可以将融合的历程划分为两个阶段：互联网金融阶段和新一代信息技术阶段。

第一节　互联网金融阶段的金融科技

一、互联网金融概述

（一）互联网金融的概念

互联网金融是指在互联网和移动互联网技术条件下以网络连接为主要特征的金融服务方式创新。互联网金融是指传统金融机构利用互联网技术以及网络平台，实现资金的融通和收付的新兴金融模式。2015年中国人民银行给出了官方定义：互联网金融是传统金融机构与互联网企业利用互联网技术和信息通信技术实现资金融通、支付、投资和信息中介服务的新型金融业务模式。

（二）互联网金融的特点

1. 即时性与移动化

随着平板电脑、智能手机等移动端设备的推出，其便于携带、功能丰富、操作简单的特点，使用户可以使用互联网提供的金融服务。利用互联网，用户可以通过手机、平板电脑等客户端随时随地进行转账、支付、购买理财产品等。

2. 覆盖广与发展快

互联网金融的在我国的发展，主要是以互联网的发展为基础。互联网将自身的特点赋予互联网金融中，可以打破传统地域的限制，并且突破时间上的约束。金融与互联网的结合，使得金融业务的覆盖范围不断扩大，并能够拓展更多的客户。

3. 互动强与透明化

互联网的发展逐渐从PC端向移动端渗透，越来越多的移动应用应运而生，移动应用具有较强的互动性，比如微博社区、大众点评、微信等应用程序，可以实现交流沟通、获取资讯等目的。同时，信息在网络上快速传播的特点，使得用户能够在第一时间获取信息，信息更为透明和公开。

4. 低成本与效率高

互联网金融业务操作流程趋于规范化、标准化，所有的业务都可以在计算机或智能手机上进行操作，客户不需要去银行网点排队等候，降低了时间成本。此外，计算机在业务处理上效率更高，可以使客户体验得到改善，提升满意度。

（三）互联网金融的类型

互联网金融的主要类型有：传统金融机构网络化、金融的互联网居间平台。其中，传统金融机构网络化主要包括互联网银行、互联网证券和互联网保险；

金融的互联网居间平台则包括第三方网络支付、互联网借贷、互联网众筹等。

二、传统金融机构网络化

传统金融机构网络化主要表现形式有：互联网银行、互联网证券、互联网保险。

（一）互联网银行

互联网银行有两种模式，一种是网络银行或网上银行；另一种是没有实体网点的纯互联网银行。

网上银行，指一种以信息技术和互联网技术为依托，通过互联网平台向用户开展和提供开户、销户、查询、对账、行内转账、跨行转账、信贷、网上证券、投资理财等各种金融服务的新型银行机构与服务形式。一般采取线上加线下的运营模式，通过线上与线下的融合，来为零散客户和小微企业客户提供服务。线上部分由互联网综合营销平台、网上银行、手机银行、视频对话等多种电子化操作渠道构成；线下则是直销门店，布放各种自助设备，如智能银行机（Virtual Teller Machine，VTM）、自动柜员机（Automated Teller Machine，ATM）、自动存取款机（Cash Recycling System，CRS）、自助缴费终端以及网上银行、电话银行等多种自助操作渠道。1997年招商银行率先在国内推出了自己的网上银行"一网通"，并逐步为公司和个人提供信息查询、银企对账、代发工资、网上购物等金融服务。

纯网络银行是指通过云计算、大数据等技术在线为客户提供全方位、快捷、安全和高效的银行服务的互联网金融服务机构，完全通过互联网开展相关业务，没有实体网点。起源于1995年开业的美国安全第一网络银行（Security First Network Bank，SFNB），是一家真正意义上的网络银行，它脱离了传统物理介质的实体银行模式，客户不受物理空间及时间的限制，只要能登录其网站并拥有网络账号便能享受其便捷、高质量的服务。

中国的纯网络银行主要是由互联网公司参与建设的民营银行。中国的三大互联网公司百度、阿里巴巴、腾讯利用自身的社交、电商、搜索等流量入口，相继布局纯互联网银行，百信银行、网商银行以及微众银行等纯互联网银行应运而生。

> **思考与实践**
> 以微众银行为例，比较网上银行与纯网络银行有何差异？

（二）互联网证券

互联网证券又称网络证券或网上证券，是指证券公司应用信息技术、借助互联网，向客户提供网上开户、网上信用融资、网上投资理财、网上投资顾问、网上综合金融服务等一系列全方位证券服务的新方式。互联网证券服务提供者包括传统的证券公司和专业的互联网证券信息服务平台，具体形式有三种：证券交易所的网上业务平台，如上证交易平台、深证交易平台等；证券公司网上营业厅，如中信证券交易系统、银河证券海王星系统等；无实体营业厅的证券信息与交易平台，如同花顺等。

随着2013年年底网上银行开户制度的推出以及互联网开户引流业务的开展，我国互联网证券进入快速发展阶段。2014年国泰君安等6家券商获互联网证券业务试点资格，成为首批开展该业务的证券公司。2015年3月2日，20家证券公司获准开展互联网证券业务试点。

（三）互联网保险

互联网保险是以互联网和电子商务技术为工具来支持保险销售的新型服务方式，实现了保险信息咨询、保险计划书设计、投保、交费、核保、承保、保单信息查询、保全变更、续期交费、理赔和给付等保险全过程的网络化。互联网保险是由保险公司或新型第三方保险网开展的。互联网保险服务提供者包括实体保险公司的网上投保平台，如中国平安保险商城等；拥有保险牌照的纯互联网保险公司，如众安在线财产保险；以及保险产品销售信息平台，如中民保险网、保网、E家保险网等。

我国互联网保险行业的起步于1997年，由中国保险信息网为新华人寿保险公司促成国内第一份网上保单，标志着我国保险业迈入互联网保险的大门。2013年，国内第一家互联网保险公司众安保险成立。2015年，原保监会发布《互联网保险业务管理暂行办法》。2017年，三家保险相互社开业，互联网重疾险开始发力，保险科技的概念正式提出。2018年，借助微信的线上人身险长险转化模式兴起，电销升级到微电销。2019年，平安、国寿宣布布局互联网寿险，行业长险竞争激烈，公域流量获取成本越来越高。2020年2月，保险电商第一股慧择上市，私域流量经营逐渐普及。2020年12月，中国银行保险监督管理委员会发布了《互联网保险业务监管办法》，中国银保监会《关于发展独立个人保险代理人有关事项的通知》下发，流量从公域到私域经营成为趋势。2021年2月1日，中国银保监会印发的《保险中介机构信息化工作监管办法》正式实施，信息化工作不符合办法要求的保险中介不得经营业务，我国对于信息科技的重视愈来愈强。

三、金融的互联网居间平台

金融的互联网居间平台，是指以互联网企业为代表的非传统金融企业，依靠快速发展的移动通信、云计算以及社交网络等技术，以更为直接的互联网组织架构为用户，尤其是小微企业、普通消费者提供成本低且便捷的金融服务的平台。金融的互联网居间平台具有明显的信息对称性、交易更为便捷、运营成本较低、服务效率较高、融资覆盖范围较广的典型特征。金融的互联网居间平台一般具有第三方网络支付、互联网借贷、互联网众筹等功能。

（一）第三方网络支付

第三方网络支付是指具备一定实力和信誉保障的独立机构，通过与银联或网联对接而促成交易双方进行交易的网络支付模式。国外第三方支付产业的起源略早于我国，并保持了高速发展。1996年，美国诞生全球首家第三方支付公司，随后Yahoo PayDirect、Amazon Payments和PayPal纷纷成立，其中，以PayPal的发展历程最为典型。成立于1998年的PayPal公司成立的目的是弥补在电子商务领域商业银行不能覆盖个人收单业务领域的不足。2002年，PayPal被全球最大的C2C网上交易平台eBay全资收购，从此进入快速发展期，2003年营业额较2002年增长近三倍。

我国首家第三方支付公司成立于1998年，全面应用时期是从2005年开始的。2005年，阿里巴巴首次提出电子商务需要有一个具有安全保证的环境，交易环节的安全是保证支付安全的重要前提。支付宝在2004年12月初出现，2005年，第三方支付平台的全面应用成为电子商务发展的新趋势，开始大规模出现并快速发展。我国第三方支付公司的运营模式包括两类：一是互联网型支付企业，以支付宝、财付通为首的互联网型支付企业，它们以在线支付为主，捆绑大型电子商务网站，迅速做大做强；二是以银联商务、快钱、汇付天下、易宝、拉卡拉等为首的金融型支付企业，侧重行业需求和开拓行业应用。

（二）互联网借贷

互联网借贷是交易双方通过网络平台达成资金借贷的形式，包括P2P网贷、小额商业信贷、消费信贷、供应链融资等。英国的Zopa，美国的Prosper、Lending Club和中国的拍拍贷都是P2P网贷的典型代表。互联网小额商业信贷一般由小额贷款公司或电商平台提供。互联网消费信贷借助新的技术及商业模式能够大大改进服务质量，专门为消费者提供小额信用支持，如京东白条、花呗等。互联网供应链金融是互联网金融与供应链金融的集成概念，是指兼具电商平台经营者和资金提供者身份的电商或商业银行，在对电子商务平台长期积累的大量信用数据以及借此建立起来的诚信体系进行分析的基础上，运用自偿性贸易融资的信贷方式，引入资金支付工具监管的手段，向在电子商务平台从事交易的中小企业或小微企业提供封闭的授信支持及其他资金管理、支付结算等综合金融服务的一种全新金融模式。

> **思考与实践**
> P2P 网贷短时间内在中国快速发展起来，又为何被清退呢？

（三）互联网众筹

互联网众筹又被称为众筹互联网（Crowdfunding Internet），即大众利用互联网或群众利用互联网筹资，以支持发起的个人或组织的行为，具有低门槛、多样性、依靠大众力量、注重创意的特征。群众利用互联网募资被用来支持各种活动，包含灾害重建、民间集资、竞选活动、创业募资、艺术创作、自由软件、设计发明、科学研究以及公共专案等。

世界上最早建立的众筹网站是 ArtistShare，于 2001 年开始运营，被称为"众筹先锋"。该网站是一家音乐众筹网站，是一个连接艺术家和粉丝的平台。该网站既帮助粉丝们赞助、支持自己喜爱的音乐作品，并获得仅在互联网上销售的专辑，又为艺术家们解决了后顾之忧，使其能更用心、更积极地投入创作。ArtistShare 的强大示范作用和经验的总结，不仅深刻影响了美国音乐界，而且开启了互联网众筹时代。

中国互联网众筹的发展起始于 2011 年 7 月国内第一家众筹平台"点名时间"上线，标志着我国互联网众筹行业的开端。随后一系列大平台上线代表了国内众筹的重要节点，2011 年 9 月，追梦网在上海上线。2012 年 3 月，淘梦网上线运营，这是国内较早的垂直类产品众筹平台，主要面向微电影领域。2013 年 12 月，淘宝的众筹平台（造点新货）成立，意味着大型电商企业开始挺进产品众筹行业；2014 年 7 月，京东众筹上线；2015 年 4 月，苏宁众筹上线。随着互联网金融概念的爆发，众筹平台数量显著增长，新增运营平台 142 家，2015 年新增 125 家众筹平台。2016 年，随着互联网金融专项整治及相关监管措施的实施，传统的产品及股权众筹平台已基本停止增长。2017 年后，股权众筹行业多项指标急剧下降。

第二节 新一代信息技术阶段的金融科技

一、新一代信息技术的概念

信息技术（Information Technology，IT）也称信息和通信技术（Information and Communications Technology，ICT），是用于管理和处理信息所采用的各种技术的总称，其主要应用于计算机科学和通信技术设计、开发、安装和部署信息系统及应用软件。从信息技术出现至今，其概念和内涵随着技术本身的发展而不断演化，历经了以大型主机及其操作系统终端为代表的第一代信息技术、以微型计算机及互联网为代表的第二代信息技术，以超算技术、移动互联网、云端物联网、元宇宙、大数据为特征的第三代信息技术即新一代信息技术蓬勃发展。

金融和信息产业有着天然的紧密联系。纵观现代金融业的发展历史，在每一波金融业务重大创新的背后，都是信息技术的重大突破；同时，金融业的蓬勃发展又直接拉动了信息技术的繁荣和新突破。以大数据、云计算、人工智能和区块链等为代表的新一代信息技术正在加快金融业的智能化变革，衍生出智能身份识别、智能营销、智能风控、智能客服、智能投顾、保险科技、虚拟货币等新业态。

二、世界主要国家金融科技发展现状

2023年，美国、英国、新加坡和中国等国家，其投资增长依然稳健有力。特别是以Chat GPT为代表的人工智能大模型技术，已经成为金融科技投资热点。大数据技术正在全球范围内改变竞争格局，各国政府和企业纷纷加速推进大数据战略；数据资产入表、数据资产投融资成为关注的焦点；全球更加重视AIGC合规性，对生成式人工智能的监管持续升级；社会对科技伦理、数据安全等问题的关注不断深入。

（一）美国金融科技发展现状

美国是全球金融科技发展位居前列的国家，其强势领域主要表现在数字货币、智能投顾及区块链、人工智能等基础设施领域。2023金融街论坛年会暨第三届全球金融科技大会在北京新动力金融科技中心举办，大会发布了《2023全球金融科技中心城市报告》，该报告以2017年首发的"金融科技发展指数"为基础，以城市为观察单元，从全球80余座城市中精选中排名前50位的城市，分析其金融科技产业、体验和生态发展状况，通过多个分项榜单和总榜尽览全球金融科技城市发展格局及变迁历程。如图2-11所示，2023全球金融科技中心城市榜单显示，全球前十名城市（本报告所指的城市代表城市或地区）依次为北京、旧金山（硅谷）、纽约、伦敦、上海、深圳、杭州、新加坡、芝加哥和悉尼，北京连续五年位居排名榜首。

2024年3月21日，英国智库Z/Yen集团与中国（深圳）综合开发研究院联合发布《第35期全球金融中心指数报告（GFCI 35）》。GFCI根据金融科技领域表现，对116个金融中心的金融科技发展水平进行评估，排名前二十的金融中心城市中，中美各占六席。其中，纽约、旧金山排名全球第一、第三，华盛顿、洛杉矶、芝加哥进入全球金融科技排名前十。深圳排名继续全球第四，仅次于纽约、伦敦和旧金山，在中国金融中心中位次最高，如图2-1所示。总之，金融科技排名结果呈现多样化，中美仍具有较强优势。

金融中心	GFCI 35 金融科技排名	GFCI 35 金融科技得分	GFCI 34 金融科技排名	GFCI 34 金融科技得分	较上期变化 排名	较上期变化 得分
纽约	1	739	1	738	0	▲1
伦敦	2	730	2	724	0	▲6
旧金山	3	729	3	723	0	▲6
深圳	4	728	4	722	0	▲6
华盛顿	5	723	7	711	▲2	▲12
洛杉矶	6	721	6	712	0	▲9
新加坡	7	720	5	721	▼2	▼1
上海	8	717	8	710	0	▲7
芝加哥	9	716	10	702	▲1	▲14
首尔	10	715	11	701	▲1	▲14

图 2-1 金融科技排名前十的金融中心（GFCI 35）（部分）

（二）英国金融科技发展现状

英国是现代金融体制的发源地。一直以来，英国伦敦都是欧洲乃至整个世界的重要金融中心。第 35 期全球金融中心指数中，英国伦敦仅次于美国纽约，位居全球第二位。

2019 年 5 月，英国财政部、国际贸易部和行业机构联合发布的《英国金融科技国家报告》显示，目前英国的金融科技公司超过 1 600 家。预计到 2030 年这一数字将翻一倍。Innovate Finance 的最新数据显示，英国在金融科技投资方面仍位居全球第二位，仅次于美国，是欧洲金融科技的首选之地。

（三）新加坡金融科技发展现状

新加坡作为全球第三大金融中心以及东南亚地区金融科技发展的代表地区，致力于发展全球智能科技中心和智能金融服务中心，建立"智慧国家"。2022 年新加坡金融科技融资额达到 34 亿美元（约 45 亿新元），创三年来新高，比 2021 年和 2020 年高出 22% 和 75%，与全球市场呈相反走势。新加坡金融科技的热点投资方向是加密科技／区块链、支付和财富管理科技（WealthTech）。

（四）中国金融科技发展现状

中国金融科技公司的发展引领世界，影响力遍及全球。北京连续五年成为全球金融科技中心城市总榜榜首。近几年，金融机构及互联网公司纷纷抓住传统行业数字化转型、资产数字化的关键时期进入金融科技产业，为我国金融科技产业注入新活力。

除了美国、英国、新加坡、中国之外，其他国家及地区在金融科技领域也取得了突破性的成绩。例如，德国依靠发达的科学技术以及稳健的金融政策和市场，成为欧洲第二大金融科技中心；荷兰作为欧洲最大的创新中心，建立了一个金融科技行业基地，以此打造番钛客生态系统，拓展海外影响力；印度在废钞令后掀起了数字化浪潮，利好的市场政策和全球第二位的人口基数，使得印度金融科技市场吸引了全球资本。虽然世界各个地区的金融科技都具有自己的独特之处，但是他们都有共同的目标，支持金融科技发展，提升国际影响力。

金融科技知信行

我国企业金融科技专利成果丰硕

金融科技在全球范围内兴起，包括金融机构、互联网科技企业、传统金融IT服务商等在内的各类机构，围绕金融行业数字化转型，运用人工智能、区块链、云计算、大数据等技术在金融科技领域进行专利布局。

2022年12月13日，智慧芽发布的《2022年金融科技领域技术创新指数分析报告》（简称《报告》）披露，2018年1月至2022年10月，全球新增19万件金融科技专利，中国企业优势明显。

《报告》以专利作为评价创新能力的重要指标，主要显示：

1. 金融科技领域专利申请数量众多

2018年1月至2022年10月，在全球超过50个国家和地区共申请了19万件金融科技领域相关专利，专利申请数量众多。其中，中国专利申请数量排名第一位，其次为美国和日本，专利申请数量分别约10.69万件、3.71万件和0.78万件。

2. 中国金融科技技术创新非常活跃

全球金融科技领域专利申请量排名前十的企业中，7家企业来自中国，3家企业来自美国。金融科技领域专利申请量排名前十的企业依次为：平安集团、蚂蚁集团、中国银行、腾讯科技、资本一号、阿里巴巴、工商银行、建设银行、万事达卡和VISA。

进一步对申请量排名前十位的企业进行专利综合指数分析显示：平安集团与蚂蚁集团位列第一梯队，资本一号与VISA位列第二梯队，中国银行、腾讯科技、工商银行、万事达卡、阿里巴巴和建设银行位列第三梯队。专利综合指数从专利基础、技术质量和宽度、专利质量与布局、当前及未来影响力、自研能力五大维度综合评估企业的综合创新实力。

知识自测

1. 单选题

（1）（　　）是指通过云计算、大数据等方式在线为客户提供全方位、快捷、安全和高效的银行服务的互联网金融机构，完全通过互联网开展相关业务，没有实体网点。

  A.网上银行 B.纯网络银行 C.民营银行 D.上市银行

（2）以在线支付为主，捆绑大型电子商务网站的第三方支付公司的运营模式为（　　），典型代表有支付宝、财付通等。

  A.互联网型支付企业   B.金融型支付企业

  C.银联商务   D.汇付天下

（3）1995年开业的美国安全第一网络银行是一家真正意义上的（　　），脱离传统物理介质的实体银行模式，客户不受物理空间及时间的限制，只要能登录其网站并拥有网络账号便能享受其便捷、高质量的服务。

  A.中央银行 B.商业银行 C.直销银行 D.网络银行

2. 多选题

（1）互联网精神包括（　　）。

  A.开放 B.平等 C.协作 D.共享

（2）传统金融机构网络化包括（　　）。

  A.互联网金融 B.互联网银行 C.互联网证券 D.互联网保险

（3）互联网保险服务提供者包括（　　）。

  A.保险公司

  B.拥有保险牌照的纯互联网保险公司

  C.保险产品销售信息平台

  D.P2P 平台

（4）互联网居间平台，即非金融企业利用互联网技术在金融基础设施领域的应用包括（　　）。

  A.第三方网络支付   B.互联网借贷

  C.互联网众筹   D.互联网保险

3. 简答题

（1）简述世界主要国家金融科技发展现状。

（2）如何看待计算机与金融创新的关系？

（3）人工智能在金融领域的应用有哪些？

Chapter 03

第三章
金融科技与信息技术

- 5G 与物联网在金融领域中的应用
- 人工智能在金融领域中的应用
- 区块链在金融领域中的应用
- 云计算在金融领域中的应用
- 大数据在金融领域中的应用

学习目标

素养目标
- 树立公正、法治的社会主义核心价值观
- 养成务实、诚信的职业品质
- 增强国家金融安全观,提高抵御金融风险的能力

知识目标
- 了解 5G 与物联网、人工智能、区块链、云计算和大数据技术的概念与特征
- 掌握金融科技在金融领域的应用

技能目标
- 能够对 5G 与物联网、人工智能、区块链、云计算和大数据技术有整体的了解
- 能够对金融科技在金融领域的应用进行分析

思维导图

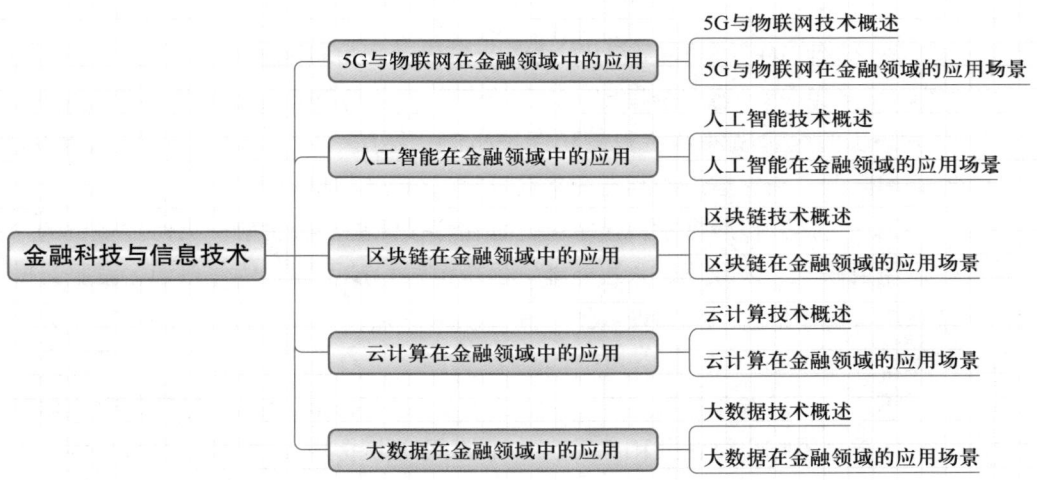

章前引例

科技赋能，推进数字普惠金融发展

2023年10月，国务院印发《关于推进普惠金融高质量发展的实施意见》（简称《意见》），《意见》指出，未来五年，高质量的普惠金融体系基本建成。为进一步健全金融消费者教育和保护机制，缓解"数字鸿沟"问题，《意见》明确提出要"有序推进数字普惠金融发展"，具体包括以下三点：

第一，提升普惠金融科技水平。强化科技赋能普惠金融，支持金融机构深化运用互联网、大数据、人工智能、区块链等科技手段，优化普惠金融服务模式改进授信审批和风险管理模型，提升小微企业、个体工商户、涉农主体等金融服务可得性和质量。

第二，打造健康的数字普惠金融生态。支持金融机构依托数字化渠道对接线上场景，紧贴小微企业和"三农"、民生等领域提供高质量普惠金融服务。

第三，健全数字普惠金融监管体系。将数字普惠金融全面纳入监管，坚持数字化业务发展在审慎监管前提下进行。

> **分析**："高质量发展"是"十四五"以来我国全方位发展的主旋律。过去，大数据、云计算、人工智能、区块链等技术金融应用成效显著，但数字化浪潮下智能技术应用带来的"数字鸿沟"问题日益凸显。《关于推进普惠金融高质量发展的实施意见》指出，推动金融业数字化发展亟需解决核心技术的应用问题。只有深化关键软硬件技术的金融应用，聚焦金融科技应用前沿问题和主要瓶颈，加大关键软硬件技术金融应用的前瞻性与战略性研究攻关，从实际金融需求出发不断加强场景适配，才能健全稳定高效的技术供应体系。

第一节 5G与物联网在金融领域中的应用

一、5G与物联网技术概述

（一）5G的概念

在移动通信技术的发展历程中，每一代移动通信网络都可以通过标志性能力指标和关键核心技术来定义。第五代移动通信技术（5th Generation Mobile Communication Technology，5G），是目前最新一代的宽带移动通信技术。国际电信联盟（International Telecommunication Union，ITU）定义了 5G 的八大关键性能指标，除了传统的峰值速率、移动性、时延和频谱效率外，还新定义了 4 个关键指标，即用户体验速率、连接数密度、流量密度和能量效率。

（二）物联网的概念

物联网（Internet of Things，IoT），最早由美国麻省理工学院 Auto-ID 研究中心于 1999 年提出，早期的物联网是指依托射频识别（Radio Frequency Identification，RFID）技术和设备，按约定的通信协议与互联网相结合，实现物品信息智能化识别和管理，进而实现物品信息互联而形成的网络。

2010 年，我国政府工作报告中这样描述物联网：通过传感设备，按照约定的协议，把各种网络连接起来，进行信息交换和通信，以实现智能化识别、定位、跟踪、监控和管理的一种网络。

二、5G 与物联网在金融领域的应用场景

5G 通信是物联网发展必不可少的通信技术。国际电信联盟（ITU）定义了 5G 的三大类应用场景，即增强移动宽带（enhanced Mobile BroadBand，eMBB）、超高可靠低时延通信（Ultra-Reliable Lowlatency Communications，uRLLC）和海量机器类通信（massive Machine-Type Communication，mMTC），适用行业见表 3-1。

表 3-1　5G 技术的三大应用场景

应用场景	适用行业
增强移动宽带	面向移动互联网行业，为用户提供良好的应用体验
超高可靠低时延通信	面向工业控制、远程医疗、自动驾驶等对时延和可靠性具有极高要求的垂直行业应用需求
海量机器类通信	面向智慧城市、智能家居、环境监测等以传感和数据采集为目标的应用需求

依托 5G 技术，物联网赋能产业与金融相融合，可实现底层数据采集、网络层数据回传、数据结构化处理、行业模型构建及产业金融应用输出等全链条的数字化服务，实现产业链、区块链、数字孪生链"三链合一"的业务模式，彻底打破产业与金融之间的信息壁垒，形成信息流、商流、物流、资金流"四流合一"的业态体系。

当前，物联网金融主要覆盖智慧制造、智慧车联、智慧农业、智慧能源、智慧物流、智慧基建六大行业，从监控对象、监管设备、业务流程、风控模型四个维度对各环节输入和输出的场景、流程、对象、动作、标准、价值进行分

析和记录。

(一)智慧制造:以数字化提升效率,以数据创新业务

在工业互联网时代,"智慧制造+物联网金融"模式成为发展供应链金融的关键手段,一方面可帮助银行识别企业风险,另一方面可帮助企业利用科技手段提高贷款融资的效率,从银行融资业务拓展和企业经营管理两方面缓解运营压力,实现双赢。

在业务方面,物联网技术可有效支持金融服务落地开展。就技术逻辑而言,银行为达到监管目的,可从企业端采集设备电流和定位信息、产能、能耗等数据,将数据通过网络传输到物联网平台;通过对平台数据进行整理,金融机构能够实现对设备及行业的开工率等运营指标的分析,并通过将其与财务数据进行交叉验证,为对其业务风险的评估提供更多维度的底层数据支撑。

在效率方面,"智慧制造+物联网金融"模式有助于打造企业管理、运营的高效通道。在智慧制造领域,物联网平台通过感知设备的运行情况,一方面可以为企业经营管理提供支持,使得管理人员在远程和线上便可实现企业管理,提高运营效率;另一方面能够实现对设备的预防性维修、风险预警、质量监测等,推动企业数字化升级。

在物联网平台的支持下,银行和企业均能实现更优化的业务模式。如平安银行基于物联网数据推出的面向中小企业主、无抵押无担保的互联网贷款产品——数字贷(智造),通过给设备安装手环,实时采集设备电流信息、设备定位信息等数据,并将数据通过网络传输到平安银行物联网平台,应用大数据建模技术对平台物联网场景数据进行分析,同时结合金融交易数据进行交叉验证,对客户进行信用评价和行为预测,形成授信审批结果实现线上申请、线上审批、线上放款。此模式不仅可为实体企业提供金融支持,还可以通过为融资客户提供一站式监控和管理工具,实现设备运行状态数字化、设备在线健康监测、设备工艺优化提升等,为中小制造企业数字化转型提供支持。

该模式还可以进一步拓展,通过引入第三方工业互联网平台型机构,构建金融机构与科技型公司新的合作生态,扩大双方业务范围,为更广泛的中小企业提供"金融+科技"的双重服务。

(二)智慧车联:实现智能管理,创新融资服务,降低保险风险

在车生态产业,金融机构通过融合物联网、大数据、人工智能等技术,实现多种场景下金融与非金融的标准化、定制化及个性化服务,覆盖乘用车、商用车、经销商、电商平台、网约车平台等多种融资业务场景,并通过对汽车位置、运行轨迹、仓储状态、车证钥匙等进行智能管理,不断深化"金融+科技"战略、"金融+生态"战略,基于相关金融产品形成比较完善的汽车金融服务生态体系。

在供应链金融领域，物联网平台可与主机厂、网约车平台、共享汽车平台等生态伙伴达成合作，创新汽车经销商融资、新车/二手车融资租赁、无车承运人平台订单融资等业务，为一手车消费者、二手车风险客户、汽车经销商、商用车运营平台提供数字化技术支持和综合金融服务。

在保险领域，物联网大数据有助于降低保险风险。在车险业务中，通过为每台投保汽车，特别是在商用车上安装物联网传感器，实时采集车辆的位置、运行轨迹驾驶状态等行为监测数据，可以有效遏制恶意骗保现象。

（三）智慧农业：以动态监控活体，靠数据保障估值，用智能降低成本

以养殖业为例，金融机构借助物联网技术，可解决传统生物资产难以监控、难以估值的痛点，对生物资产进行全周期监控和跟踪，并协助打通上下游产业链，实现对成品、半成品的供应链环节的追溯，升级供应链融资模式，例如银行提供"金融+科技+生物资产抵押"的标准化行业金融服务方案，为牧场提供养殖贷。同时，物联网平台采集的相关生产数据及销售数据，可以反哺养殖企业，帮助企业通过"物联网+金融"提升信息化管理水平，例如牧场可以通过物联网技术直接对养殖场景进行信息采集，对奶牛进行活体监控，并确定产奶量、饲养情况和生长状态。

基于物联网实时采集数据，奶牛饲养的核心管理环节，如饲料喂养、疾病防治、产奶等信息，都能及时进入银行后台，系统执行各项统计分析，助力银行对牧场进行信用评价以及预警预测。银行通过标准接口将设备中的监控数据实时接入物联网平台，实现与信贷系统、风控系统、渠道系统以及其他内部管理系统流程和数据的打通，进而实现对牧场生产经营状况的实时监控、智能识别、提前预警，提升银行对授信资产的风控能力。针对牧场的物联网监控应用，不仅可以赋能银行授信业务的风控，而且可以向牧场输出在线养殖解决方案，帮助牧场提升经营管理质量和效率。

（四）智慧能源：智能终端助力数据收集，互联平台协助能源运营

在新能源行业，金融服务的广度和深度仍有进一步提升的潜力。目前，充电场站、光伏站点等新能源站点的融资能力有限、贷后管理成本高的问题亟待解决。物联网平台的引入可帮助银行与企业建立"金融+科技"的服务连接。在实际操作层面，通过终端传感器等设备，将场站的各类监测数据实时传送至银行物联网平台，银行再结合已有的征信数据、财务数据、金融数据，实现信息流、资金流、物流和商流的四流合一，同时进行多维数据的关联组合、交叉佐证，为场站融资申请提供审批及贷后监控预警所需的大数据支持。目前，物联网金融在该领域的相关应用成效显著。

例如，在充电场站项目中，通过掌握充电桩充电状况、性能及位置，工作人员位置、数量，以及场站温度等环境数据，一方面可以支持能源的充分利

用,减少能源浪费,提升充电场站经营的智能化,另一方面可以对支持充电场站建设的金融产品进行信用分析和风险控制服务。

(五)智慧物流:实现智慧增值及可视化智能管理

"物联网+金融"模式也能助力物流业的数字化转型和融资服务。供应链是一条从生产到流通的物流链、信息链、资金链、增值链的集合。无论是在实物增值过程中,还是在物流过程中,应用物联网平台对企业供应链中生产、运输、装卸、搬运、存储、配送及零售等环节的流程优化和效率提升都有显著的作用,同时也能实现安全生产、实时监控、信息共享,以降低银行的金融业务风险。

1. 智慧增值

物联网平台融合大数据、人工智能、区块链等技术,实现产品从原材料到半成品,再到成品的过程中的控货、确权、定价、溯源等,这被定义为"智慧增值"。在供应链产品周期内,实物形态的改变会使银行在授信时面临实物资产难以监测、难以控制、难以处置等风险痛点。"智慧增值"可以运用以 RFID、AI 摄像头、红外线传感器等技术建立的物流管理系统实现银企信息、平台用户信息的可信共享,有效监控产品增值过程。以 RFID 为例,作为一种无线自动识别技术,RFID 作为条形码等识别技术的升级产品对贴有电子标签的物品进行跟踪以及信息采集。应用物联网技术不仅可提高对整条增值链的管理能力,增强其可视性和适应性,而且可减少从物料到成品过程中形态转变带来的损失,全过程公开透明的模式也为金融机构提供了可信的资产监管和风险预警数据。

2. 可视化智能管理

从供应链角度而言,物流阶段是实物的静态阶段。然而,无论是运输环节还是仓储环节,都有可能因为保存不当、环境因素等种种原因,降低或破坏实物的使用价值。企业无法实时止损,银行面临的贷款风险较大,因此传统货押业务存在较多难点。

物联网平台可以帮助企业和金融机构实现物流过程的可视化智能管理。物联网智能终端利用 RFID、红外感应、激光扫描等传感技术获取商品的各种属性信息,综合运用 WSN 技术、GPS 技术及遥感技术等,构建仓储或运输环境监测系统,再通过多种通信手段传送到智能数据中心加以存储、建档以及用于各种统计分析。通过对数据进行集中统计、分析、管理、利用、共享,物联网平台为物流管理提供决策支持,为金融业务的顺利开展提供风控保证。例如,银行利用物联网平台对仓库进行审查检验,结合价格指数信息对供应链金融进行风险评估,提供供应链金融服务方案;在供应链金融开展期间,对货物形态、物权进行监管,使得业务涉及的物权质押、物权处置更加可控,进而降低风险。

在实际运作中，很多仓储物流业、食品业都已具备相关的物联网金融服务基础。例如，在仓储物流业，金融机构通过将仓库、运输车辆的监控数据接入物联网平台，可以将钢铁橡胶、铝锭等大宗商品的动产属性转化为不动产属性，从而通过动产质押为大宗商品行业提供融资支持；在食品业中，将虚拟供应链建立在食品可追溯系统的基础上，可利用物联网技术来记录生鲜食品生命周期中的信息，包括监测温度、微生物信息和其他食品质量参数。一些食品公司利用先进的信息通信技术和虚拟化应用程序，使得新鲜鱼货可以在进行虚拟拍卖的渔船上出售，并在到达港口后直接运送给终端客户。在未来，物联网的应用将进一步扩大且深入，将以前所未有的方式改变实物流转环节的运营模式，进而改变传统供应链的商业模式。

（六）智慧基建：感知工地场景，升级数字监控

在基建行业，智慧工地借助物联网技术实现了"人、机、料、法、环、测"综合性信息化监管，对工地场景、设备进行全方位监控，提供工地安全管理、设备智慧运维、物料管理、人员管理等服务，为工地自身建设及工地环境保护赋能。同时，这些实时、客观的监控数据，可以及时被传送到银行物联网平台，增强银行对项目型或经营性贷款业务的贷后监管能力。

第二节　人工智能在金融领域中的应用

一、人工智能技术概述

美国斯坦福大学人工智能研究中心的尼尔斯·约翰·尼尔逊教授给人工智能下了这样一个定义：人工智能是关于知识的学科，是关于怎样表示知识以及怎样获得知识并使用知识的科学。美国麻省理工学院的帕特里克·温斯顿教授这样认为："人工智能就是研究如何使计算机去做过去只有人才能做的智能工作。"虽然在表达方式上有所不同，但各学者的观点所反映的基本思想和基本内容是一致的，即人工智能是研究和开发用于模拟人类智能活动，以延伸人们智能的理论、方法、技术及应用系统的一门技术科学。

本书认为，人工智能是指通过模拟人脑思维，由机器或软件所表现出来的具有推理、记忆、理解、学习和计划的类人化行为，它能够思考自己的目标并进行适时调整，甚至拥有足以匹敌人类的智慧和自我意识的能力。人工智能的研究领域包括机器人、语音识别、图像识别、自然语言处理和专家系统等。

人工智能的关键技术主要包括机器学习、知识图谱、自然语言处理和计算机视觉。

二、人工智能在金融领域的应用场景

在金融领域灵活应用人工智能技术，应立足于客户体验与实时需求。目前，人工智能应用于金融领域的技术主要是机器学习、生物识别和自然语言处理。通过机器学习，深入研究庞大的金融大数据规律，学习相关方法，并将其灵活运用到金融业务的不同阶段中，进一步简化办事程序、提高效率；生物识别技术主要用于静脉识别、指纹识别、人脸识别等；自然语言处理技术可以从行业研究报告等文本中准确获取重要信息和指标，推动金融业数据分析效率和信息收集能力的整体提升。

就金融业务板块而言，风险控制、投资和金融服务是人工智能技术应用于金融行业的三个主要方面。

（一）风险控制

人工智能技术在风险控制中的应用主要体现在能够在收集和分析消费者个人相关信息的基础上，构建出风险预测模型，进而能够快速确定风险程度。以银行贷款业务为例，早期的银行贷款业务需要经过人工审核，耗时好几天，甚至更长时间。但运用人工智能技术，在短短几秒时间就能够完成审批任务，得出审批结果，不仅能够有效避免银行在长时间审批过程中流失客户，且风险管控模型更具有准确性和科学性。

近年来，我国银行的不良贷款率和规模呈显著上升的态势。智能风控在贷前、贷中、贷后均有规范化管理，能够迅速发现风险并及时采取措施。银行在贷前，可以利用机器学习了解客户的消费习惯和消费水平，对客户贷款金额有一个合理的预期。在客户办理业务时，银行采用人脸识别准确核对客户信息，追溯社交行为、购物偏好、搜索等记录，同时根据央行征信记录以及公安机关和法院的相关数据，确认客户的社会信息，横向对比贷款人信息，综合客户在其他平台的借款记录，更进一步判断客户的信用表现。银行在贷中结合客户的现场表现，利用微表情技术识别判断客户的贷款真实性，对客户进行语音识别，确保贷款流程规范。在贷后的处理中，银行利用人工智能技术规范化管理，在还本付息日前对客户进行还款提示，一旦发生违约状况，启动自动催收系统，极大地提升了工作效率，降低了风险。

此外，人工智能还能有效识别国际监管的可疑交易，通过扫描数据库中的数据，提取利益的主体，继而对交易行为特征以及交易的轨迹展开分析，对相关的违法犯罪行为进行打击。最后，人工智能技术还能预防影响金融稳定发展的不良因素的干扰，识别异常的风险主体，进而实现稳定金融发展的目标。

（二）投资

人工智能技术在投资中的应用是指只需要投资者个人或者投资机构提供投资的偏好、收益目标以及承担的风险水平等要求，人工智能就能在此基础上进

行智能核算，对投资组合进行整理和优化，提供最符合用户需求的投资参考。

对于投资机构而言，人工智能能够对金融数据进行整理分析，构建和调整交易的模型，逐步完善该投资模型；同时，人工智能还能发现投资风险，运用大数据综合剖析多方数据，了解其他竞争机构以及本机构的投资情况。对于普通投资者而言，人工智能会搜集有关投资者的风险偏好、经济基础等个人信息，进而进行科学与客观地分析，制定符合个人的投资理财方案。基于人工智能的智能代理可以结合结构化金融和非结构化的行为数据评估客户的投资风格和风险承受能力，从而精确描述客户偏好。在制定投资理财方案过程中，人工智能通过客户数据刻画用户特征，构建个性化的行为模型，实现客户的个性化投资需求。

例如，"智能投顾"是一种新兴的在线财富管理服务，通过数字化手段为客户提供资产配置服务的一种形式，其核心锚定在"资产配置"，根据需求者设定的投资目的及风险承受度，通过计算机程序的算法，提供自动化的投资组合建议。

教学活动设计

教师活动情景：要求学生打开手机支付宝，搜索"智能投顾"，选择小程序"帮你投"。

学生活动情景：进入小程序"帮你投"，回答三个问题，查看小程序智能推送的投资方案。

活动要点：学生回顾刚才回答的三个问题，分析该小程序如何根据客户调查情况制定投资方案，并评价定制方案的合理性。

思考与实践

银行为什么要做智能投顾呢？哪些客户是智能投顾的主要服务群体？

（三）金融服务

在以银行为代表的金融机构中，智能客服不仅是一种服务手段，更是金融领域象征科技实力的标准化服务产品。智能客服基于自然语言编程、机器学习的聊天机器人和语音助手，通过收集用户的个性化数据，在金融服务的各个阶段为客户提供24小时帮助，提升用户体验，减轻员工负担。目前，客户在通过App、手机及网页等办理相关业务时，智能客服能够科学分析用户的数据与需求，并及时答复他们所需的信息，为用户的业务咨询和办理提供方便。在特殊情况下，如果智能客服的服务不能令用户满意，则系统会自动转入人工客服。智能客服的应用不仅有效降低人工客服的工作压力，减少企业相关的运营成本，也能够有效提升用户的服务体验。因此，需要加强对智能客服技术的更新，加强语言的识别与处理技术，使其应用更加广阔。

随着经济社会的发展，金融服务不再局限于金融机构提供的通用型服务，而要更多地应用人工智能来解决日益增长的个性化需求。人工智能可以帮助银行满足客户的个性化需求；银行使用机器学习来分析各种交易场景，将产品价格与价值匹配，并增加银行收入。银行应用人工智能可以为银行和其客户带来巨大的经济和非经济利益，客户可以从定制服务中获得合理且负担得起的价格。人工智能面对客户个性化需求，通过结合跨领域的知识图谱、因果推理、深度学习等，赋予机器思维逻辑和认识能力，满足客户的个性化需求，自动适应客户的偏好，提升客户满意度。

总的来说，提高效率、降低费用是金融行业应用人工智能的主要需求。第一，在金融风险控制、智能投资顾问等领域应用人工智能数字化技术，并按照算法策略要求予以严格执行，与传统的人工操作相比更加便捷高效、客观具体，通过人工智能推动了技术能力的整体跃升。第二，人工智能的应用使金融服务成本得到大幅降低。因此，在人工智能等前沿技术的大力支持下，风险控制、资产投资以及金融服务等金融领域将逐步实现智能化。

第三节　区块链在金融领域中的应用

一、区块链技术概述
（一）区块链的定义

区块链（Blockchain）是一个整合词，由"区块"（Block）组成的"链"（Chain）。在中华人民共和国国家标准《区块链和分布式记账技术参考架构》（GB/T 42752-2023）中，"区块"的定义为"一种包含区块链元数据和交易数据的数据结构"，而"区块链"的定义为"使用密码技术链接将共识确认过的区块按顺序追加形成的分布式账本"。

狭义的区块链是一种按照时间顺序经数据区块以顺序相连的方式组合成的一种链式数据结构，并以密码学方式保证的不可篡改和不可伪造的分布式账本。广义的区块链技术是利用块链式数据结构来验证和存储数据、利用分布式节点共识算法来生成和更新数据、利用密码学的方式来保证数据传输和访问的安全、利用由自动化脚本代码组成的智能合约来编程和操作数据的一种全新的分布式基础架构与计算范式。

（二）区块链的分类

区块链可分为公有链、联盟链和私有链，三者的对比如表 3-2 所示。

表 3-2　三种类型区块链的对比

对比项目	公有链	联盟链	私有链
参与者	任何人	联盟成员	公司（或机构）内部或个人
记账人	所有参与者	联盟成员协商确定	公司（或机构）内部确定
优势	完全解决信任问题，访问门槛低	交易成本较低，运作机制较为灵活；联盟成员的隐私数据受到保护	隐私保护力强，交易速度快；不容易被攻击；交易机制更灵活
劣势	交易效率低；存在隐私保护问题；可能被攻击；需要合理设计激励机制	不能完全解决信任问题；可能存在联盟成员联合欺诈问题	接入节点受限，不能完全解决信任问题

二、区块链在金融领域的应用场景

金融领域是目前区块链应用最成熟、最广泛的领域。一方面，区块链技术优化金融服务的潜力得到了广泛的认可。区块链和分布式账本技术已成为金融稳定理事会评估主要金融技术创新领域的一部分。《二十国集团数字普惠金融高级原则》建议各国在防范风险和保障安的前提下，探索分布式账本技术在提高金融基础设施透明度、有效性、安全性和可得性方面的潜力。世界银行和国际货币基金组织也认为，分布式账本技术可以创新数据记录和共享的模式，减少信息不对称。同时，区块链技术在金融领域应用探索的力度较大。

区块链在金融业的场景创造涉及七大业务：数字货币、跨境结算、票据业务、证券业务、保险业务、征信、供应链金融。

（一）数字货币

我国央行数字人民币体系（Digital Currency / Electronic Payment，DC/EP）的名称为中国数字人民币。中国数字人民币由国家发行，价格直接和人民币挂钩，发行的首要目的是保护货币主权。早在 2014 年，中国人民银行就发起了法定数字货币的研究。中国数字人民币研发工作遵循稳步、安全、可控、创新、实用原则，先后在多地新增试点。

中国数字人民币并未全部采用区块链技术，其设计原理是将中国人民银行发行的纸质货币完全虚拟数字化,取代实体的纸张。从本质上说,央行依然采用中心管理体系,与其他系统可直接对接,实现中国人民银行到商业银行、商业银行到民众的双层运营模式。

中国数字人民币具有区块链数字货币匿名支付的特征,即采取"双离线支付"模式,即在收支双方都离线的情况下仍可以进行支付。未来手机只要安装了数字人民币钱包,不需要网络信号,只需要有电,两个手机互相触碰就能实现实时转账。"双离线支付"意味着中国人民银行数字人民币可以在极端情况下完成交易,例如水灾、地震等自然灾害造成通信中断时,或者在没有信号的地下超市购物时都可以使用数字人民币支付结算。

DC/EP 的安全保障机制依靠的是一套密码学算法:哈希算法确保数据的不可篡改性和高度一致性,隐私保护算法确保交易流程的私密性。数字货币的记账机制依靠的是一套共识算法,分布式网络上各个对等节点依靠算法来达成共识,确保在没有中心化机构的帮助下,自主、自治地保证账务的真实准确,不至于重复花费。DC/EP 运行所依靠的智能合约也是一种算法,作为可以自动执行约定的计算机程序,智能合约保障了金融交易的高效与低成本运行。

我国按照"十四五"规划部署,稳妥推进数字人民币研发试点。中国人民银行将有序推进数字人民币研发试点,持续完善顶层设计和生态体系建设,强化产品和应用创新,逐步建立健全管理框架,不断深化试点成效。

教学活动设计

教师活动情景:要求学生分组讨论数字人民币推广、使用中的问题,并进行角色扮演,劝说父母使用数字人民币。

学生活动情景:小组讨论,分析数字人民币在推广、使用中的优缺点;学生两两组合进行角色扮演。

活动要点:通过讨论,客观分析数字人民币推广、使用的现状。通过角色扮演,助力数字人民币的推广和使用。

(二)跨境结算

全球银行业对区块链技术的初期关注点,主要集中于支付领域。将区块链技术应用在支付领域中,可省去第三方中介环节,实现点对点的对接,实现简化结算、降低成本的目的。

目前,国内的支付系统,包括中国人民银行大小额支付系统、各银行自身核心系统、银联系统等,是一种典型的中心化模式。而跨行交易手续费较高,大额交易时间长,一旦某个系统关闭或者出错,就会导致交易无法实现。跨境支付更是需要借助SWIFT国际结算系统等在各个银行、代理行之间进行交互，节点多，流程长，效率低，成本高，易出错。采用区块链技术，使用分布式核算，所有交易都被实时记录在类似于全球共享的加密电子表格平台上，无法破译和篡改，只要全球不断网断电，每一用户都能凭密码查询交易状态，实时清算资金。

与传统国际支付模式不同的是，采用区块链技术的虚拟货币进行支付，额度不受限制，可实现秒级到账，且手续费极低，这正是区块链技术吸引大量国际银行参与的关键。事实上，商业银行希望利用区块链技术，在相互信任的基础上建立扁平化的全球一体化清算体系，改善现有系统间割裂的现状，突破诸如额度的监管限制，降低成本。区块链分布式账本的特点和P2P（点对点）传输技术，将大大降低转账、换汇成本。

（三）票据业务

票据市场是区块链技术应用最典型的场景，虽然电子票据的出现使票据交易的安全性提高，但市场上仍然存在不少伪造纸质票据，票据交易的真实性问题不容忽视。另外，就是票据的信用风险，当商业承兑汇票到期时，付款人不能及时付款或者无能力偿还会致使收款人蒙受经济损失。而一些中小企业由于规模较小，投资收益率低，资金周转困难，容易产生信用风险。

利用区块链技术可以减少票据市场的人为介入风险及操作风险。一是区块链具备数据公开透明和防篡改的优势，保证了票据的安全性，使票据一旦完成交易，可避免赖账、打款背书不同步的问题，有效防止票据造假、一票多卖等违法犯罪行为，提高了票据交易的安全性和真实程度，防范票据的造假风险。二是区块链的弱中心化模式，可以使双方直接进行点对点交易，实现票据价值传递的去中介化，减少交易的流程与成本，满足参与主体的需求，提升票据交易的效率。三是区块链具有信息记录和回溯功能，提供了透明、可信任的追溯途径，提高了信息获取的及时性，为票据市场的监管提供了便利，有效降低了监管的审计成本。

> **思考与实践**
> 请概括区块链技术解决了传统票据业务的哪些痛点。

（四）证券业务

在传统的证券发行中，中间商往往控制着市场，例如，国内证券在海外上市首先要经过国内证监会与国外交易所审核，繁复冗长的流程导致发行成本增加。区块链使全球的资产从先审核后发行的模式变成先发行后审核的模式，使证券发行免去诸多中间环节。

区块链技术通过证券的去中心化交易（分散处理）实现资产的实时转移，加速资产清算，不仅有助于大幅度降低证券发行、追踪及交易加密证券的成本，而且有助于防止对传统证券市场的操纵行为。智能合约可以记录证券所有权的信息，可用来进行证券的登记和清算。

（五）保险业务

保险业务流程复杂、数据难以共享、数据记录的风险难以评估是目前保险行业首要的问题。区块链技术的应用可以打通前端渠道、中端承保和后端再保，为保险行业重新构建保险生态。在保险理赔方面，通过智能合约的应用，投保人无须申请，保险公司也无须批准，只要触发理赔条件，即可实现保单自动理赔。

（六）征信

对征信来说，区块链作为一种弱中心化的分布式数据库技术，使得信用信息的收集和存储变得触手可及。区块链技术主要发挥以下作用：能帮助消费者建立自身的数据资产主权，形成永久性的信用资产，防止信用数据泄露；可以解决中心化机构通过封闭的数据系统，利用信息不对称对消费者形成的威胁，保障了消费者的合法权益；以分布式记账保障数据的传输和存储，使数据资产更为有效地流动；时间戳的应用保证了一个不可篡改、不可伪造的数据库的存在，使信用信息能够被真实地存储和应用；以算法信任的方式来构造人与人之间的产权信任；采用可编程数字智能合约，使系统将交易模式合法化和规范化，最大限度地将征信数据进行拓展。

（七）区块链与供应链金融

区块链技术可以助力打破供应链数据孤岛，并使数据更加真实、透明、可信，有利于构建可信的多方协作环境，从而传递核心企业信用，降低融资成本，提升融资效率。鉴于区块链技术在解决供应链金融痛点方面的优势，金融机构及金融科技企业正积极尝试通过区块链技术解决供应链金融存在的问题，供应链金融成为区块链应用场景中落地数量最多的领域之一。其应用场景主要集中在应付账款融资、动产质押融资、资产证券化融资等场景，如表3-3所示。

表3-3 区块链供应链金融的应用场景

企业	平台名称	平台服务
中国工商银行	工银E信网络融资金融服务平台	应付账款融资
中国农业银行	E链贷	应付账款融资
中信银行	信E贷	应付账款融资

续表

企业	平台名称	平台服务
腾讯	微企链、易动产质押融资平台	应付账款融资、动产质押融资
平安壹账通	壹账链	应付账款融资
京东数科	区块链 ABS 标准化解决方案	资产证券化融资
欧冶金服	欧冶通宝	应付账款融资
趣链科技	飞洛平台	应付账款融资

第四节　云计算在金融领域中的应用

一、云计算技术概述

2006 年，"云计算"（Cloud Computing）的概念在搜索引擎大会上被首次提出，同年云计算开始被学术界和产业界广泛研究。目前，业内被广泛引用的云计算概念是由美国国家标准与技术研究院（National Institute of Standards and Technology，NIST）发布的，具体指："云计算是一种模型，它支持对可配置计算资源（例如网络、服务器、存储、应用程序和服务）的共享池进行方便的、按需的网络访问，这些资源的快速供应和释放是以最少的管理工作量或服务提供商的交互来完成的。"

简单来说，云计算是与信息技术、软件、互联网相关的一种服务，它把诸多计算资源集合起来，通过软件实现自动化管理。这种计算资源共享池被称为"云"。"云"实质上就是一个网络，是一种提供计算资源的网络。云端的计算资源可作为一种商品在互联网上流通，使用者可以随时按需（包括基础设施、平台和软件）获取"云"上的资源，并按照使用量付费即可。在传统的计算资源部署框架中，企业的系统架构部署和运营维护会消耗大量的成本与时间。通过云计算技术，企业可以将计算、存储、网络等资源虚拟化，形成云端，从而可以快速实现产品的部署，减少管理和建设环节，提升企业运营效率。

如图 3-1 所示，云计算的内涵包括五个主要特征，三个服务模式和四种部署模式。

五个主要特征	三个服务模式	四种部署模式
按需自助服务 广泛的网络访问 资源池 快速、弹性 可量化的服务	软件即服务(SaaS) 平台即服务(PaaS) 基础设施即服务(IaaS)	公有云 私有云 社区云 混合云

图 3-1 云计算的内涵

二、云计算在金融领域的应用场景

金融行业一直属于数据密集型行业。随着互联网金融的高速发展，金融机构面临着产品迭代越来越快、业务数据量越来越大的挑战。云计算技术作为基础设施，为金融企业提供了低成本、高效的服务模式，提升了金融行业的信息化水平。金融企业通过云计算技术，可以将管理组织内所有的信息数据通过云平台集中在一起，实现企业内部服务器、储存和设备等的集中管理，从而提升管理效率。与此同时，云计算具有可靠性和拓展性，金融企业通过云计算开展业务可以节省基础设施的建设时间，满足金融业务快速扩张的需求。

金融机构向客户提供服务前，需要先定位潜在客户，通过评估客户风险来确定客户适合的产品及价格，实现对客户的精准营销；确定产品及价格后，金融机构与客户进行交易，并进行支付清算；当客户处于金融产品的持有期时，需要对客户持有期的全过程进行风险管理和控制。通过将云计算技术的优势与金融业具体服务的结合，可以提高金融业事前获客、事中交易、事后管理的全过程服务质量和效率。因此，以下将从五个方面分析云计算在具体金融服务中的应用。

（一）精准营销

金融机构向客户出售金融产品或提供金融服务之前，往往需要先评估客户的情况，以确定客户适合的产品或服务及出售价格，进行针对性的营销。在应用过程中，云计算具有数据存储和数据处理能力，可以从云资源中提取客户信息要素，进入网络信用评估算法系统，运算完毕后得到相应结果。同时，云资源会随着客户信息的变化及时自动更新，反映客户的风险变化，进行风险预测，调整营销策略。一旦云计算应用框架建成，客户管理的员工不需要有很高超的 IT 技能，只需设定好算法的参数和指标，计算机就会把通过大量数据和算法处理得出的结果直接存储于软件中，客户管理人员即可浏览到一系列的数据分析结果。因此，云计算的应用能让金融机构更广泛地使用算法模型对客户进行评估，从而更精准地向客户营销产品及确定价格。

（二）业务系统升级

金融行业业务规模的扩张和业务种类的增加，对金融机构的业务系统提出了更高要求。此背景下金融需要加大IT基础架构和IT技术人员的投入成本，而且IT系统从评估、规划、实施到调试需要较长的周期，难以满足业务需求的快速变化。而基于云计算的支付清算系统可以解决上述成本和业务需求问题。云计算具有可扩容、富有弹性的特点，可解决业务量多、并发量大的问题，因此基于云计算的业务系统与快速的业务发展相匹配。云计算服务提供商可实施云计算方案，解决技术问题，使得金融云交易平台能够脱离存储设备、网络设备以及服务器等硬件设备运行，因此金融云交易平台降低了业务系统的建设和扩容成本。此外，金融云交易平台具有易用、可管、部署迅速等特性，其通过资源拟化、动态分配和自动化管理，建立跨系统、跨地域的资源共享池，可以极大提高各项业务的容灾恢复能力和业务连续性。

（三）风险控制

传统风控主要依靠人力，对部分风险的监控也基于较为单一的数据，很难做到实时监控。以银行为例，传统风控对于个人征信情况的评估主要依靠中国人民银行的征信数据等作为信用评估的依据，而我国存在大量信用空白户，众多有贷款需求的人群还没有被征信覆盖，中小微企业的贷款申请则依靠金融机构客户经理的尽职调查，第三方支付机构对部分风险交易无法做到尽早排查。因此，金融业需要一个覆盖面广、信息完善的风险控制系统。

基于云计算的风控系统将在金融机构中发挥重要作用。建设基于云计算的风控系统，可由监管部门牵头，构建风险数据共享云平台，通过统一的数据标准和系统接口，将海量的黑名单数据归集、分类并设置权限，打破"数据孤岛"，在云平台上存储、整合、处理风险数据，以提升全社会的风险监控能力。

（四）反洗钱

洗钱犯罪是一种金融犯罪，金融机构必须履行反洗钱行为的法律责任。为了满足反洗钱相关法规的要求，需要完成的特定任务包括：一是完成总交易信息的收集以形成一个完整的资金链，二是建立以客户和客户的信息为中心的整体观，三是实现大额交易和可疑警告提取的自动识别，四是将可疑警告的人工判断和数据报告归档、管理，五是历史数据的保存等。云计算与反洗钱系统的结合可以帮助金融机构完成主动的风险识别和控制，进行自我测试并及时验证业务交易是否符合外部监管要求，并减少监督金融机构洗钱的罚款和声誉成本。

（五）金融监管

云计算技术作为IT的发展潮流和趋势，能够为金融监管系统提供高性能运算和良好的数据共享条件，并完成对计算能力的合理优化和配置，从技术层面及时准确地提供预测和预警信息，从而有效解决金融监管系统的技术难题。基于云计算技术的金融监管信息系统，不仅有利于收集存储各金融部门和行业的海量数据与信息，还可以依靠云计算技术的强大处理能力，选取合适的预警模型进行计算，为监管部门提供各种预警结果与决策支持，实现金融业的综合安全监管。

党的二十大报告提出，深化金融体制改革，建设现代中央银行制度。加强和完善现代金融监管，强化金融稳定保障体系，依法将各类金融活动全部纳入监管，守住不发生系统性风险底线。基于云计算的金融监管体系框架将有助于实现金融机构间的信息共享，推动金融监管由机构监管向功能监管过渡，建立以国家金融监督管理总局为核心的综合监管模式。

第五节　大数据在金融领域中的应用

一、大数据技术概述

（一）大数据的概念

大数据泛指无法在可预期的时间内，用传统信息技术和软硬件工具对其进行获取、管理和处理的巨量数据。在中华人民共和国国家标准《信息技术　大数据　数据分类指南》（GB/T 38667—2020）中，大数据被定义为"具有体量巨大、来源多样、生成极快且多变的特征，并且难以用传统数据体系结构有效处理的包含大量数据集的数据"。大数据需要可伸缩的计算机体系结构来支持其存储、处理和分析。大数据的本质上体现在数据挖掘的深度和跨界整合的广度。

（二）大数据的特征

一般来说，大数据具有"4V"特征，即数据量大（Volume）、多样性（Variety）、实时性强（Velocity）以及价值密度低（Value）。

1. 数据量大

数据量大是大数据最显著的特征。Volume 强调的是数据规模巨大，数据量的单位也逐渐从 TB 级转向 PB 级和 ZB 级。大数据数据量大的特性有另一层含义，就是追求样本的"全"。过去由于知识与技术制约，往往只能通过抽样方法获取数据和进行分析预测，现在信息技术成熟后获取数据的成本"瓶颈"得以解决，采用总体分析，较抽样更具说服力。

2. 多样性

多样性是指数据类型是多种多样的，有结构化、半结构化及非结构化，具体表现为图片、视频、音频、地理位置信息、网络日志等,其中个性化数据占绝大多数。

3. 实时性强

实时性强是指数据的生成速度与传播速度飞快,并需要对数据实现实时处理与分析,与传统的数据挖掘技术有着本质区别。

4. 价值密度低

价值密度低是指尽管数据量大、类型多、处理速度快,但海量信息的价值密度很低,真正有价值的数据很少。

> **思考与实践**
> 你认为大数据除了以上四个特征以外,还有那些其他特征呢?

(三)大数据处理流程

大数据处理流程是一个从大量数据中挖掘和发现有价值信息的过程。利用大数据技术解决问题,必须要有大量的数据、快速的数据处理、精确的数据分析与挖掘、清晰的可视化图表以及简单易懂的结果解释,每个环节都会对问题解决的质量产生影响。图 3-2 显示了问题解决与大数据处理的关系,大数据处理流程一般包括数据采集、数据预处理、数据分析和数据解释四个主要步骤。

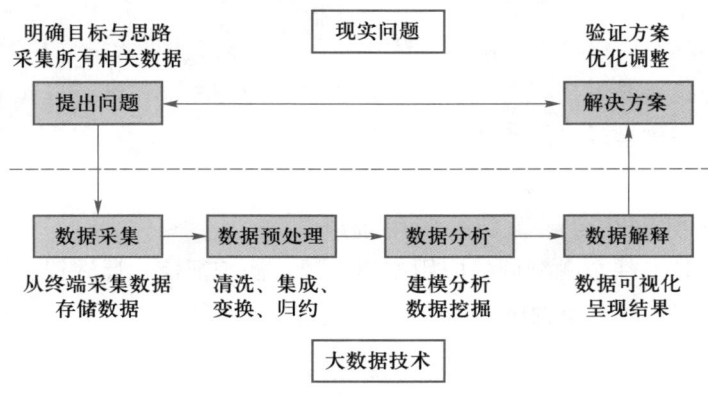

图 3-2　大数据处理流程

> **思考与实践**
> 请画出中国工商银行大数据平台的结构图,并对比图 3-2 说出工商银行的大数据应用流程。

> **金融科技知信行**
>
> **合法合规利用网络爬虫**
>
> 网络爬虫是一种自动采集数据的互联网技术，最早应用于搜索引擎，如今在经济生活场景被广泛应用。该技术凭借低成本、高价值的优势为信息共享带来便利，但是也引起诸多法律问题。若网络爬虫行为对计算机信息系统安全和数据安全造成严重威胁，则可能构成破坏计算机信息系统罪。说到底，网络爬虫只是一种工具，必须在合法合规的范围内爬取数据。
>
> 一般认为，爬取以下数据是非法的，应当被禁止，如：有反爬声明的网站数据、非公开信息数据、受法律保护的信息或数据和可能对目标网站或社会造成严重影响或危害的数据。
>
> 要做到合法合规地利用"网络爬虫"，应注意以下几个方面：第一，应注意遵守网站、软件设置的 Robots 协议，不破解为保护数据而设置的技术保护措施；第二，应当注意对网站、软件内容进行爬取的方式，避免干扰被访问网站、软件的正常运行；第三，注意甄别爬取对象，禁止对涉密国家事务、国防建设、尖端科学技术领域的网站和计算机信息系统进行爬取；第四，注意识别抓取数据的性质，保护公民个人隐私数据；第五，避免同行业数据的恶性爬取及使用；第六，应注意谨慎抓取有明确著作权的视频、音乐等作品数据；第七，若接到权利人侵权投诉或通知时，应当及时核实并停止侵害权利人权益。
>
> 只有合法合规利用网络爬虫，才能守护信息安全，保障社会和个人利益，让大数据在经济生活中健康发展。

二、大数据在金融领域的应用场景

大数据技术在金融领域的应用相当广泛，涵盖征信、反洗钱、银行业务、证券投资、保险等多个领域。

> **思考与实践**
>
> 请思考大数据如何影响供需双方的决策？分别从金融领域的哪些应用体现出来呢？

（一）征信

金融机构通过银行和网络上的海量客户数据，可从安全、财富、信用、消费、社交等多个维度客观评判客户的还款意愿和能力，为客户建立信用报告，建立以大数据为基础的海量数据库。大数据征信有以下四个特征：

1. 聚合多类数据

大数据征信数据库更多是依靠技术手段，整合企业或个人的有效信用数据，纳入企业或个人的信用档案。大数据征信聚合的数据类别包括客户身份信息、银行欠款及还贷信息、财富信息、社交网络信息、网上购物信息、生活缴费信息等，金融机构可通过特定的技术来抓取和整合这些信息。

2. 信用动态评估

大数据技术能对各个渠道收集来的数据进行实时分析。新闻媒体、消费者协会、质量监督部门等相关机构一旦发布企业的负面报道，大数据征信技术可实时捕捉、采集到此类信息，并将信息传输至大数据征信系统内的信用评分计量模型，对该企业的信用状况重新评估，使社会公众能够及时地了解企业最新的信用信息。

3. 运用数学计量模型

大数据征信对企业或个人的海量信用数据，设置了不同的数学计量模型，对不同类型的企业或个人的数据进行测算，可快速计算出信用评估对象的信用分值，并确定相应的信用等级。

4. 在线出具报告

大数据征信技术广泛采集企业和个人的信用信息，利用数学计量模型快速计算被评估对象的信用分值和对应的信用等级，实时生成企业或个人信用报告，用户可以直接在线下载和打印信用报告。

教学活动设计

教师活动情景：要求学生登录中国人民银行征信中心网站，查询个人征信报告。

学生活动情景：登录网站，查看个人信用报告展示样本，分析报告主要内容：个人基本信息、信息概要、信贷交易信息及负债信息概要、非信贷交易信息概要、公共信息概要、查询记录概要等。

活动要点：掌握个人信用报告的主要内容。

（二）反洗钱

反洗钱工作是保障国家金融体系安全，维系金融市场稳定的重要举措，反洗钱涉及面广，需要监管部门和银行、证券公司、基金公司等金融机构的参与。金融机构除了使用客户关系、会计系统等结构化数据，还可以使用社交媒体、电子邮件文本、音频、视频、网络日志等非结构化数据，在此基础上建立反洗钱大数据平台，通过对相关数据的科学分析，甄别客户身份和可疑交易，有效防范洗钱犯罪活动。

大数据反洗钱，维护国家金融安全

金融安全是国家安全的重要组成部分，威胁国家金融安全的主要因素包括过度负债、债务违约、违规关联交易和利益输送、洗钱恐怖融资及各类犯罪活动等。对威胁国家金融安全的各种风险隐患要做到未雨绸缪，准确预判，有效防范，关键是加强对异常资金流动的监测分析，及时关注异常资金的轨迹。

反洗钱基础设施现代化建设的总体目标是构建数据整合、工具齐全、建模分析、多元交互等功能于一体的综合性、智能化平台，完善全覆盖、多维度、高质量的反洗钱大数据体系，赋能数据治理与应用，以精准高效的资金监测能力，安全畅通的信息共享机制，充分发挥好金融情报在国家治理和维护金融安全中的纽带作用。实现这一总体目标，重点要解决以下几个问题：首先是要建设贯通全方位的数据治理体系；其次是拓展贯通多领域的数据体系；再次是提升大数据应用的智能化水平；最后要筑牢数据安全共享的保障体系。

由于大数据能够更准确、更及时、更全面、更完整地记录信息，所以大数据在打击洗钱和犯罪等领域有着重要作用。维护金融安全是关系经济社会发展全局的战略性、根本性大事。利用大数据反洗钱，既保护了人民财产，守护了国家金融安全，更维护了社会公平，守护了国家安全。

近年来随着全球金融生态环境深刻变革，国际、国内洗钱活动也发生了显著变化，银行业面临的反洗钱形势日趋严峻。要防范洗钱活动，反洗钱基础设施必须升级，进行现代化建设，这样才能精准高效地监测异常资金往来。

（三）银行业务

以大数据为核心的数据管理能力和数据应用能力正日益成为商业银行的核心竞争力，被越来越多地应用到商业银行经营管理中。大数据技术在银行业务中的应用主要体现在客户营销、程序化交易、大数据基金等方面。

1. 客户营销

商业银行通过大数据分析处理系统，采集处理客户通过网购平台、社交网络、智能设备等终端形成的非结构化数据，掌握客户的消费水平、消费习惯、消费偏好、兴趣爱好等信息，再将这些非结构化数据与银行自身积累的结构化数据进行整合分析，如客户房贷、车贷、消费贷、存款、理财等信息，生成客户画像，实现精准营销。

2. 产品创新

商业银行通过大数据技术挖掘客户潜在需求，创新服务模式，开发新产品，提升客户忠诚度。银行的数据平台全程记录了企业的各种交易信息及资金信息。其中，交易信息包括交易金额、交易数量、交易时间、交易地点等关键数据；资金信息包括资金金额、资金去向、资金来源、资金流动频次等关键数据。商业银行可通过大数据技术对以上信息进行筛选、统计和分析，形成大数据金融云系统，及时捕捉客户的隐藏信息，主动挖掘中小企业的融资和投资需求，提供契合客户需求的金融产品和服务。

3. 风险管理

银行利用大数据技术构建客户信用档案，可实时掌握客户的经营管理情况、资本实力和资产状况，提升商业银行的信贷风险管控能力。商业银行利用大数据试行新型小贷管理模式，将传统的抵质押贷款模式简化为无须客户提供抵质押品的信用贷款模式，通过多方采集的数据来分析客户违约的可能性，如客户网购记录、社保缴纳记录、水电缴费记录、信用卡违约记录等，预测客户违约风险，为不同风险等级的客户提供不同的贷款额度，有效管理客户信用风险。

4. 流程优化

传统的银行信贷流程包括贷前调查、贷中审查、贷后检查，需要耗费大量的人力和时间。银行运用大数据分析，可凭借严格设计的评分模型和决策引擎，自动审批客户的贷款申请。资信状况良好的客户可以在线即时提取贷款资金，彻底打通贷款的申请、尽职调查、审批、放款各个环节，实现"全线上、全流程、全自动"操作。

（四）证券投资

大数据技术在证券投资领域的应用主要体现在智能投顾、程序化交易和大数据基金等方面。

1. 智能投顾

智能投顾是指金融机构根据客户的财务状况、风险偏好、投资经验以及风险承受能力等信息，获得客户的个性化特征，并结合算法模型进行量化分析，为客户有针对性地提供资产配置建议和财富管理服务，以实现长期稳定收益。大数据是智能投顾的基础，主要包括客户行为大数据和金融交易大数据两种。一方面，资产配置决策建立在客户行为数据基础之上，金融机构根据客户情况定制产品、服务，达到个性化精准匹配客户风险偏好的目的；另一方面，对于构建投资组合以及再平衡的过程同样需要依靠对客户的金融交易大数据的分析处理。

2. 程序化交易

程序化交易又称高频交易，是一种通过高速计算，尽可能利用先进信息技术等识别、捕捉市场中瞬时数据，从而在极短的时间内完成获利的交易方式。

目前，在我国已普及程序化交易，并呈现出手段多样化、行为跨境化、策略复杂化等特点。

3. 大数据基金

国内一些基金公司通过量化策略和大数据投资方法的有机结合，成立了大数据基金。大数据基金通过算法筛选策略因子，设计出符合投资思路的量化模型，并借助量化模型筛选出优质投资标的。大数据基金的持股类型通常高达上百种，以通过充分地分散化投资来规避市场风险。基金公司通过及时跟踪，分析市场动态，优化数据模型，实现灵活调仓、规避风险、减少损失。

（五）保险

大数据在保险业的应用主要涉及挖掘客户需求、个性化定价以及识别欺诈行为等方面。

1. 挖掘客户需求

保险公司可通过客户在社交网络、电商网站等留下的浏览和交易痕迹，挖掘客户需求，寻找潜在客户，推出创新险种。美国保险公司通过精细化分析客户财务状况、资产价值、风险偏好等数据，向客户提供量身定制的保险产品。我国的保险公司基于客户在电商网站的购买行为，推出网购退货运费险、网上支付安全险等创新险种。

2. 个性化定价

保险产品的精算定价是保险公司的核心竞争力，大数据的广泛应用可以帮助保险公司提升精算水平。例如，保险公司可以通过安装在车上的通信工具收集数据，判断驾驶员的驾驶行为模式，结合驾驶员的年龄、驾龄、健康状况等特征，对车辆保险费率实现个性化定价。

3. 识别欺诈行为

保险公司借助大数据，可以识别客户欺诈行为，防范骗保风险。在医疗保险领域，常见的欺诈手段包括非法骗取保险金，在医保额度内重复就医，虚报理赔金额。保险公司基于过去的欺诈事件，可以通过大数据分析得出保险欺诈特征，并据此建立预测模型，再通过自动化计分系统快速将理赔案件按照欺诈风险级别分类处理。在车险领域，保险公司也能够利用过去的欺诈事件，通过大数据分析模型，将理赔申请分级处理，避免骗保行为的发生。

知识自测

1. 单选题

（1）以下选项中通过把大宗商品的监控数据接入平台，使得大宗商品的动产属性转化为不动产属性，从而通过动产质押得到融资支持的是（　　）

技术。

  A. 物联网　　　B. 人工智能　　C. 区块链　　　D. 大数据

（2）以下选项中能解决金融业务量多，并发量大的问题的是（　　）技术。

  A. 人工智能　　B. 区块链　　　C. 云计算　　　D. 大数据

（3）"去中心化"是（　　）技术的典型特征。

  A. 人工智能　　B. 区块链　　　C. 云计算　　　D. 大数据

（4）区块链结构的必要层级不包括：（　　）。

  A. 数据层　　　B. 网络层　　　C. 共识层　　　D. 合约层

（5）云计算的服务模式不包括：（　　）。

  A. 云软件即服务（SaaS）　　　　B. 云平台即服务（PaaS）

  C. 云应用即服务（AaaS）　　　　D. 云基础设施即服务（IaaS）

2. 多选题

（1）金融行业对人工智能的主要需求包括（　　）。

  A. 提高效率　　　　　　　　　　B. 提高安全性

  C. 降低费用　　　　　　　　　　D. 保护用户匿名

（2）5G技术的三大应用场景包括（　　）。

  A. 增强移动宽带　　　　　　　　B. 超高可靠低时延通信

  C. 海量机器类通信　　　　　　　D. 精准推送

（3）精准营销主要利用了（　　）技术。

  A. 云计算　　　B. 人工智能　　C. 区块链　　　D. 大数据

（4）区块链可分为：（　　）。

  A. 供应链　　　B. 公有链　　　C. 私有链　　　D. 联盟链

（5）大数据的特征包括：（　　）。

  A. 数据量大（Volume）　　　　　B. 多样性（Variety）

  C. 实时性强（Velocity）　　　　　D. 价值密度低（Value）

3. 简答题

（1）请举例说明金融科技技术在保险行业的应用。

（2）请谈谈人工智能技术给银行服务带来的利与弊。

（3）你认为大数据技术能有效降低金融风险吗？请举例说明。

Chapter

04

第四章
金融科技与支付

- 支付技术
- 支付模式
- 数字货币

学习目标

素养目标
- 培养创新进取的精神
- 培养并增强风险意识和金融安全意识

知识目标
- 了解电子银行支付、第三方支付和数字货币的概念与特点
- 了解金融科技中的支付技术和支付工具
- 掌握电子银行支付、第三方支付和数字货币的模式和类型
- 熟悉金融科技对支付方式变革的影响

技能目标
- 能够分析不同支付模式的优劣势
- 能够说明我国央行数字货币的运行的基本原理

思维导图

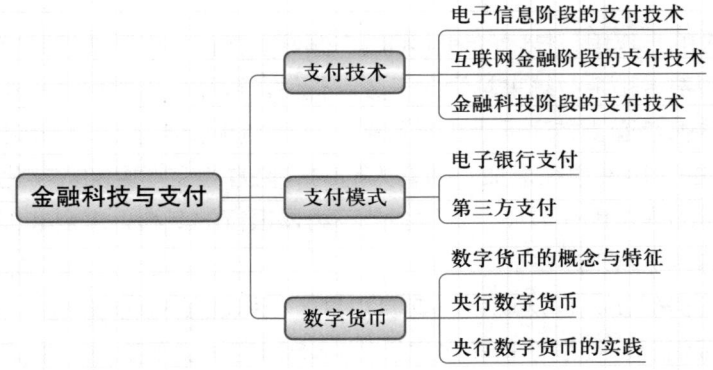

章前引例

全球数字支付的增长达到历史最高水平

在过去的十年里,技术的进步和用户偏好的变化,以及法律和监管框架的变化,使消费者和企业越来越倾向于数字支付。智能手机的普及和移动互联网不断扩大的覆盖面支持了网上银行服务、移动货币和电子钱包的传播。同时,POS终端的可用性也在增加。随着人们的购物方式变得更加数字化,对快速和实时支付的需求也在增加,支付服务不再是银行的专利,来自非银行支付服务提供商的竞争越来越多。

这些趋势促使人们从现金、支票和基于纸张的信贷转账稳步转向数字工具,如直接借记、在线信贷转账以及银行卡和电子货币支付。根据中国人民银行发布的《2024年第一季度支付体系运行总体情况》,2024年第一季度,银行共处理电子支付业务700.54亿笔,金额851.46万亿元,同比分别增长3.66%和2.36%。其中,网上支付业务215.85亿笔,金额680.11万亿元;移动支付业务443.32亿笔,金额152.07万亿元,同比分别增长7.38%和5.17%;电话支付业务0.54亿笔,金额2.41万亿元,同比分别下降0.12%和0.62%。非银行支付机构处理网络支付业务3114.19亿笔,金额85.93万亿元,同比分别增长16.86%和1.5%。

> **分析**:技术进步、用户偏好以及法律和监管框架的变化是推动数字支付发展的主要动力;人们的购物方式越来越数字化导致了对快速和实时支付的需求增加;支付服务不再仅仅局限于银行,非银行支付服务提供商也开始进入这个领域,加剧了市场竞争。这些趋势促使消费者和企业逐渐从传统的现金、支票和基于纸张的信贷转账方式转向数字支付工具。

思考与实践

随着科学技术的进步,人们生活方式发生了巨大的改变。与消费密切相关的支付也伴随着金融科技的发展,呈现出移动化、数字化、无纸化、智能化的趋势,使交易更加高效、便捷。金融科技正在改变支付的世界。

请同学们总结自己过去一年的支付情况,与全班同学交流分享,对比上述资料是否与你的支付情况相符;查询资料说明哪些因素促进了支付模式的巨大变化。

第一节　支付技术

一、电子信息阶段的支付技术

在电子信息阶段，支付技术包括三方面：一是银行业务电子化技术，主要是银行利用计算机处理银行之间的业务，办理支付结算，实现银行业务的电子化。二是在银行业务电子化的基础上，逐渐开发出了银行计算机与其他机构计算机之间资金的结算的电子信息技术，可以开展代发工资等支付结算业务。三是银行进一步开发出了专业用网络技术，利用网络终端向客户提供各项支付服务，如自助银行服务等。

二、互联网金融阶段的支付技术

在互联网金融阶段，以互联网技术为核心的信息化技术深化应用，创新了支付工具，促进了支付手段、模式、渠道的变革，并推动了更多支付技术的创新和应用。互联网金融阶段的支付技术主要包括扫码支付技术与近场支付技术。

（一）扫码支付技术

1. 扫码支付的概念

扫码支付是一种基于账户体系搭建起来的无线支付方案，是指通过手机、智能 POS 机等移动终端扫描条码实现支付指令传递，条码支付运营机构与受理商户实时或定期结算交易款项，从而实现收付款人之间的货币资金转移。在扫码支付业务中，条码支付运营机构应用条码技术，向用户（包括商户与消费者）提供加密并带有账户、金额、付款方或收款方等信息的条码。扫码支付包括付款扫码和收款扫码，付款扫码是指付款人通过移动终端识读收款人展示的条码完成支付的行为；收款扫码是指收款人通过识读付款人移动终端展示的条码完成收款的行为。

2. 条码的类型

（1）条形码。条形码是将宽度不等的多个黑条和空白，按照一定的编码规则排列，用以表达一组信息的图形标识符。常见的条形码是由反射率相差很大的黑条（简称条）和白条（简称空）排成的平行线图案。

（2）二维码。二维码又称二维条码，常见的二维码为 QR Code（Quick Response Code），是用某种特定的几何图形按一定规律在平面（二维方向上）分布的黑白相间的图形记录数据符号信息的；在代码编制上巧妙地利用构成计算机内部逻辑基础的 0、1 比特流的概念，使用若干个与二进制相对应的几何形体来表示文字数值信息,通过图像输入设备或光电扫描设备自动识读以实现信息自动处理,它比条形码能存储更多的信息,也能表示更多的数据类型。

> **金融科技知信行**
>
> **金融科技创新助力支付产业发展**
>
> 银联手机 POS 产品是中国银联在中国人民银行的指导下,联合各商业银行和各主流手机厂商,根据国内 POS 市场发展现状及消费终端与行业终端日趋融合的需求,率先研发的一款具备多功能收单能力的新型 POS 产品。收单用户只需通过自持手机下载指定手机 POS 收单 APP 或使用手机自带钱包 APP,完成商户在线注册并经机构审核与开通后,即可受理包括银联 IC 卡闪付、银联手机闪付和二维码支付在内的多种支付方式。
>
> 手机 POS 以降低传统行业终端部署维护成本、提升移动 POS 终端普惠便民能力为目标,充分结合银联在数据与科技创新方面的优势,将 POS 机从一个硬件终端产品转变成一款智能手机上的应用产品,有助于提升小微商户收单服务能力,进而为收单机构、手机厂商、小微商户及相关企事业单位等走向更广阔市场和更广泛应用提供有力支撑。
>
> 作为全球首款手机 POS,是金融科技背景下支付受理市场的一次革新,是支付便民、惠民的尝试和践行数字普惠的积极探索,充分表明在金融科技快速发展的背景之下,产学研各方在移动支付方面有着广泛的发展前景。银联将联合各大商业银行、各大主流手机厂商,共同建立互利共赢的产业合作新生态,推动银联手机 POS 产品进入全球发展快速通道,助力中国支付产业进一步走向世界。
>
> 随着我国经济的快速发展和科技进步,创新意识、开拓意识不断加强,"科学技术是第一生产力"的论断深入人心。习近平总书记在二十大报告中提出了教育、科技、人才是全面建设社会主义现代化国家的基础性、战略性支撑。在金融科技领域,创新助力发展,引领潮流也不断为我国深入走向世界、融入世界、创造更美好的世界提供坚强有力的支撑。

(二)近距离通信技术

利用近距离通信技术实现信息交互也能够完成支付。常见的近距离通信技术包括近场支付、蓝牙支付、声波支付等技术,目前 NFC 技术是移动支付领域的主流技术。

1. 近场支付

近场通信（Near Field Communication，NFC）技术是一种短距离的高频无线通信技术，允许电子设备之间进行非接触式的点对点数据传输。此项技术具有便捷、耗能低的特点，而且它采取了独特的信号衰减技术，使用距离小可有效避免设备间的相互干扰。与扫码支付相比，NFC 支付既不需连接互联网，也不需打开任何 App，利用 NFC 短距离高频无线通信技术，消费者只需轻轻接触，有时需要输入密码或指纹，即可实现支付目的。当前智能手机、金融 IC 卡、公交储值卡等，很多都使用了 NFC 技术进行支付。

2. 蓝牙支付

蓝牙支付是通过蓝牙信号和同样具有蓝牙通讯能力的移动终端连接，利用移动终端传输支付指令信息，对消费的商品或服务进行账务支付的一种方式。蓝牙支付具有支付灵活便捷、交易时间成本低、有效防范现金风险、免去找零工作等特点。同时，蓝牙支付一般不会出现网络连接问题，并可以实现一个移动设备对应多个支付读取器的"一对多"模式，实现一次性进行多个交易，加快支付过程。

3. 声波支付

声波支付能够利用声波的传输，完成两个设备的近场识别。具体使用过程是，在付款方设备的客户端里内置声波支付功能的应用，用户打开应用之后，用设备的喇叭对准收款方设备的麦克风，付款方设备会生成并播放一段特有声波，收款方设备在收听到这段独有的声波之后，对其进行智能化交易处理并确认收款完成。从安全性方面来讲，声波支付传递的声波其实是一串随机生成的交易号，有效期只有几分钟。声波只向手机 30～50 cm 范围内的接收终端传递，而且声波内容不涉及金额、账户号等信息，因此其安全性较高。

三、金融科技阶段的支付技术

随着金融科技的发展，新一代信息技术下的支付技术不断创新，产生了包括生物识别等新的支付技术。生物识别支付相较于普通的密码支付，拥有便捷性和安全性。不仅如此，生物识别支付由于具有非接触性与非侵扰性的特性，在健康程度和用户体验感上都更高。常见的生物识别支付包括指纹支付和刷脸支付。

（一）指纹支付

指纹支付是利用指纹识别的生物识别技术，将客户银行账户或第三方支付机构的数字钱包等账户，与具有唯一性的指纹进行关联，在具备指纹识别的商家或银行终端上使用预留的指纹，发送支付指令，进行资金转移活动的支付方式。由于省却了任何实体支付介质，指纹支付可消除由于银行卡消磁、损坏、忘记携带等带来的不便，使消费更加便利、高效，可有效避免由于银行卡被盗、复制、诈骗所带来的资金风险，具有方便、安全的优点，目前已经得到广泛的应用。

（二）刷脸支付

刷脸支付是基于人工智能、机器视觉、3D传感、大数据等技术，通过对客户面部的生物识别，对其拥有的账户发送支付指令，实现资金支付与转移的方式。刷脸支付方式相比于传统的密码输入或刷卡支付，具有更加方便快捷、安全性高、体验好等优势，对于提升用户移动支付体验、改善商户经营效率、带动经济社会智能化发展具有重要价值。但是，刷脸支付仍然存在着一些弊端，例如隐私问题、技术风险、使用限制和成本问题等，因此，在推广刷脸支付的同时，需要进一步加强安全、保护用户隐私。

> **思考与实践**
>
> 在现实生活中你使用过哪些支付的技术呢？以小组为单位，网络查询还有哪些技术已经应用于支付，并预测其前景如何，以PPT的形式进行交流。

第二节 支付模式

一、电子银行支付

（一）电子银行支付的概念与特点

根据《电子银行业务管理办法》，电子银行业务，是指商业银行等银行业金融机构利用面向社会公众开放的通讯通道或开放型公众网络，以及银行为特定自助服务设施或客户建立的专用网络，面向客户提供的银行服务。

电子银行支付是以计算机网络为支撑平台，以信息技术为基础的支付方式。电子银行可在线实时受理除现金存取以外的银行业务，其服务不受地域、时空限制。电子银行支付为签约客户提供离柜式全方位的银行服务，交易由客户自助提交、主动发起。电子银行支付主要包括网上银行支付、电话银行支付、手机银行支付，以及其他利用电子服务设备和网络，由客户通过自助服务方式完成金融交易的银行支付业务。

电子银行支付既是金融科技发展的产物，也是支付方式发展的高级阶段，与传统的支付方式相比，电子银行支付具有以下特点。

1. 支付的电子化

电子银行支付是采用先进的电子信息技术，通过电子信息的流转来完成支付，通过将支付信息转化成电子模式，用于记录款项的收支，而无须通过现金流转、票据流转或者银行汇兑等物理实体来完成。电子银行支付对软硬件设施的要求很高，其支付模式随着技术的进步而不断创新，具有快速迭代的特征。

2. 支付的便利性

在支付流程上，电子银行支付以数据作为货币价值的表现形式，让资金转移的双方免去了面对面交易以及携带大量现金的麻烦。在资金转移的手续上，电子银行支付将大部分的流程交由网络技术，支付双方无须办理烦琐的手续即可完成资金的转移。在资金的识别上，无论是资金的真伪还是数量的正确与否，电子银行支付都能够提供高效便捷的识别方式。

3. 支付的高效性

电子银行支付在操作流程上，往往只需要简单的按键操作即可完成资金的转移，为支付双方提供高效的支付服务。而在支付的技术方面，电子银行支付的本质是资金的数据传输，能够在互联网环境下实现瞬间的资金转移，完成支付的全部过程，体现出支付的高效性。

4. 支付的安全性

电子银行支付过程无须现金的传递，也不需要传统纸质票据的转移，整个过程通过网络数据的加密传输完成，避免了现金和票据在传递过程中的丢失和损坏，将支付过程中的安全性提升到了一个新的高度。

5. 支付的经济性

电子银行支付只需要一台能够上网的终端，无论是使用PC端还是移动端，都能够完成支付，节省了传统支付所产生的诸如现金流通、票据防伪等各种成本。通过先进的通信手段，加上一些软硬件的配套设施，即可完成支付，支付费用大大减少，降低支付双方的交易成本。

6. 支付的开放性

电子银行支付的业务流程基于一个开放的系统平台，在互联网或移动网络上即可完成，支付双方通过网络提供的平台实现资金的转移。正是由于这一特点，电子银行支付具有较强的兼容性，接受范围更广，接受程度更高。

（二）电子银行支付工具

随着区块链等新技术应用，支付工具越来越丰富，除了金融IC卡，还出现了电子货币、电子支票等支付工具得到越来越广泛的应用。

1. 金融IC卡

金融IC卡又称为芯片银行卡，是以芯片作为介质的银行卡，由商业银行

（信用社）或支付机构发行的，采用集成电路技术，遵循国家金融行业标准，具有消费信用、转账结算、现金存取全部或部分金融功能，可以具有其他商业服务和社会管理功能的金融工具。芯片银行卡容量大，可以存储密钥、数字证书、指纹等信息，其工作原理类似于微型计算机，能够同时具备多种功能，为持卡人提供一卡多用的便利，应用于多种场景的支付。

2. 电子货币

电子货币是指存储于计算机系统之中，利用各类交易卡与商用电子化工具，基于金融电子化网络发展而来的具有支付与流通功能的货币，其传递形式主要是利用通信技术与计算机技术，在计算机网络中以电子信息的方式进行传递。

电子现金是现实货币的电子化或模拟化，以数字信息形式存储，通过电子通信网络、设备或互联网进行流通和交易。电子现金通常是把现实货币转换成为一系列的加密序列数，通过这些序列数来表示现实中各种金额的市值，用户在开展电子现金业务的银行开设账户并在账户内存钱后，可以在接受电子现金的商家进行使用。与传统的现金相比，基于传统银行信用的电子现金除具备真实的现金背景外，还具有成本低、交易便利等优势。

3. 电子支票

电子支票是纸质支票的电子替代物，它借鉴纸质支票转移支付的优点，将纸质支票的全部内容电子化和数字化，利用电子信息的传递将钱款从一个账户转移到另一个账户的电子支付结算方式。电子支票的支付是在与商户及银行相连的网络上以密码方式传递的，多数使用公用关键字加密签名或个人身份识别号码（Personal Indentification Number，PIN）代替手写签名。

电子支票使用能够自动审核和确认的数字签名来代替传统支票中的手写签名，保证其真实性。由于电子支票可以取代纸质支票，而基于公钥的数字签名可以替代手写签名，因此使用电子支票取代传统支票不需要创建一种全新的支付手段，可以充分利用现有的支票处理基础设施。

电子支票的支付流程如图 4-1 所示：客户与商家达成购销协议，选择使用电子支票支付；客户通过网络向商家发送电子支票；商家通过 CA 认证中心验证客户提供的电子支票；验证无误后，将电子支票送交开户银行索付；开户银行在商家索付时，通过 CA 认证中心最后验证消费者的电子支票，如有效则兑付或转账；如无效，则退回电子支票，告知商家索付无效；开户行代理转账成功后，在网上向商家发出付款成功通知。

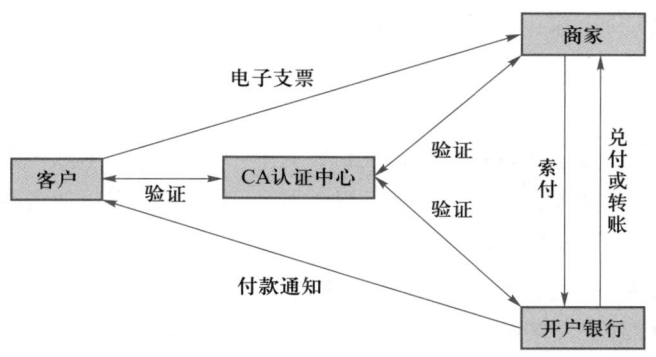

图 4-1 电子支票支付流程

> **思考与实践**
> 请各位同学查看知识链接 4-3，并通过资料查询，思考 EFT 在电子商务交易中起到了什么样的作用？

（三）电子银行支付模式

电子银行支付模式包括网上银行支付、电话银行支付、手机银行支付、自助服务系统支付等。

1. 网上银行支付

网上银行支付是指以金融电子化网络为基础，以商用电子化工具和各种交易卡为媒介，以现代计算机技术和通信技术为手段，通过计算机网络系统特别是互联网，以电子信息传递的形式来实现资金的流通与支付。

网上银行支付有如下的特点：消费者通过金融机构的在线银行基础结构进行实时身份验证；资金的可用性由消费者的金融机构实时验证；消费者的金融机构向商家提供付款担保；付款时是从消费者的金融机构到商家的信用转账，即付款而不是预付款；直接从消费者的账户而不是通过第三方账户进行付款。

2. 电话银行支付

电话银行支付是电子银行支付的一种线下实现形式，是指消费者使用电话（固定电话、手机等）或其他类似电话的终端设备，通过语音方式接入银行服务，开展银行账户的直接收付款等活动。

电话银行支付系统主要是通过与金融机构客服人员直接对话，或是通过语音菜单自助服务，客户进行选择性操作来完成业务，主要包括：各类账户之间的转账、代收代付、各类个人账户资料的查询与支付、个人实盘外汇买卖等银行服务。电话银行支付系统在银行服务方面，解决了服务时间的限制，一定程度上克服了营业网点和自动柜员机（ATM）设备投资成本高、安装地点受限制等缺点。利用先进的交互式语言回应设备，使电话可以直接连通银行计算机主机，客户可以利用家中的、办公室或外地的电话，随时随地开展银行收支等业务。

3. 手机银行支付

手机银行支付也称为移动银行支付，是指利用手机、平板电脑和其他移动设备，通过信息网络实现客户与银行的对接，开展银行支付业务和其他金融服务。手机银行支付既是一种产品，也是一种支付渠道，属于电子银行的范畴。

除现金外的商业银行大部分业务都可以通过手机银行系统进行操作和处理。手机银行系统一般分为两部分：一部分由标配功能构成，包括账户查询、转账、汇款、缴费、临时挂失等；另一部分是在标配功能基础上衍生出来的拓展功能，比如基金理财、商业支付、网购等。

手机银行系统随着手机和移动互联网技术的变革而不断发展，至今主要经历了三个阶段：短信银行阶段（2000—2003年）、WAP（Wireless Application Protocol）银行（手机网上银行）阶段（2004—2006年）和App银行阶段（2007年至今）。在第一阶段，手机银行业务主要通过短信完成，能够实现账务查询、自助缴费、银行转账等；在第二阶段，可以通过手机完成网上银行的业务，包括银行转账、财务查询等基本业务，以及网上投资、网上购物支付、个人理财、企业银行及其他金融服务等；在第三阶段，以各银行推出的App为主要服务系统，以App为载体，开展全方位综合性的金融服务，比如通过App可以进行附近网点查询、预约取现、手机号转账、二维码支付等创新业务操作，由此大幅拓展了银行的服务范围，对商业银行的服务业态转变和模式变革起到了重要的推动作用。

4. 自助服务系统支付

自助服务系统支付是指银行客户使用自动柜员机（Automated Teller Machine，ATM）、存取款一体机（Cash Recycling System，CRS）、自助服务终端（Business Self-service Machine，BSM）等专用电子设备开展的自助办理存款、取款、转账、缴费、证券、基金、开卡、存折补登以及修改密码、综合查询等全天候、多功能的金融业务。自助服务终端系统由于采用24小时自助服务的方式，使得银行服务不受工作时间限制，满足了用户办理业务时对时间的灵活性需求，同时在一定程度上节省了人工成本，加快了银行业务办理流程；随着科技创新，人机对话模式也不断发展，人脸识别等生物技术已经被应用于自助服务系统支付，进一步提升了可用性与便利性。

以最常见的ATM为例，其业务处理分为前方交换型系统和后方交换型系统。以取款交易为例，交易处理过程包括三个阶段：请求处理阶段、响应处理阶段和确认处理阶段，并各自对应三种信息流，即请求信息、响应信息和确认信息，如图4-2所示。

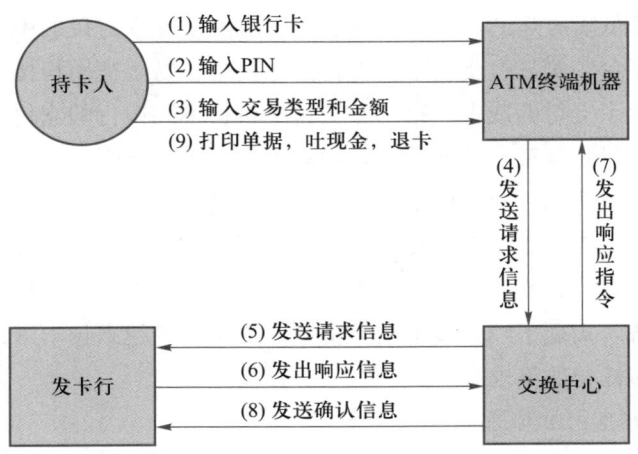

图 4-2　前方交换型系统的业务处理流程

（1）请求处理阶段。银行卡持卡人将卡插入 ATM 内，根据屏幕界面提示输入 PIN、交易类型和交易金额后，由 ATM 发出请求信息，经交换中心发往相应的发卡行。

（2）响应处理阶段。发卡行进行相应处理和账务处理后，发出响应信息给交换中心，授权它按指示向 ATM 发送响应指令。

（3）确认处理阶段。交换中心向 ATM 发出响应指令后，若非查询交易，还需要向发卡行确认信息；发卡行收到确认信息后，执行提交操作，完成该笔 ATM 交易。

二、第三方支付

（一）第三方支付的概念、特点与流程

1. 第三方支付的概念

第三方支付，是指非金融机构作为收付款人的支付中介所提供的网络支付、预付卡发行与受理、银行卡收单以及中国人民银行确定的其他支付服务。第三方支付作为网络支付的重要组成部分，一般由那些和国内外各大银行签约并具备一定实力和信誉保障的第三方独立机构提供交易支付保障。第三方支付通过第三方独立机构与银行的商业合作，以银行的支付结算功能为基础，面向其用户提供中立、公正的个性化支付结算与增值服务。

拓展阅读：中国第三方支付行业相关政策

2. 第三方支付的特点

总体来说，第三方支付具有促进电子商务发展、降低支付的成本、促进支付服务多样化发展等优点。

（1）促进了电子商务发展。第三方支付模式弥补了信用体系不完善的问题，在一定程度上促进交易顺利进行，并作为信用中介保证双方的利益；促成银行合作,降低卖方运营成本,为无法与银行网关建立对接的中小企业提供了便捷的支付平台;第三方支付平台支付操作简单,易于被用户接受。

(2)降低了支付的成本。第三方支付平台将不同银行的支付方式整合到一个平台中,不仅为各银行的网上支付功能提供了第三方服务,为各银行节省网关的开发和维护费用,也扩展了银行的业务范畴。

(3)促进了支付服务多样化发展。除了网上支付外,第三方支付平台还提供了实时交易查询、交易行为分析等增值服务,并可以使用手机、数字电视等多种终端设备,实现了线上线下全面覆盖,支付场景越来越丰富,满足了消费者个性化、多样化的需求。

3. 第三方支付的流程

第三方支付是介于付款人和收款人之间的独立机构帮助两者完成交易行为的一种基于网络的支付模式,其支付在付款方和收款方之间进行资金的流转,具体流程如下:客户在电子网站上选购商品,买卖双方在网上达成交易意向;客户选择利用第三方支付平台作为交易中介,并完成客户端支付操作;第三方支付平台向银行账户发出支付请求指令;银行系统完成划账并通知支付平台;第三方支付平台通知客户支付结果;商家向客户发货;银行系统与商家进行结算,支付交易完成。(如图4-3)

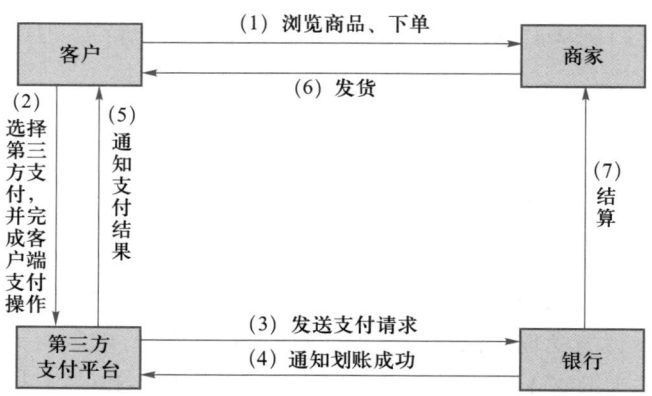

图4-3 第三方支付流程图

(二)第三方支付的类型

第三方支付类型可以分为在线支付、预付卡发行与受理、银行卡收单三大类。按照当前市场的情况,第三方支付主要指的是在线支付和银行卡收单。

1. 在线支付

第三方在线支付是指以第三方支付机构作为支付服务提供商,以互联网、移动网络等开放网络为支付渠道,通过第三方支付机构与各商业银行之间的支付接口,在商家、消费者和银行之间形成一个完整的支付服务流程。在线支付的模式包括支付网关模式、虚拟账户模式。

（1）支付网关模式。支付网关模式也称网关支付，是指第三方支付在商户和银行之间提供第三方支付网关，整合不同的网上银行接口，为网上商户提供统一的支付接口和结算对账服务。在这种模式下，第三方支付平台只作为中介，将支付命令传递给银行，银行完成转账后再将信息传递给第三方支付平台，第三方支付平台将此信息通知商户。

（2）虚拟账户模式。虚拟账户模式是指第三方支付机构不仅为商户提供银行支付网关的综合服务，还为客户提供虚拟账户，该虚拟账户可以与客户的银行账户绑定或对接。客户可以从资金渠道（如银行账户）将资金转入虚拟账户，或者从虚拟账户将资金转入银行账户。客户的在线支付交易既可以在客户的虚拟账户之间完成，也可以在虚拟账户和银行账户之间完成。在这种第三方支付模式中，按照是否具有担保功能，可以分为具有担保的账户支付模式和不具有担保的账户支付模式。

2. 银行卡收单

银行卡收单，是指收单机构与特约商户签订银行卡受理协议，在特约商户以约定银行卡为收款账户与持卡人达成交易后，通过某种终端设施为特约商户提供交易资金结算服务的行为。银行卡收单的终端包括POS终端、转账终端、电话终端、多功能金融IC卡支付终端、非接触式接收银行卡信息终端、自助终端等类型。银行卡收单业务流程如图4-4所示。

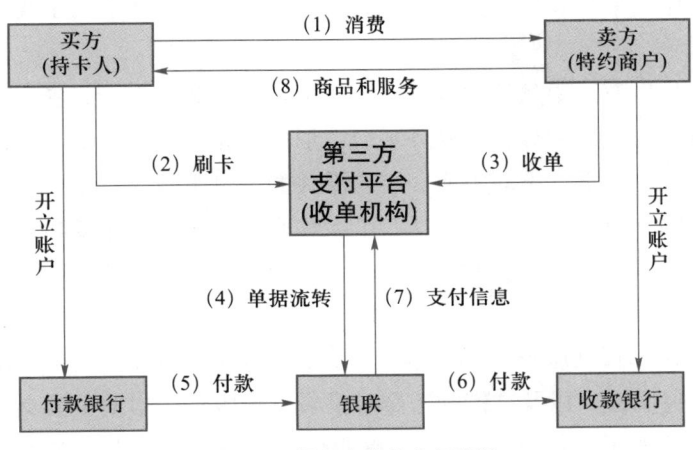

图4-4　银行卡收单业务流程

（三）第三方支付平台

第三方支付平台是指第三方平台提供商通过通信、计算机和信息安全技术，在商家和银行之间建立连接，实现从消费者到金融机构以及商家之间货币支付、现金流转、资金清算、查询统计的一个系统，其本质是一个支付系统，即第三方支付系统。随着电子商务、社交网络的蓬勃发展，我国第三方支付不断创新出新的支付工具，形成了内容丰富、形式多样、功能齐全的综合性支付平台和支付机构。当前典型的支付平台有支付宝、微信支付、云闪付等。

1. 支付宝

支付宝（中国）网络技术有限公司成立于2004年，是国内头部第三方支付平台。支付宝服务最早开始于2000年，率先使用第三方担保交易模式，为电子商务交易提供支付服务。支付宝与国内外180多家银行以及VISA、MasterCard国际组织等机构建立战略合作关系，支付宝及其本地钱包合作伙伴已经服务超12亿的全球用户，是中国主流的第三方网上支付平台。

（1）支付模式。支付宝具有电商属性，其最重要的支付来源于阿里巴巴集团旗下的电子商务业务，属于信用担保型支付模式。所谓信用担保，就是支付宝在网上支付过程中起到信用担保和代收代付的作用，其运作的实质是以支付宝为信用中介，在买家确认收到合格货物前，由支付宝替买卖双方保存支付款的一种增值服务。买家在网上选中自己所需商品后与卖家取得联系并达成协议，这时买方需把货款汇到支付宝这个第三方账户上，支付宝作为中介方立即通知卖方钱已经收到，可以发货，待买方收到商品并确认无误后，支付宝才会把货款汇到卖方的账户以完成整个交易。支付宝在这个流程中充当第三方中介的角色，同时为买卖双方提供信用保证，确保交易安全进行。支付宝的支付模式对解决我国信用体系不完善的情况下的网络支付难题起到了巨大作用，它有效地解决了电子商务发展的支付瓶颈和信用瓶颈，有力地推动了我国电子商务的发展。

（2）支付生态。跟随技术进步，支付宝功能不断扩大、完善，已经成为一个以支付业务为核心的综合性服务平台，形成了完善的支付生态圈，为商家和消费者提供线上线下、不同类型、不同模式的支付服务。

其主要的支付业务和服务包括：个人和商家的收付款业务和转账业务，可使用条码、指纹、刷脸等支付技术；数字钱包服务，以及数字钱包分类管理、支出共享、账单查询统计等功能，如支付宝"小荷包"小程序、支付宝余额等；理财支付、查询服务，如余额宝等；信用借贷服务，"花呗"在线消费金融信用贷支付服务，以及"借呗"金融借贷支付服务；本地生活支付服务，包括营销支付（如买单打折等）、公用事业缴费等；与银行类金融机构合作提供的银行卡快捷支付通道，以及信用卡还款等服务。

2. 微信支付

微信支付是腾讯集团旗下的第三方支付平台，是以社交软件平台作为切入点发展起来的中国头部支付平台，为用户和企业提供安全、便捷、专业的在线支付服务。微信支付的发展是由微信社交关系链延伸的功能，最开始起于"用户之间相互转账的社交需求",逐渐发展为将支付流程的集成在微信客户端的综合支付服务平台。微信支付生态服务与支付宝类似,也提供公用事业缴费、理财、借贷等支付服务,此外,还提供 JSAPI 支付、付款码支付、App 支付、生物识别支付等支付方式。

(1) JSAPI 支付。JSAPI 支付是指商户通过调用微信支付提供的 JSAPI 接口,在支付场景中调用微信支付模块完成收款。其支付应用场景包括:线下场所,即调用接口生成二维码,用户扫描二维码后在微信中打开页面后完成支付;公众号场景,即用户在微信公众号内进入商家公众号,打开某个主页面,完成支付;PC 端网站场景,即在网站中展示二维码,用户扫描二维码后在微信浏览器中打开页面后完成支付。

(2) 付款码支付。付款码支付是指消费者通过使用微信扫描二维码或向商家展示付款条码由商家扫描,按步骤完成支付。

(3) App 支付。App 支付是指商户通过在移动端应用 App 中集成开放 SDK (Softuare Development Kit,软件开发工具包) 调用微信支付模块来完成支付。适用于在移动端 App 中集成微信支付功能的场景。

(4) 生物识别支付。生物识别支付是指在用户授权开通的前提下,使用指纹、面部识别等生物技术,完成支付。

3. 云闪付

云闪付是一种非现金收付款移动交易结算的支付工具,是在中国人民银行的指导下,由中国银联携手各商业银行、产业方共同开发建设、共同维护运营的移动支付 App。云闪付作为银行业金融机构的第三方支付平台,是各家商业银行联手打造的全新移动端统一入口,汇聚各家机构的移动支付功能与权益优惠,打造为消费者省钱省心的移动支付管家。消费者通过云闪付 App 即可绑定和管理各类银行账户,并使用各家银行的移动支付服务及优惠权益。云闪付 App 具有收付款、享优惠、卡管理三大核心功能,并拓展出了诸多其他相关服务功能。

第三节 数 字 货 币

一、数字货币的概念与特征

(一) 数字货币的概念

关于数字货币的概念,目前并没有一个统一、权威的界定。从数字货币的共性来看,数字货币是以数字形式存在,基于电子信息系统和密码学进行发行、管理、存储和交换的货币或类似货币的资产。国际货币基金组织称数字货币为"价值的数字表达"。数字货币既可以记录在互联网上的分布式数据库中，即去中心化的，有预先确定或民主同意的货币供应控制，也可以存在于公司或银行拥有的集中式电子计算机数据库中，即中心化的，有中央系统控制货币供应（例如央行）。

从广义上来看，一切电子化的、具有货币职能的资产，都可以称作数字货币，比如由传统货币的电子化形成的电子货币、虚拟币（如网络社区虚拟货币等）和央行数字货币等。

从狭义上来看，数字货币仅包括不由政府机构发行，基于区块链网络相关的技术发展起来的非法定货币或私人数字货币，它可以实现无国界的所有权转移；以及由央行发行的，使用某些数字技术和架构发行的法定数字货币。本书中的数字货币，是指狭义的数字货币。

> **思考与实践**
> 请各位同学查询资料并思考总结，数字人民币对我国金融安全、经济发展以及人民币国际化有什么样的影响，以小组的形式进行分享和交流。

（二）数字货币的特征

数字货币通常不具有物理形式，并依赖于金融科技的发展和应用，其特征主要体现在以下两个方面。

1. 低成本、高效率

低成本高效率是数字货币最大的优点。数字货币的发行和流通是通过电子信息技术进行的，一方面消除了与印发纸币和硬币有关的成本，另一方面其交易流通的数字化也提升了效率。从发行管理方面，数字货币几乎消灭了纸质和金属货币印刷、铸造、储存成本和回收过程中的流通管理成本；从流通交易方面，数字货币利用新兴金融科技手段和方法，通过分布式账本记账、数字钱包等，实现点对点地货币转移和交换，无须使用实物货币，提升了交易效率。此外，不同类型的数字货币都在不同程度上减少了银行清算中心的工作，特别是跨行支付和国际支付，并且无时间和空间的限制，使得交易成本降低，支付效率提升。

2. 安全性高

数字货币的交易模式均采用密码学相关技术，在安全性方面有所保障，不能轻易破解，任何用户在交易的过程中不能篡改交易信息，自然也不可能存在交易造假的行为，数字货币也规避了假币现象，在技术的更新与进步后，克服了传统货币难以解决的问题，提升了交易的真实性与安全性。

二、央行数字货币

央行数字货币（Central Bank Digital Currency，CBDC），是依托于国家信用，由一国央行发行的数字货币，其发行和回笼基于"中央银行—商业银行"的二元体系来完成，具有法定加密性、稳定性、无限法偿性。此外，它还具有货币的基本职能，即承担价值尺度、流通手段、支付手段和贮藏手段等职能。

根据国际清算银行的界定，央行法定数字货币需要满足两个核心条件和两个必备条件，两个核心条件必须同时满足，两个必备条件只要满足其中之一即可。两个核心条件为基础货币和数字化，基础货币是中央银行发行数字货币的发行属性，而数字化是中央银行发行基础货币的载体属性；两个必备条件为脱离账户和面向大众，前者是法定数字货币的价值属性，后者是法定数字货币的应用属性。

央行数字货币是主权货币，其本质是信用货币。也就是说，法定数字货币并不是颠覆了货币本身而创造的一种"新的货币"，而是将法定货币改造成为一种可记录数据的价值流通工具，并集成了与之相对应的电子支付结算方式。央行数字货币的发行以不损害货币和金融的稳定为前提，其目的是与现有的货币形式共存和互补，创新和提高效率。

随着各国政府对数字货币的持续关注和探索，全球多国中央银行也将授权发行本国法定数字货币。

央行数字货币具有许多益处。央行数字货币由国家信用背书，具有较高的安全性。数字货币具有可追溯性，会把用户每一笔资金交易都记录下来，这样就可以防范洗钱、电信诈骗、非法交易、偷税漏税等违法行为。数字货币交易更加灵活。若央行数字货币能够得到广泛使用，则可以为信息收集提供便利，帮助各国政府更好地了解国民消费、银行信贷、货币发放、储蓄余额等方面的信息，为制定宏观经济政策提供参考数据。

三、央行数字货币的实践

（一）我国的央行数字货币

我国的央行数字货币是数字人民币，由中国人民银行发行，是有国家信用背书、有法偿能力的法定货币。数字人民币与法定货币等值，其效力和安全性是最高的，这是央行数字货币与比特币等加密资产的最根本区别。2014年，中国人民银行启动了央行数字货币的研发工作，并于2016年成立央行数字货币研究所，以明确发行央行数字货币的战略目标。2017年末，经国务院批准，中国人民银行组织部分实力雄厚的商业银行和有关机构共同开展数字人民币体系（Digital Currency / Electronic Payment，DC/EP）的研发。2019年，中国央行数字货币被正式命名为数字人民币（e-CNY）。从2019年年底，开始在全国不同的城市测试数字人民币。数字人民币的主要目标是提供一个方便和安全的支付系统，以增加金融普惠性和保留货币主权。

1. 数字人民币的特征

数字人民币是国家信用货币。数字人民币与纸质人民币一样，属于信用货币，由国家信用背书，依法强制发行，具有无限法偿性。这与比特币等有着显著区别。

数字人民币属于 M0，主要用于零售模式。数字人民币是对 M0 的替代，不对其计付利息，因此既不会引发金融"脱媒"和通货膨胀，也不会对现有的货币体系、金融体系和实体经济运行产生大的冲击。同时，由于数字人民币是对 M0 的替代，应遵守现钞管理和反洗钱、反恐怖融资等的规定。

数字人民币坚持中心化的发行方式，采用"中央银行—代理投放的商业机构"的双层发行渠道，即中国人民银行不直接对公众发行和兑换央行数字货币，而是先把数字人民币兑换给指定的运营机构，比如商业银行或者其他商业机构，再由这些机构兑换给公众。运营机构需要向人民银行缴纳 100% 准备金，这就是 1∶1 的兑换过程。

数字人民币交易场景主要用于小额零售交易、可用于跨境支付。数字人民币应用于上述场景不会对存款产生挤出效应。

数字人民币采取账户松耦合方式，即交易环节对账户（特别是商业银行存款账户）的依赖程度较低，不需要银行账户就可以开立数字人民币钱包，和现金一样易于流通。任何能够形成个人身份唯一标识的东西都可以成为账户。比如说车牌号就可以成为数字人民币的一个子钱包，通过高速公路或者停车的时候进行支付。

2. 数字人民币的其他个性设计

（1）双离线支付。为了像纸币一样实现随时随地交易，数字人民币采用了双离线交易技术，以此保证网络信号不佳或没有网络覆盖场所的支付需求。

（2）安全性更高。如果真的发生了盗用等行为，对于实名钱包，数字人民币可提供挂失功能。

（3）多终端选择。不愿意使用或者没有能力使用智能手机的人群，可以选择 IC 卡、功能机或者其他的硬件。

（4）点对点交付。通过数字货币智能合约的方式，可以实现定点到人交付。民生资金也可以发放到受众的数字钱包上，从而杜绝虚报冒领、截留挪用的可能性。

> **思考与实践**
>
> 1. 数字人民币属于 M0，是否计付利息？
> 2. 查找资料，对比数字人民币与支付宝和微信支付有什么不同。

（二）世界其他国家央行数字货币实践

1. 美国的数字货币实践

美国央行数字货币由于多种原因，进展相对缓慢。2022年1月，美联储公布了名为《货币与支付：数字化转型时代的美元》的数字美元白皮书，其中提出多项数字美元的潜在好处与风险，并呼吁公众参与讨论。2022年3月，美国政府签署《关于确保负责任地发展数字资产的行政命令》将CBDC的设计和部署工作列为"最高紧急级别"。2022年9月，美国白宫公布了名为《负责任发展数字资产的综合框架》的情况说明，鼓励美联储继续开展数字美元的研究、实验及评估。2023年3月，白宫经济顾问委员会发布的年度报告中专门讨论了数字资产，指出CBDC和美联储推出的FedNow支付系统是提升货币和金融更有前途的途径。

2. 欧盟的数字货币实践

为了更好应对数字化场景下的货币竞争，欧盟将"积极推进数字化转型升级"纳入经济发展的优先事项。2020年9月，欧盟委员会正式通过了新数字金融一揽子计划，包括数字金融和零售支付策略，明确表示支持开发数字欧元，数字欧元的政府管理与设计开发程序正式启动。2020年10月，欧洲央行发布了《数字欧元报告》，深入研究了数字欧元性质、可能的技术设计方案以及对欧洲央行体系的影响挑战，并启动了数字欧元的公开咨询；2021年7月，欧洲央行启动了数字欧元计划的调研工作，旨在解决数字欧元的设计和发行等问题，组织欧洲各国央行就数字欧元的可获得性、数据隐私级别、分发模式、费用补偿模式、增值服务、高级功能设置等多个重要问题展开深入研究，达成了共识。2022年7月至2023年2月，欧洲中央银行首次开展了数字欧元原型测试，并于2023年5月对外公布测试报告。2023年11月欧央行正式宣布数字欧元进入准备阶段，数字欧元将在欧盟相关法律体系构建完成之后启动。

3. 日本的数字货币实践

日本央行于2020年10月出台了《日本银行关于推进中央银行数字货币的方针》，制定了零售型数字货币的规制框架。该方针明确指出日本央行推行零售型数字货币的目的并非取代日元现金，而是希望作为现金的补充形式。此外，日本央行计划沿用现金的发行模式以发行数字货币维持现有的"中央银行—商业银行"双层运营框架不变，由日本央行发行数字货币并通过商业银行等金融中介将其发放给社会公众。该CBDC发行体系具备普遍获得性、安全、强韧性、即时结算性和互操作性五大优势特征。

1. 单选题

（1）关于电子银行支付，说法正确的是（　　）。

　　A.电子银行支付是以计算机网络为支撑平台，以信息技术为基础的支付工具

　　B.电子银行支付为签约客户在银行柜台提供优质的、全方位的服务

　　C.电子银行由于使用了电子渠道进行交易，安全性较差

　　D.电子银行支付由于电子设备成本高，支付成本相应上升

（2）手机银行支付是指（　　）。

　　A.利用手机接入银行客服电话，发出指令进行的支付行为

　　B.利用手机、平板电脑和其他移动设备通过信息网络实现客户与银行的对接，开展银行支付业务和其他金融服务

　　C.手机银行只是一种支付渠道，并不属于电子银行的范畴

　　D.手机银行支付是指通过手机App进行的支付

（3）电子银行支付工具分为（　　）。

　　A.电子货币类、银行卡类和电子支票类

　　B.借记卡类、贷记卡类、信用卡类

　　C.储蓄卡类、信用卡类、电子账户类

　　D.电子钱包、电子现金、电子汇款

（4）关于数字人民币说法正确的是（　　）。

　　A.数字人民币是国家信用货币

　　B.数字人民币属于M1

　　C.数字人民币的发行采用去中心化方式

　　D.开立数字人民币钱包需要先开立银行账户

　　E.以央行数字货币和去中心化的非主权货币

（5）我国是最早开展数字货币研究并实践的国家之一，我国央行数字货币的发行方式为（　　）。

　　A.去中心化的数字货币，以保证支付的安全性

　　B.发行和回笼基于"中央银行—商业银行"的二元体系来完成

　　C.超越主权的、世界通用的货币，有利于人民币的国际化

　　D.用于大规模交易的非主权货币，是非信用货币

2. 多选题

（1）电子银行支付模式包括（　　）。
　　A. 网上银行支付　　B. 电话银行支付　　C. 手机银行支付
　　D. ATM 支付　　　　E. POS 支付

（2）第三方支付的类型有（　　）。
　　A. 银行卡收单
　　B. 有交易平台的担保支付模式
　　C. 有电子商务平台的第三方支付网关模式
　　D. 双离线支付模式

（3）在我国第三方支付获得了迅速发展和广泛应用，其特点包括（　　）。
　　A. 第三方支付促进了电子商务的发展
　　B. 第三方支付一定程度上降低了支付成本
　　C. 第三方支付有效促进了支付服务的多样化
　　D. 第三方支付提升了支付的安全性

（4）央行数字货币的说法正确的是（　　）。
　　A. 央行数字货币是主权货币
　　B. 央行数字货币本质是信用货币
　　C. 央行数字货币是法定货币
　　D. 央行数字货币是去中心化的货币

（5）数字人民币是我国央行发行的数字货币，以下选项中说法正确的是（　　）。
　　A. 数字人民币采取账户松耦合方式，不需要银行账户就可以开立数字人民币钱包，和现金一样易于流通
　　B. 数字人民币交易场景主要用于批发交易、可用于跨境支付
　　C. 数字人民币只能存储于智能手机中
　　D. 人民银行不直接对公众发行和兑换央行数字货币，而是向指定运营机构发行兑换

3. 案例分析

2024 年 8 月 13 日，中国工商银行广西分行充分利用多边央行数字货币桥高效直通、隐私保护等特征优势，成功为柳州某重点企业办理跨境人民币收汇业务，有效满足企业对大额跨境支付时效性、安全性的高要求，获得企业高度认可。该笔业务的成功落地是中国工商银行广西分行在数字货币跨境支付领域应用的积极探索，也是中国工商银行践行"汇小二"金融服务理念的有益实践。

多边央行数字货币桥项目是由国际清算银行（香港）创新中心、泰国银行

（泰国央行、阿联酋中央银行、中国人民银行数字货币研究所和香港金融管理局联合建设的）主持的跨境支付系统建设工程。该项目旨在打造基于区块链和分布式账本技术，支持多币种央行数字货币的跨境支付解决方案。数字货币桥上发生的交易仅对参与银行、参与银行所属货币当局、交易币种发行货币当局三类相关方可见，有效满足隐私保护要求。同时数字货币桥上的银行点对点直接交易，无需中间代理行，效率更高，成本更低，是对全球跨境支付网络的重构和升级。

中国工商银行广西分行积极响应多边央行数字货币桥工作部署，大力宣传的跨境支付解决方案数字货币桥业务优势，联动境外分行做好业务开办各项准备工作，在多方共同努力下，成功落地本笔数字货币桥跨境收款业务。

下一步，中国工商银行将不断探索数字货币桥在跨境支付中的应用场景，持续为外资外贸企业提供高质量跨境金融服务，全力支持高水平对外开放。

（1）结合上述材料，并查找资料说明什么是多边央行数字货币桥及其发展现状。

（2）你认为多边央银数字货币桥对人民币的国际化有什么样的影响？

Chapter 05

第五章
金融科技与银行业

- 金融科技与银行业务
- 金融科技与银行风险控制
- 金融科技与银行商业模式

学习目标

素养目标
- 通过金融科技对我国商业银行发展的促进作用的学习，增强民族自豪感和使命感
- 通过银行风险控制创新的学习，树立风险意识，养成正确的金钱观
- 能够建立银行科技思维，用科技思维思考金融问题

知识目标
- 了解现代商业银行负债业务、资产业务及中间业务
- 了解银行风险控制及商业模式的概念及特征
- 掌握金融科技背景下银行资产负债业务、风险控制及商业模式创新

技能目标
- 能够描述银行业务创新方式
- 能够从技术的不同维度描述银行风险控制和商业模式的创新内容

思维导图

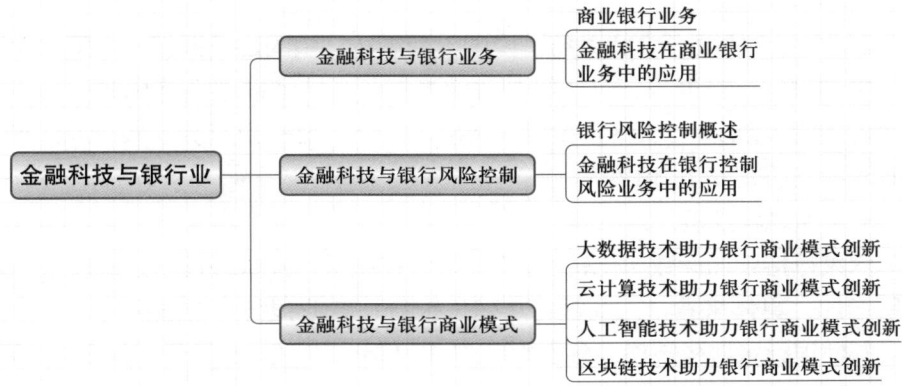

章前引例

六大行人工智能技术应用成效显著

2023年年报显示,六大行(中国工商银行、中国建设银行、中国农业银行、中国银行、交通银行、中国邮政储蓄银行)持续推动数字化转型,不断加大科技投入力度,2023年金融科技投入共计1228.22亿元,较2022年的1165.49亿元增长5.38%。

一、金融科技投入再加码

六大行持续加速数字化转型,2023年在金融科技领域投入金额较上年均有所增加。具体来看,工商银行、建设银行、农业银行、中国银行、交通银行、邮储银行金融科技投入分别为272.46亿元、250.24亿元、248.5亿元、223.97亿元、120.27亿元和112.78亿元,同比分别增长3.90%、7.45%、7.06%、3.97%、3.41%和5.88%。

二、人工智能技术应用持续深化

在全球银行业人工智能应用大发展的背景下,六大行也加快人工智能技术储备,推动AI应用在更多金融业务领域落地,并在年报中披露了新进展。

中国工商银行建成同业首个全栈自主可控的千亿级AI大模型技术体系,率先实现在多个金融业务领域创新应用。2023年持续推进机器人流程自动化(Robotic Process Automation,RPA)技术的平台建设和业务应用,应用范围覆盖37个业务条线。

中国建设银行则体系化推进专业技术能力建设。自主研发人工智能平台,深耕计算机视觉、智能语音、自然语言处理、知识图谱、智能决策五大领域专业能力,有效提升平台工程化、产品化能力。

交通银行人工智能在客户服务、产品推介、风险防控等场景的应用持续深化,通过反诈一体化平台精准拦截可疑交易;深挖个金客户兴趣偏好,利用各类理财模型策略大幅提升成交率。

中国邮政储蓄银行"邮储大脑"融合大模型技术,构建新型生成式AI能力,加速数字金融服务模式重塑;手机银行9.0以"AI空间+数字员工+视频客服"打造沉浸式陪伴服务,提升金融服务质效。该行积极构建全行智能生产力应用生态圈,大力推广应用机器人流程自动化技术,在财务管理、运营管理、授信管理等领域,代替人工完成文件读取、报告发送、异常提醒、成本分析等大批量、重复性任务。

> **分析**：近年来，金融科技的快速发展为银行业的发展提供了持续不断的创新动力，数字技术和数据要素正在改变中国银行业发展轨迹，金融与科技的深度融合持续推动银行业提质增效，数字化转型成为商业银行高质量发展、更好服务实体经济的关键。银行业数字化转型既是顺应数字经济快速发展的必然要求，也是深化供给侧结构性改革、提升自身竞争力的内在需要，更是提升服务实体经济质效、助力数字经济发展的责任担当。

第一节　金融科技与银行业务

现阶段，我国商业银行经营环境面临金融风险上升并不断显性化，银行业金融机构净利润增速放缓，不良资产及拨备压力增大，传统"存贷汇"业务亟须转型。

一、商业银行业务

所谓的商业银行业务就是银行办理的业务。按照不同的划分标准，商业银行业务的分类也不同。根据资产负债表构成，可以分为资产业务、负债业务及中间业务。

（一）资产业务

资产业务，是指商业银行运用资金的业务，也就是商业银行将其吸收的资金放贷或投资出去赚取收益的活动。商业银行盈利状况如何、经营是否成功，很大程度上取决于资产业务的结果，商业银行的资产业务构成以贷款业务和投资业务最为重要。

目前，金融科技可助力资产端转型，例如，可为消费信贷加强场景建设，依靠"区块链+供应链金融"服务中小企业，运用大数据优化信贷业务流程构建全面风险管理体系等。

（二）负债业务

负债是银行由于授信而承担的，将以资产或资本偿付，能以货币计量的债务。存款、派生存款是银行的主要负债，约占资金来源的80%以上，另外，联行存款、同业存款、借入或拆入款项或发行债券等也构成银行的负债。存款一般分为定期存款和活期存款两类。此外，负债还包括向其他银行或中央银行的借入资金，同业往来占用资金及开展中间业务时的临时资金占用等。

金融科技在负债端可通过搭建线上平台拓展低成本资金的获取渠道，智能投顾通过打造"千人千面"的财富管理方案等方式满足投资者的个性化需求。

（三）中间业务

中间业务，是指商业银行代理客户办理收款、付款和其他委托事项而收取手续费的业务。银行不需动用自己的资金，依托业务、技术、机构、信誉和人才等优势，以中间人的身份代理客户承办收付和其他委托事项，提供各种金融服务并据以收取手续费。银行经营中间业务不仅无须占用自己的资金，而且可以促进银行信用业务的发展和扩大。

根据巴塞尔协议的分类方法，银行中间业务一般分为四大类：银行提供的各类担保，如贷款担保、票据承兑担保、备用信用证等；贷款或投资的承诺业务，如贷款限额、透支限额和循环贷款承诺等；外汇及其他资产业务，如外汇期货、货币及利率互换等；利用银行的人力和技术设备等资源为客户提供中介与服务，如金融投资、经济咨询服务、信托业务、代理业务等。

二、金融科技在商业银行业务中的应用

（一）商业银行资产业务、负债业务创新

为适应经营环境与竞争环境的变化，解决商业银行在负债端、资产端面临的发展困境，商业银行运用金融科技寻找业务转型的切入点。以人工智能、区块链、云计算、大数据、移动互联网、物联网等新技术为核心的金融科技飞速发展，提高了银行的消费信贷、信用卡、财富管理、对公业务的效率，客户体验得到改善，金融科技对商业银行转型发展的赋能作用加强。商业银行的发展痛点与金融科技的赋能作用见表5-1。

表5-1 商业银行的发展痛点与金融科技的赋能作用

业务领域	发展痛点	金融科技的赋能作用
资产端	传统信贷领域高收益资产竞争激烈，普惠信贷覆盖力不足	以零售业务为突破口，创新发展消费金融，利用大数据、机器学习等技术提供消费信贷领域的场景化服务
	传统的信息流和物流追踪主要通过单据、票据、抵押登记、现场勘验等方式，新兴信贷领域难以有效杜绝风险隐患	利用物联网技术提升存货监管有效性，利用区块链实现区块链金融中信息流、商流、资金流、物流的可靠追踪，提高小微信贷、农业金融等新兴领域的风险甄别和管理能力，解决小微企业融资难、融资贵问题

续表

业务领域	发展痛点	金融科技的赋能作用
资产端	传统信贷审批依赖人工经验、申请流程烦琐、风控能力有限，惜贷情绪高	利用大数据优化信贷审批、资金发放、贷后管理等流程服务，实现信贷业务全流程风险管理
负债端	低成本资金流失	利用云计算、大数据、机器学习等技术打造平台化金融，提供全景化个人金融信息服务、企业人力资本金融服务、个人信用管理服务
	传统财富管理服务依赖人工	利用大数据、智能投顾等技术提供高效低价的财富管理服务；引入智能投研

1. 资产业务创新

近年来，金融脱媒加速，直接融资占社会融资存量比重上升，上市公司和大型国企对商业银行信贷依赖度明显降低。越来越多的商业银行将零售业务作为提高信贷收益的突破口，推动零售业务智能化转型。随着供给侧结构性改革的深入推进，中低端制造业有效信贷需求下降，房地产和基建行业信贷配置的不确定性增加，商业银行的信贷结构面临转型压力。因此，捕捉中小微企业及新兴领域的信贷需求、提高信贷风险识别和控制能力，成为商业银行信贷业务转型的关键。

（1）信贷业务向零售化转型，加快信贷场景化建设。银行传统信贷服务竞争已十分激烈，难以实现资产收益的提升，而普惠金融领域还有很大提升空间。例如，2023年淄博烧烤火爆全国，带动了首波城市大消费浪潮，当地城商银行纷纷借势推出场景化金融信贷产品。例如，中国邮储银行淄博分行面向烧烤餐饮商户推出"金炉极速贷"，贷款金额最高可达500万元，支持贷款随借随还，一年期利率最低可至3.65%。

金融科技为普惠金融的发展奠定技术基础，银行利用大数据、人工智能等金融科技手段识别和开放依附于各个生产消费链条上的场景，将金融服务嵌入场景中，实现场景与金融服务的无缝对接。金融机构通过场景批量挖掘客户，聚焦用户特征，获取信贷客户消费能力和消费需求，向具备同类特征的客户群体提供信用贷款并深入挖掘其他方面的信贷需求，提高了精准营销能力。而场景中的客户资质、消费需求、交易行为、资金流向等信息，可用来对贷款用途的真实性和客户资质水平进行判断评估，预测客户还款能力，实现风险管理。目前，场景化已经成为信贷领域突破同质化竞争、抢占市场份额的主流方式。

（2）区块链突破供应链金融发展瓶颈，助力中小企业融资服务。长期以来，中小微企业因资产不足、信用缺失遭到银行拒贷、惜贷的现象屡见不鲜。随着供应链金融的兴起，商业银行通过考察整条供应链而不是单个企业的信用状况来作出信贷决策，提升了中小微企业的信用水平和信贷能力。但在实际发展过程中，供应链金融仍遭遇了很多挑战，如信息不对称、授信对象存在局限性、难以进行风险控制等问题。

而区块链技术的出现，实现了供应链金融中交易信息的透明化，解决了信息不对称和银行授信对象局限的问题。通过将区块链应用于供应链溯源领域，银行可以获取供应链中的各种信息，实现从原材料采购、商品生产加工、包装、运输、销售全供应链上"信息流、商流、物流、资金流"信息记录、共享以及追踪。同时，区块链技术使中小微企业信用历史透明化，极大减少了中小微企业因为违约成本低而骗贷等行为。而核心企业无须对上下游企业进行信用捆绑，降低了银行面临的信用风险和系统性风险。此外，区块链技术通过将产业链金融数字化大幅度减少人工介入，其多方认证、去中心化的特性免去了传统供应链第三方监管的部分，降低了欺诈等道德风险及操作风险，同时提高了运作效率。银行将金融科技应用于供应链金融如表5-2所示。

表5-2 银行将金融科技应用于供应链金融情况

银行	金融科技与供应链金融
中国工商银行	持续完善线上供应链融资产品体系，利用区块链技术创新打造核心企业信用跨层级流转工具"工银e信"，覆盖全产业链客户融资需求，积极拓展现代农业、IT通信、航天军工、建筑安装等重点产业板块线上供应链融资业务
中国农业银行	充分结合地区重点产业链资源禀赋情况，丰富信贷供给、优化授信方案，为链上核心企业及上下游中小微企业群提供多元化金融支持，以高质量供应链金融服务助推现代化产业体系建设，以金融科技之力助推地方经济高质量发展
中国邮政储蓄银行	积极创新，不断开发出适应市场的金融产品和服务。其中，为加快推进U链供应链系统在实体经济、普惠金融中的应用，邮储银行运用区块链技术开发出U链供应链平台，为核心企业及第三方业务平台提供线上供应链融资服务，切实降低小微企业综合融资成本，为企业发展注入金融"活水"，有效助力企业渡难关、稳发展
交通银行	发票云技术推动贸易融资进一步无纸化；大数据技术不断提高产业链金融风险识别能力；区块链技术在汽车物联网金融领域已落地应用；应收账款链业务快速推进

续表

银行	金融科技与供应链金融
招商银行	前瞻布局产业互联网，开展供应链创新与应用试点，参与由中国人民银行牵头搭建的湾区贸易金融区块链平台建设，并落地同业首笔多级应收账款转让融资业务；携手建筑行业龙头企业搭建基于区块链的产业互联网协作平台，聚焦集团成员企业的集中采购供应链融资服务
中信银行	深挖客户全产业链价值，创新推出"云链"等特色供应链融资项目，对公产品建设取得新的突破
民生银行	供应链金融事业部依托核心企业和交易平台深度挖掘行业潜力，应用金融科技技术打造新供应链金融平台，通过系统直联打通产业链上下游，与核心企业互为平台、互为生态，初步形成生态圈雏形

"工银 e 信"基于核心企业的应付账款，是一种可流转、可融资、可拆分的电子付款承诺函，可在平台上自由转让、融资、质押或进行其他处置，支持银行增信并提供无条件保兑服务，为产业链上下游企业注入核心企业信用加成，实现银行资金的全产业链资金支持。区块链记录了"工银 e 信"从签发、签收、流转、到期清分等全生命周期的资金流、信息流，通过共识算法解决信任问题，通过智能合约自动执行防范履约风险，其不可篡改的特性保障各环节均可追溯，实现核心企业信用沿供应链条多级传导，盘活供应链应收账款，降低了上游供应商的融资成本。金融机构、供应商、核心企业等各个参与方在区块链技术构成的交易网络节点中进行交易，构建全新可靠的供应链信用体系。"工银 e 信"，业务流程如图 5-1 所示。

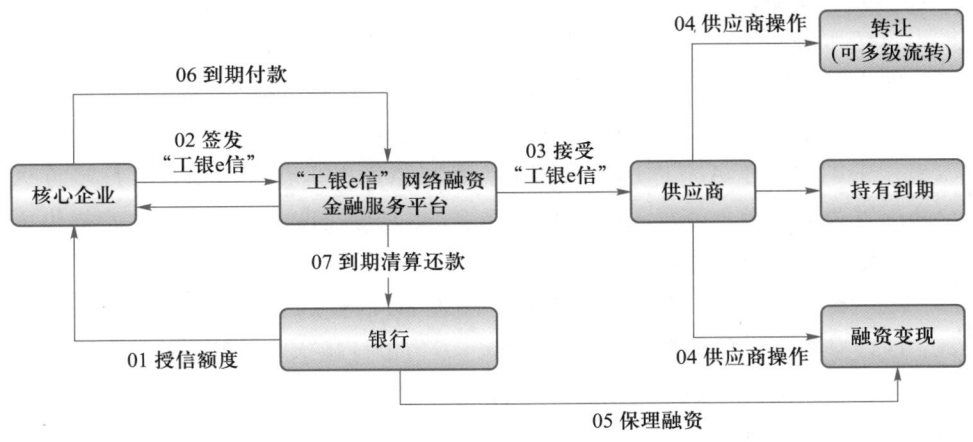

图 5-1 "工银 e 信"业务流程

（3）大数据优化信贷业务流程，构建全面风险管理体系。在传统金融业态下，企业和个人信贷申请受限于客户信用评估要求，流程较为烦琐。而金融科技通过打造大数据平台，实现信贷流程的低成本管理，在客户营销环节，通过对海量数据进行存储、清洗、分析、挖掘，掌握客户的行为特点和交易习惯，为客户制定个性化营销解决方案，推出符合各类群体需求和风险偏好的信贷产品，从"依据经验"到"依据数据"，实现了对客户的精准营销，预先测算出客户可接受的最大风险敞口，提高风险控制的效率。

在授信审批环节，大数据技术能够扩展信用数据的边界，将一些非传统信用数据也作为信用评估来源。例如，银行在评估客户信贷偿还能力时，不仅以银行流水、固定资产等显性数据信息作为评估条件，也会将客户的基础消费数据，例如其对高端奢侈品、金融理财产品及生活必需品等商品的浏览习惯作为信用评估来源之一。通过对客户的非结构化数据信息进行充分整合，分析其中是否存在非理性消费特征，进而利用客户评分模型、违约预测模型更加精准地定位客户的还款能力，给出合理的贷款定价。

2. 负债业务创新

随着金融科技的高速发展，投资渠道逐渐多样化，创新型金融科技平台汇聚了大量小额资金的收支使用，分流了商业银行储蓄存款规模。储蓄存款短期化趋势，影响了银行的贷款业务发展规模。因此，增加低成本的储蓄来源，为客户提供高质量、低成本的理财服务，成为商业银行负债业务转型的关键。许多银行通过搭建线上平台拓展低成本资金的获取渠道。

（1）利用新兴科技提供综合化、全景化的个人金融信息服务。银行通过利用新兴技术为用户提供全景化的个人金融信息服务，设计更具综合性的个人金融服务方案。通过一个账户绑定存贷业务、财富管理、投资理财、保险服务等综合服务增强客户黏性，进而提升资金吸纳能力。例如，中国银行手机银行推出特色服务，聚焦"金融＋场景""科技＋关爱""智能＋专业""全球＋全景"四大服务特色，聚合特色场景服务新生态，开启智能财富新生活，构建多语言全球服务网络，打造全景无界服务的全新体验。其中，针对不同客户群体需求，中国银行于App内部整合四大特色场景服务，在手机银行客户端首页全新配置跨境金融、教育成长、银发养老、运动健身四大专区，为客户提供更完善的综合金融服务体验。

（2）科技助力银行智能获客营销。随着5G时代的来临，人工智能、云计算、区块链等新一代信息技术迅速发展，零售银行触达用户的主要渠道开始从线下网点，逐渐转移到线上场景，零售银行需要通过数字化技术推动金融服务的业态创新，提升渠道获客。

依托大数据技术，银行可以从两个方面着手来获客：一个是利用精确的专项产业数据库去拓展客源，另一个是可以从存量客户的关系中发掘关联的潜在客户，提升业务人员的客户触达效率。例如，一家股份制银行总行在专精特新企业及科技企业等专项上数据支撑不足，客户经理也缺乏科技领域的专业知识，导致银行拓展专项业务时，在企业识别认定和资信评估方面遇到了困难。但该银行在将相关大数据产品引入科技企业、绿色信贷等专项信贷拓展业务后，一年内获取客户名单数近350万家，商机导出数量3.4万条，银行对公有效客户数同比增长逾18%。

（3）利用新兴科技提供个人信用管理服务。随着越来越多的个人客户都开始关注自身的信用状况，银行通过与金融科技公司合作搭建个人信用管理平台，实现多渠道的个人征信数据和报告汇集，为客户提供个人信用管理服务。同时，以个人信用管理平台为基础，辅之以投资、理财、财富管理等金融服务功能，能够增强个人客户黏性，充分挖掘客户的派生需求。

（二）中间业务创新

1. 金融科技推动中间业务规模化获客

商业银行中间业务的服务对象是与其发生业务关联的企业或者个人，这些服务对象虽然数量规模庞大，但较为分散，企业与企业之间的关联性不大，难以实现中间业务批量化的营销。运用金融科技技术可以很大程度地增强商业银行中间业务的规模化程度，降低中间业务成本。

例如，智慧园区是中国建设银行构建及发展企业生态圈的主要切入点，通过与各类园区、行业协会、商圈的管理机构合作，以招商、服务、运营三大目标为核心，形成了开放互联的智慧园区综合服务。通过建立企业生态圈，中国建设银行在政府的协助下将业务相似或相关联的企业聚集起来，将园区管理系统接入银行自身的API开放入口，建立智慧园区服务管理平台，利用该平台为园区内的企业提供金融服务，实现了中间业务的规模化发展。

2. 金融科技推动中间业务场景化运营

中间业务的实质就是商业银行利用自身的资源优势以及支付结算系统等为客户办理一系列业务的服务。银行利用金融科技技术通过构建服务平台，将自身核心服务系统以提供服务的方式接入到第三方平台的入口上，以客户需求为导向，将中间业务嵌入到客户日常生活过程中，使银行提供的中间业务服务在生活中的场景中被使用。

例如，"悦生活"智慧金融服务平台是中国建设银行打造的场景化金融服务平台，通过将各类应用服务与居民生活场景结合起来，随时随地为客户提供生活缴费、学校教育、保险医疗、政务服务等多样化的生活服务，满足客户个性化金融和非金融需求，表5-3显示了中国建设银行悦生活服务平台推出的多种缴费服务场景。

表 5-3 "悦生活"服务平台主要服务功能

开通项目	具体功能
生活缴费	水费、电费、燃气费、物业费、话费、手机流量费、宽带光纤、固话充费等
学校教育	考试报名费、培训费、学杂费缴费及校园卡充值等
政务服务	医保缴费、代缴养老金、住房维修资金、党费、团费、工会费、社保、公积金、维修基金、国税地税缴费等
交通出行	交通罚款、加油卡充值、地铁卡充值、飞机票、跨省异地交罚、车位管理费缴费等
保险医疗	银医服务、医院预缴费、买保险、保险续费、代收保险等
便民服务	联合收费、餐饮、住房理财、信用卡还款、资金归集、家政服务、快递查询、养老服务费、农业收费等
公益服务	公益捐款等

3. 金融科技推动中间业务特色化发展

部分商业银行多年来从事城市建设和住房租赁领域的业务，积累了大量资源，利用金融科技将这些优势资源整合，大力突出其品牌优势，不仅推动了中间业务的特色化发展，而且响应了国家政策号召。例如，一直以来中国建设银行的发展与我国住房建设和基础设施建设的发展密不可分，自党的十九大报告中明确提出了"房住不炒"的定位后，中国建设银行积极响应号召，将住房租赁作为全行的三大战略之一，运用自身30多年以来参加国家住房建设的发展经验，依托金融科技，打造了集监管服务、企业租赁、共享应用、公共住房、监测分析五大共享系统为一体的住房租赁综合服务平台，通过逐步与各地方的商务平台、政府的政务平台等相衔接来打造全场景的住房租赁IT综合解决方案。

图 5-2 展示了中国建设银行住房租赁综合服务平台的业务构架。可以看出建设银行采用了"三渠道五系统"的业务构架，利用金融科技多端监测优势，整合社会资源，引入业务场景建设，为客户提供在线租房、房源管理、租赁服务管理等多方位的服务。在企业租赁服务管理系统中，租客发布求租信息，房东发布出租信息，二者通过该平台完成租赁交易。此外，该平台还为房东和租客提供一系列的辅助服务，如为租客提供押金保障服务、信用分析服务和在线缴费服务，为房东提供资金保险支持服务、租赁市场大数据分析和房产管理服务等。另外，中国建设银行在该平台还上线了金融产品专区，充分利用平台客源，盘活租客和房东的闲置资金。在政府公共住房服务系统中，中国建

设银行联合政府对城市公租（廉租）房源进行管理，推动长租房市场平稳健康发展。

图 5-2　中国建设银行住房租赁服务平台布局

第二节　金融科技与银行风险控制

一、银行风险控制概述

对我国商业银行来说，风险控制工作的重难点集中在使用何种工具以及如何正确使用工具来识别、防范和化解风险，以此来保证商业银行安全稳健经营发展。

商业银行主要通过两个路径进行风险控制。第一，识别出风险之后，通过相关模型工具，将风险控制住，规避可能遇到的风险，避免给银行带来损失；或者遇到不可控风险时，立即采取科学的补救措施，降低损失发生的概率。第二，当银行未能有效防范风险，确定要遭受风险的时候，需要快速处理，可以使用相关工具，使银行在第一时间从遭遇风险的状态中走出来，恢复正常经营状态，避免其因此次风险遭受连环损失。我国商业银行常用四种风险控制方法，分别是规避风险、风险转移、损失控制、自留风险。

（一）规避风险

采用规避风险方法，是银行在其工作活动中，通过多方面考量，认为一项活动有较大可能会面临一定的风险损失，从而放弃该活动或改善活动中风险较大的环节，以此来规避与该项活动有关的风险的一种方法。

当有两种或两种以上的项目方案需要银行决策的时候，要对各项目方案进行全面分析，权衡风险和利益，在收益相同的情况下，选择风险较低的方案。

（二）风险转移

目前银行面临的风险种类多并且复杂，受到风险识别计量方法的局限性和部分银行工作人员风险控制水平有待提高等因素的影响，我国中小商业银行在日常的经营管理过程当中无法避免地会承担部分经济或名誉等方面损失。那么，对于我国中小商业银行来说，进行风险控制的另外一种方法就是在银行承担了一定的损失之后，有效地利用财务工具使银行能够获得一系列的补偿，以最大限度地减少损失，或者使银行能够避免在之后的经营过程中由于此次风险进一步承担损失。风险转移的具体形式包括银行通过签署合同、保险和转包等方法将部分风险乃至全部风险转移给其他单位。银行采取转移风险的方法将风险转至其他企业时，是需要付出一定代价的，例如缴纳保证金、手续费或双方约定收益分成等。

（三）损失控制

损失控制是我国中小商业银行在工作过程中较为常用的一种方法，即银行在承担风险之后，管理者要更加严格地监督银行的经营和行为规范，一旦发现不规范操作或其他问题，要在第一时间解决问题，最理想的情况是及时制止错误行为，解决问题，避免银行承担损失。如果问题不能完全解决，则要防止风险进一步加剧而导致银行承担更多损失，最大限度地减小损失。

损失控制通常用于信用贷款过程，主要方法为：发现借款人财务出现困难时，立即停止对客户新增贷款，尽力收回已发放贷款；追加担保人和担保金额；追加资产抵押等。银行控制损失的方法主要有以下几点：

1. 风险准备方法

对于我国中小商业银行来说，在日常经营过程中，最主要的还是货币业务。在货币业务方面，中国人民银行规定了最低准备金比率，各个银行需要遵守，但是银行不可以用基本存款准备金进行风险控制工作。因此，为了确保银行的正常稳定运行，需要采取风险准备方法，主要措施就是在银行的诸如短期贷款、证券与票据此类的流动性较强的资金中预留出一定量的准备金用来防范风险，能够有效防止当风险发生以后对银行造成经济损失。

2. 分散风险方法

此种方法是指我国中小商业银行在选择投资或者资本保值时，尽可能地将贷款、证券的种类进行分散，不要出现所有资产完全集中在某一种债券或者贷款上的情况，要将潜在风险分散在不同的项目中。目前，我国中小商业银行分散风险的时候比较注重资产的类型、地区、身处何种行业与客户这四种因素。

3. 风险消缩方法

当风险转移变得较为困难时，则银行需要尽量在经营过程中抵消或减少风险。此种方法可以使用的交易手段包括对冲交易和调换转移，其中对冲交易指在银行在发生即期或者远期交易时，与此同时做一笔相同金额的远期或者即期的相反交易，这样当出现利率变动与预期相反的情况时，能够让损失与收益互相抵消。而调换转移则是在银行发生一项业务时，可在时间、种类、地点或交易对象当中的某一方面做一笔与之相反的交易，交易金额不限，这样可以减少风险。

（四）自留风险

此种方法是当我国中小商业银行在日常经营中因面临不可避免的风险而需承担财务、声誉等方面损失时，选择自行承担这些可能会面临的损失。我国中小商业银行采取自留风险方法时，主要是通过自行承担信贷资产风险与自保信贷资产风险两个方面来实现。银行在自行承担自保信贷资产风险时，除了央行的准备金，还要提前备好额外的风险损失准备金，准备金的用途在于让信贷资金快速高效周转。银行自行承担信贷资产风险则不需要提前准备额外的损失准备金，而是把其承担的损失计入经营成本。

银行采取自留风险方法时需要着重在以下三个方面进行权衡：一是预期损失与收益。银行在分析是否采用此种方法时，应首先衡量预期损失与收益的关系，若发生损失可能性远远小于收益可能性，则可以考虑自行承担风险，反之则该放弃此方法；二是费用。如果银行决定自留风险，那么采取该方法过程中必定会增加一部分运营成本，当增加的这部分运营成本比银行使用其他方法增加的成本要小的时候，银行可以考虑采取自留风险进行风险控制；三是有效性。当银行能考虑到的所有方法中，除了自留风险之外的其他方法均无效时，银行只能选择此方法。

二、金融科技在银行风险控制业务中的应用

我国金融市场面临着国内和国际复杂的经济和经营环境，商业银行的市场风险不容小觑。例如，随着金融科技的发展，利率市场化进程不断加快，利率波动多变，利率风险有所上升；不良贷款比率不断上升，商业银行也需要防范贷款的违约风险。在银行风险控制业务的应用中，大数据技术与人工智能技术的应用最为广泛。

（一）大数据技术助力风险控制业务创新

大数据技术助力的风险控制业务创新主要涉及信贷风险评估、贷后风险评估和控制与可疑交易分析等领域。

1. 信贷风险评估

相对于传统的风险评估方法，大数据信贷风险评估更能反映贷款企业风险，其主要流程为：识别用户需求、估算用户价值、判断用户优劣、预测用户违约风险。银行可通过企业的生产、流通、销售、财务等相关信息，结合大数据挖掘方法进行贷款风险分析，量化企业信用额度，控制信贷风险。

2. 贷后风险评估和控制

供应链金融是金融机构将核心企业与上下游企业联系在一起提供的金融产品和服务的一种融资模式。银行通过审查整条供应链，利用大数据技术分析企业之间的关系图谱，进行关联企业分析及风险控制；利用交往圈分析模型，持续观察企业间的通信交往数据变化情况，通过与基期数据的对比来洞察异常的交往动态，评估供应链的健康度及企业贷后风险。

3. 可疑交易分析

可疑交易报送是金融机构履行反洗钱义务的重要职责之一。我国 2016 年发布《金融机构大额交易和可疑交易报告管理办法》（中国人民银行令〔2016〕第 3 号）后，金融机构向中国人民银行提交的重点可疑报告数量大幅降低，案例的有效性和移送侦查机关比例有所提高，但综合移送率仍处于较低水平。

在反洗钱工作实践中可疑交易分析报告制度是重要措施，是当前相关管理部门处理洗钱等犯罪行为的线索支持。在当前反洗钱监管模式下，金融机构应该建立更为科学化的可疑交易报告工作模式，利用现代化信息技术，为客户身份识别、可疑数据分析提供依据，从而提升可疑交易报告的有效性。

（1）反洗钱可疑线索的处理流程。反洗钱情报处理中涉及的部门主要是金融机构、中国人民银行分支机构和公安部门。对于金融机构移交的重点可疑交易报告，中国人民银行分支机构和公安部门建立了严格的工作流程，包括线索分析研判、移交、会商、调查和立案等环节，如图 5-3 所示。

① 金融机构。目前，银行、证券和保险机构等金融机构都建立了反洗钱系统，将原来分散在基层网点的反洗钱数据补录、异常交易分析甄别、可疑交易报告等工作集中在一级分行（分公司）由专门的反洗钱部门处理，以实现可疑交易报告研判过程的全视角分析和跨区域协作，并按照客户洗钱风险的高低实施区别化监控。以国有商业银行为例：对于触发反洗钱系统的可疑账户，按照区域分配给一级分行；一级分行反洗钱部门根据基层网点对客户核实的信息及其交易特点并结合外部风险信息进行分析，并决定给予上报或排除可疑。对于需要上报的重点可疑交易报告，由一级分行向当地中国人民银行分支机构报送。

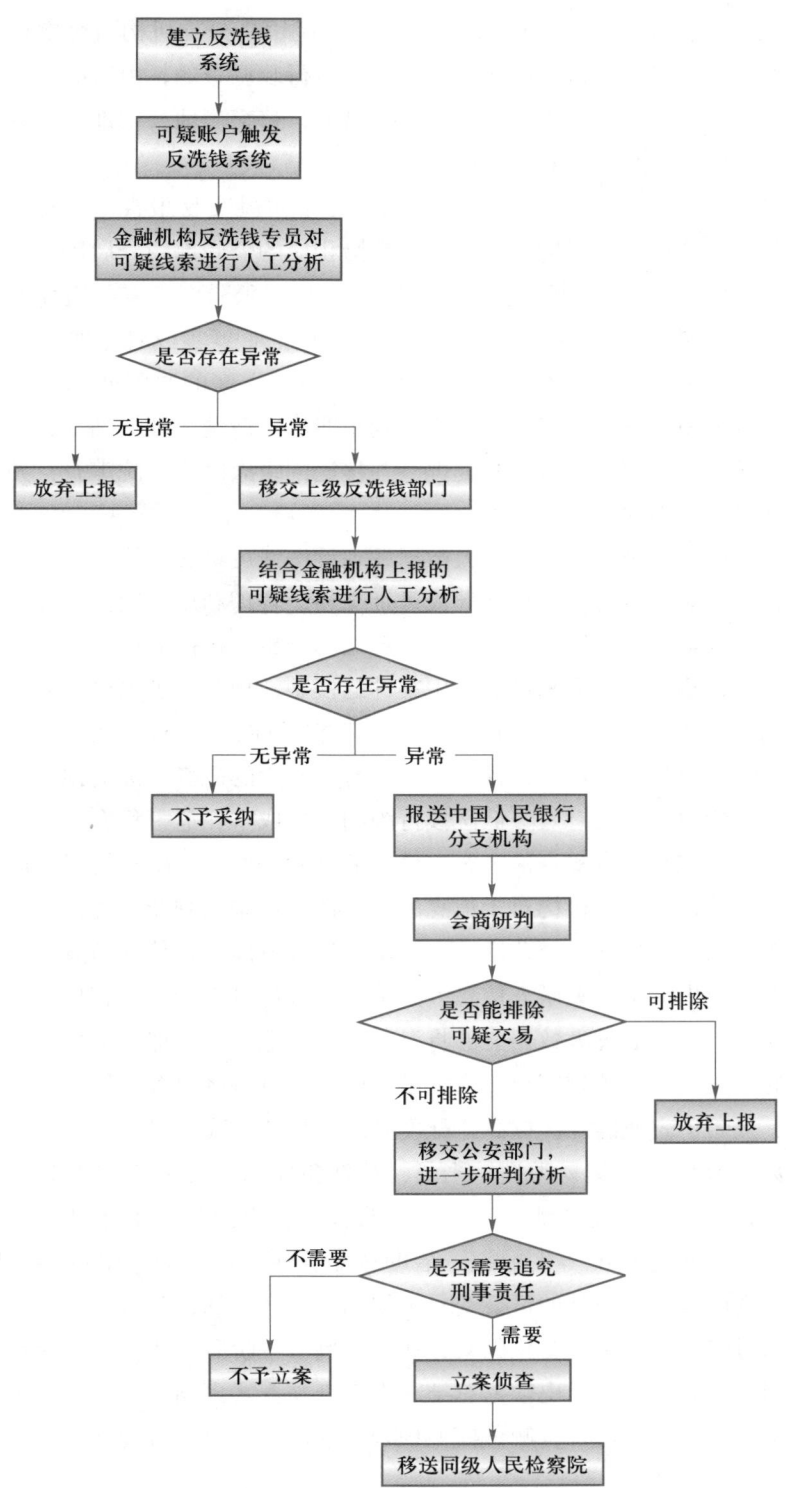

图 5-3 反洗钱可疑线索处理流程图

② 中国人民银行分支机构。各地中国人民银行分支机构对金融机构报送的重点可疑交易报告进行会商研判，需要开展行政调查的，由市级人民银行向省级人民银行提出申请；不能排除可疑交易的，移交当地公安部门，并按规定组织金融机构积极配合公安部门调查。

③ 公安部门。对中国人民银行移交的重点可疑交易报告，公安部门按照上游犯罪类型等相关情况进行初判，转交给相应的公安部门开展进一步研判分析。根据《中华人民共和国刑事诉讼法》，认为有犯罪事实需要追究刑事责任且符合立案条件的，进行立案侦查；认为没有犯罪事实或者犯罪事实显著轻微、不需要追究刑事责任的，不予立案，并将不立案的原因通知中国人民银行。公安机关侦查终结的案件，应当做到犯罪事实清楚，证据确凿充分，并出具起诉意见书，连同案卷材料和证据一并移送同级人民检察院审查，并由人民检察院决定是否提起公诉。

（2）大数据识别可疑交易。大数据发现反洗钱可疑交易线索。通常是基于客户信息、交易信息的组合最终形成可疑交易，合理利用大数据，在一定程度上能够提升线索的有效性。通过对历史数据的分析，根据对过去的洗钱犯罪类型进行分析，建立针对未来可能发生案件的模型，预测识别出可能的洗钱犯罪行为。例如，在客户办理开户时或发生可疑交易前，综合客户的征信、行为、公开信用信息与舆情大数据，预测其可疑行为发生的概率，提前预判其进行洗钱交易的可能性，可以有效降低洗钱行为的管理成本和危害程度。

大数据挖掘客户真实身份。客户信息的准确获取是金融机构尽职调查有效性的重要保障，但金融机构对于信息的真实性往往难以判断。客户真实信息通常可以体现在税务缴纳、经营活动、司法案件等方面。除传统信息外，客户的工商变更、历史沿革、关联方信息、舆情数据等都可以体现出客户的真实信息及经营动态。如果通过大数据能够将以上碎片信息整合，那么就可以提取和验证客户的真实信息，预判客户交易类型，同时通过将客户关联信息与已知的犯罪团伙、黑名单企业匹配，提高匹配度高的客户的风险等级。

大数据分析可疑交易类型。当前，洗钱犯罪团伙交易模式更新的速度飞快，金融机构可疑交易监测模型优化很难及时跟上。但如果通过历史犯罪记录、可疑交易报送情况等大数据，借助智能算法，一方面总结可疑交易的模型，另一方面根据搜集到的可疑交易数据结合作案时间，分析犯罪团伙转换交易模型的时间阈值及主要变化因素，从而预判下一阶段犯罪手法、交易模型及启用时间。同时，通过历史数据总结、未来交易模式预判，不断结合新发生的犯罪记录及可疑交易记录，测试模型预判的准确性，提升可疑交易模型优化的及时性。

金融科技知信行

远离洗钱活动

洗钱是指将违法所得及其产生的收益，通过各种手段掩饰、隐瞒其来源和性质，使其在形式上合法化的行为。

以下是如何保护自己，远离洗钱活动的建议。

（一）选择安全可靠的金融机构

合法的金融机构接受监管，履行反洗钱义务，对客户和机构自身负责。根据《中华人民共和国反洗钱法》的规定，对依法履行反洗钱职责或者义务获得的客户身份资料和交易信息，应当予以保密，非依法律规定，不得向任何单位和个人提供。

选择安全可靠、严格履行反洗钱义务的金融机构，您的资金和个人信息才会更安全。

（二）主动配合反洗钱义务机构进行身份识别

（1）开办业务时，带好有效身份证件。

（2）存取大额现金时，出示有效身份证件。

（3）他人替自己办理业务时，代理人应出示他（她）和被代理人的有效身份证件。

（4）身份证件到期更换的，要及时通知金融机构更新相关信息。

（三）不要出租或出借自己的身份证件

出租或出借自己的身份证件，可能会产生以下后果：

（1）他人盗用自己的名义从事非法活动。

（2）协助他人完成洗钱和恐怖融资活动。

（3）成为他人金融诈骗活动的"替罪羊"。

（4）自己的诚信状况受到合理怀疑。

（5）自己的声誉和信用记录因他人的不正当行为而受损。

（四）不要出租或出借自己的账户、银行卡和U盾

账户、银行卡和U盾不仅是自己进行交易的工具，也是国家进行反洗钱资金监测和犯罪案件调查的重要途径。犯罪分子可能利用您的账户、银行卡和U盾进行洗钱和恐怖融资活动，因此，不出租、出借账户、银行卡和U盾既是对自己的权利的保护，也是守法公民应尽的义务。

（五）不要用自己的账户替他人提现

通过各种方式提现是犯罪分子最常采用的洗钱手法之一。有人受朋友之托

> 或受利益诱惑，使用自己的个人账户或公司的账户为他人提取现金，为他人洗钱提供便利。然而，法网恢恢，疏而不漏。切记，账户将忠实记录每个人的金融交易活动，请不要用自己的账户替他人提现。
>
> （六）不要为规避监管标准而拆分交易
>
> 拆分交易的行为不但增加交易费用，降低交易效率，还会引致反洗钱资金监测人员的合理怀疑。

（二）人工智能技术助力风险控制创新

当前，人工智能在银行风险控制业务中的主要应用是人工智能风控。人工智能风控，简称智能风控，主要是指人工智能技术在信贷风控、催收、反欺诈等不同场景中的应用。

1. 信贷风控

信贷风控是一项综合性、系列化的工作，贯穿于整个信贷业务流程，自贷前信用分析、贷时审查控制、贷后监控管理直至贷款安全收回，人工智能可以参与每一个环节。以消费信贷风控为例（如表5-4所示），按照贷前、贷中、贷后作为风控的时间维度，以信用品质、偿债能力、抵押品价值、财务状况、还款条件作为评估维度，形成不同的信贷风险关注要点。信贷机构结合不同信贷风险的关注要点，进行相关数据的获取。

表5-4 信贷风险管理控制体系

环节	信用品质	偿债能力	抵押品价值	财务状况	还款条件
贷前	营销指引 准入规则 渠道控制 工商、司法数据 申请资格审查 交易数据	收入调查 盈利率计算 行业标准比对 货物周转率计算	经营时间成本 客户违约成本核算 抵押品类目准入	资产情况调查 负债情况调查 杠杆率 居住情况 职业情况 收入情况	贷款用途 贷款背景调查 生产设备技术水平 必要批准文件
贷中	身份核实 逻辑检查 评分卡及策略 征信调查 黑名单检查 贷款、交易记录	收入核实 交易历史 最低收入 贷款期限/利率/金额	最大/最小乘数 最大/最小额度	资产负债表 利润表 现金流水 银行交易流水	供应商/销售商情况 资金来源及使用情况 预期资产负债与损益营运计划

续表

环节	信用品质	偿债能力	抵押品价值	财务状况	还款条件
贷后	司法/刑事责任 信用品质 个人风险预警信息 交易信用 欺诈交易信息	企业经营状况 交易量下降情况 逾期次数变动 客户履约能力变化	所有权/经营权变更 抵（质）押变更	企业交易变动 贷后款项追踪	回访异常反馈 管理层级核心人员变化 关键限制性条件变化

消费信贷机构在贷前进行风险控制时，主要依赖两种技术手段：一是构建评分模型，预防信用风险；二是挖掘欺诈规则，预防欺诈风险。评分模型的每一项打分、每一个预测都应该是数据驱动的，这也意味着数据源本身非常重要。

2. 智能催收

催收在信贷管理中至关重要。催收的重要性体现在两个方面：一是最大化降低坏账损失；二是通过强大的催收能力抢占较高风险的业务并获得较高收益。随着信用卡的普及与网络信贷的发展，一方面客户量迅速增长，另一方面客户欠款越来越难催，坏账比例不断攀升。

智能催收作为一种新型方式应运而生。智能催收是"智能催收机器人"的简称，其实质是以人工智能技术来优化整个催收流程。智能催收机器人可支持多路话务并行的操作，在提高系统工作效率的同时，大幅缩短了催收任务的执行时间，能满足催收业务量日益增长的需求。

智能催收的业务流程主要分为两个步骤（如图5-4所示）：第一步，任务配置。客户填写催收场景相关信息，比如消费贷、信用贷等的相关信息；客户提交被催收人信息，并选择任务类型（催收或者是提醒），根据以上信息完成催收任务的配置；第二步，催收处理。客户信息提交上传后，由智能催收机器人完成信息汇集，通过语音、短信机器人催收，获得催收结果，生成报告供客户查看。

智能催收机器人依据催收标的类型（比如信用贷、消费贷等）、被催收人画像、心理学理论和相关法律法规要求等，采用大数据模型算法确定催收计划和催收策略。智能催收机器人在催收计划和策略执行过程中根据实时反馈可实时调整催收策略，并在保证催收效果的同时大幅减少催收成本。智能催收机器人在完成一个催收周期任务后会为客户返回催收结果报告，从而为客户下一轮的催收服务购买提供决策依据。智能催收既可用于欠款催收，也可用于还款提醒：在借款人出现逾期但达不到上门催收程度的早期催收阶段，可以选择机器人语音和短信的方式进行催收；若借款人借款即将到期，可以选择机器人语音和短信的方式进行还款提醒。

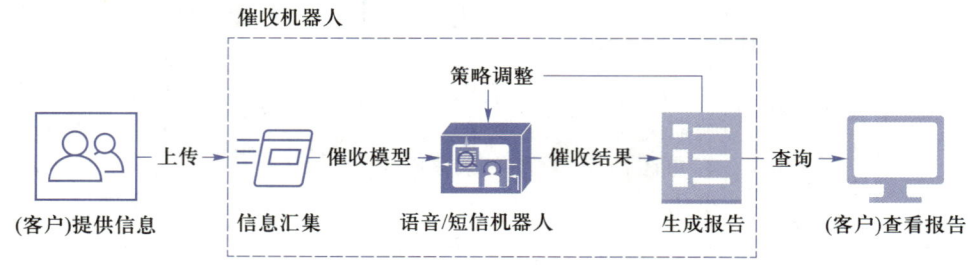

图 5-4　机器人催收业务流程

3. 反欺诈

人工智能技术可以帮助金融机构提供反欺诈服务并降低信用风险。智能反欺诈凭借人工智能和机器学习能力，可以准确识别恶意用户与行为，解决客户在支付、借贷、理财、风控等业务环节遇到的欺诈威胁，帮助客户提升风险识别能力，降低机构损失。

反欺诈是一项识别服务，是对交易诈骗、网络诈骗、电话诈骗、盗卡、盗号等行为的一项风险识别。如图 5-5 所示，在贷款各环节中，从账户注册、账户登录，到贷款申请、贷中管理和贷后管理，在每个步骤，网络欺诈都无孔不入，但犯罪分子都须伪装身份。因此，信贷反欺诈的首要环节便是进行"身份识别"，运用人工智能技术打造出一个"火眼金睛"的欺诈识别系统，通过在线检测分析手段和机器学习的方法识别数据形态，将信息整合到一起，获得对客户的完整认识，然后从普通的行为活动中分辨出欺诈行为。

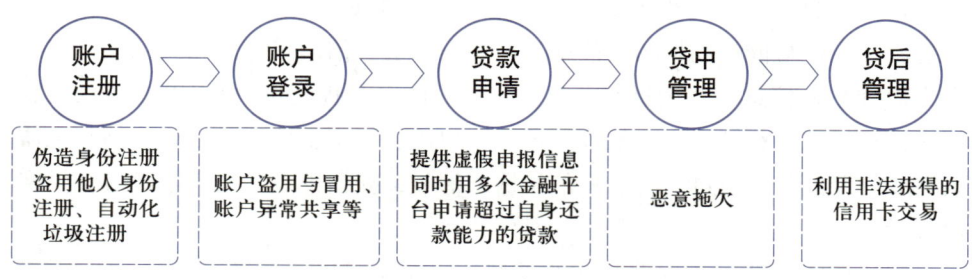

图 5-5　贷款各环节的欺诈风险

智能反欺诈的实质是利用机器深度学习提升反欺诈能力，其核心是通过大数据的收集、分析和处理，建立反欺诈信用评分和反欺诈模型，解决不同场景中的欺诈风险问题。利用深度学习技术反欺诈的原理，实际上是从银行与互联网金融机构反欺诈痛点着手，不再只通过传统策略引擎，而是通过机器学习收集到大量异构、多元化的信息，包括可交叉验证信息主体所提供的信息以及第三方信息来源的真实性，形成共享库。将相应的数据集中在数据库中进行融合存储。根据预测模型分析的需求，通过配套的数据处理技术工具对数据进行预处理，最终输出模型训练所需的样本数据。先通过对数据的分析，再通过机器学习及复杂网络等模型算法技术，对数据进行深度挖掘，从传统历史数据中量化抽取风险特征指标，利用复杂网络关联分析技术，从历史违约数据中发现实时欺诈业务风险指标，丰富深度学习风险模型的业务维度，建立人工智能反欺诈模型，从而发现欺诈者隐藏的蛛丝马迹，识别欺诈者身份。

智能反欺诈与传统经验规则配合使用，能够大幅提升借贷欺诈风险的防控能力。国内常见反欺诈产品模式多为 SaSS 服务模式，产品形态为"客户端控制台＋服务端调用反欺诈"API。

第三节　金融科技与银行商业模式

在数字经济时代背景下，建立在数字新技术不断革新基础上、聚焦用户需求的商业模式间的竞争已替代原单一的产品竞争，成为市场竞争的核心。而在其中起到主导作用的，也不再是单一企业间的竞争，取而代之的是以客户为中心、以价值共创为基础的企业联盟间的竞争。随着数字技术的应用，国内电子商务实现了快速地发展，网络交易的信用体系随之建立完善，商业环境和交易模式发生显著变革，以平台为主体的新商业模式层出不穷，取得了巨大成功，极大地推动和深化了商业模式的理论研究。本书采用价值创造的观点，即商业模式的本质是企业运用自身的关键资源和动力，冲减、整合和创新所在产业价值链某个环节，创造价值并实现价值的获取、传递和分配。

金融科技快速发展的背景下，传统银行应该顺应新时代下金融科技的发展趋势，不能被动地继续受到金融科技的冲击，要主动地根据自身的优势和劣势进行自我改革，化危机为机遇，积极主动地应对金融科技背景下的挑战。目前，银行主要通过大数据、云计算、人工智能、区块链等新兴技术，积极进行自身变革，优化客户服务模式，提高客户服务效率，以便捷、专业、去中心化为核心的银行商业模式，促进多样的客户需求得到满足。如图 5-6 所示，金融科技能够为银行商业模式的转型赋能，促使商业模式向智能化、数字化、开放化方向转型，创新适应客户需求的盈利模式，打造差异化竞争优势。

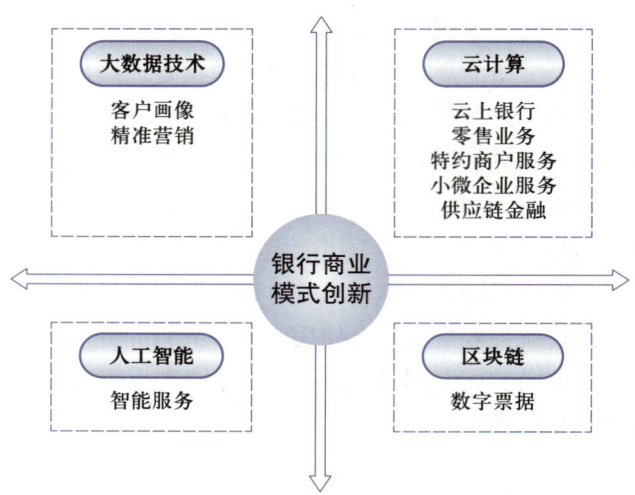

图 5-6　银行商业模式创新技术维度分布

一、大数据技术助力银行商业模式创新

（一）用户画像

1. 银行个人客户画像

银行个人客户的主要业务需求集中在消费金融、财富管理、融资服务，客户画像要从这几个角度出发，寻找目标客户。个人客户数据可分为金融信息与非金融信息，数据类型包括个人信息、资产数据、信用数据和消费特征等。银行个人客户画像数据如图 5-7 所示。

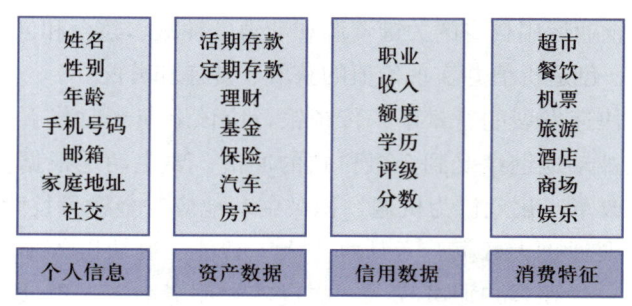

图 5-7　银行个人客户画像数据

银行个人客户画像可以依照前述客户画像的步骤进行：先利用数据仓库进行数据集中，筛选出强相关信息，对定量信息定性化，生成数据管理平台（Data Management Platform，DMP）进行数据分析需要的数据。利用 DMP 进行基础标签和应用定制，结合业务场景需求，进行目标客户筛选或对客户进行深度分析。同时，利用 DMP 引入外部数据，完善数据场景设计，提高目标客户识别精准度。

2. 企业客户画像

企业客户画像与个人客户画像的步骤相同，但企业客户画像又与个人客户画像有很大区别。个人客户画像是以人口统计学特征为基础，将个人行为特征数字化。企业客户画像包括企业的生产、流通、运营、财务、销售和客户数据、相关产业链上下游等数据。因此，企业客户画像需要描述的是企业的基本情况、经营情况、资产负债状况、信用状况、贷款产品需求等，需要定性定量分析相结合。

（二）精准营销

在用户画像的基础上银行可以有效地开展精准营销，具体包括：

1. 实时营销

实时营销是根据用户的实时状态来进行营销，比如根据客户当时的所在地、客户最近一次消费等信息来有针对性地进行营销（例如，某客户采用信用卡采购孕妇用品，银行可以通过建模推测其怀孕的概率并推荐孕妇喜欢的业务）；或者银行可以将改变生活状态的事件（如换工作、改变婚姻状况、置业等）视为营销机会。

2. 交叉营销

即不同业务或产品的交叉推荐，例如，商业银行可以根据客户交易记录分析，有效地识别小微企业客户，然后用远程银行来实施交叉销售。

3. 个性化推荐

银行可以根据客户偏好进行服务或者银行产品的个性化推荐，例如，根据客户的年龄、资产规模、理财偏好等，对客户群进行精准定位，分析出其潜在金融服务需求，进而有针对性地营销推广。

4. 客户生命周期管理

客户生命周期管理包括新客户获取、客户防流失和客户赢回等。例如，招商银行通过构建客户流失预警模型，对流失率等级前 20% 的客户发售高收益理财产品予以挽留，使得金卡和金葵花卡客户流失率大大降低。

教学活动设计

教师活动情景：要求学生分组选定目标客户，并搜集目标客户个人客户画像数据，后组织学生分组进行查错纠错，讨论各组针对目标客户的数据全面性及准确性。

学生活动情景：各小组选定自己的目标客户并确定目标客户客户画像的数据维度，之后进行数据搜集。在组间查错纠错阶段评判其他组的数据的全面性及准确性。

> 活动要点：通过数据搜集扎实知识内容。通过小组间查错纠错，理清思路，查缺补漏。

二、云计算技术助力银行商业模式创新

云计算技术在银行业务上的应用称为银行业务云化，主要包括：云上银行、零售业务、特约商户服务、小微企业服务、供应链金融等金融服务。

（一）云上银行

云上银行模式下银行没有营业网点，不发放实体银行卡，客户主要通过计算机、电子邮件、手机、电话等远程渠道获取银行产品和服务。一般情况下，用户在云上银行App完成注册，通过已持有的他行借记卡生成一个云上银行账户，用户不用亲临银行柜台，就可以购买产品（部分产品因监管要求需在柜台进行风险评估）、享受服务等。因没有网点经营费用，云上银行可以为客户提供更有竞争力的存贷款价格及更低的手续费率。云上银行面对的主要客群包括两大类：一类是以平台企业为纽带，与核心平台企业相互连接的各类互联网平台企业；另一类是使用互联网平台服务的个人用户。云上银行通过创新客群经营模式，为这两类客户提供便捷的支付结算、融资、财富管理等金融服务，云上银行业务架构如图5-8所示。

图5-8 云上银行业务架构

（二）零售业务

零售业务属于零售银行业务范围，云计算技术可以用于产品销售、网点服务、账户信息、个人委托贷款等。

1. 产品销售

客户可通过统一的界面，在不同渠道（无论是网银、手机 App 还是其他渠道）查询到所有银行及其他金融机构发布的可购买的金融产品，并可用任何一张银行卡购买所需的任何金融产品，实现一站式产品营销。客户还可以建立圈子，加强同类客户之间的理财交流，可向银行提交产品创新建议，由银行收集后针对这群客户专门设计产品并定向销售。

2. 网点服务

客户可根据所要办理的业务品种，通过个人笔记本电脑、手机等智能设备实时查询离他最近、预计排队等待时间最少的网点，并实时了解网点业务资源，通过云计算技术实现不同银行之间的网点服务资源共享。客户也可以通过联网设备进入网点排队系统，并进行某些业务的预填单。

3. 账户信息

客户可通过一个界面获得其名下所有银行、基金、保险的账户实时信息，包括整合的资产、交易明细（如商家名称、金额等）等。客户还可以获得基于对其本身以及同类的消费与理财行为的智能分析得出的有针对性的消费建议、理财建议，甚至相应的产品推荐。

4. 个人委托贷款

为客户建立贷款自主服务平台，借款方与借款方基于金额、期限、利率、贷款用途、风险等级等条件进行撮合，并提供贷款审批、发放、归还、催收全流程自主服务。利用云计算平台的多方协同特点，与征信系统等进行实时协同，协助客户自主完成服务，收入模式可以从原有的贷款利息收入转变为提供贷款服务平台的中间业务收入。

（三）特约商户服务

云计算技术在特约商户服务领域的应用主要包括预付卡管理、积分管理、客户消费信息管理等。

1. 预付卡管理

特约商户无须自己搭建预付卡管理体系，就可从银行获得基于云计算技术的标准化商业预付卡支付清算业务处理支持。同时，银行通过云计算技术提供弹性的业务处理支持，服务能力不受商户业务处理规模增长的限制。

2. 积分管理

特约商户可以从银行获取标准化的积分管理运营支持，无须自己建立积分管理体系。银行从促进银行卡消费的角度，利用云计算平台的特点，围绕各家特约商户积分进行进一步的创新，例如，联合不同类型的商户，为银行卡客户建立积分通兑的商户联盟。

3. 客户消费信息管理

改变当前银行只能从特约客户获取简单的交易流水的现状，在交易发生时，银行可从客户处获取更为全面的实时业务信息，例如，航空订票服务中的缴费金额、价格折扣、行程等。银行基于其所聚合来自内外部的多方位、实时客户信息，通过云计算技术进行智能分析，在为客户营销提供深入洞察与营销线索的同时，也可将相关信息反馈给客户，帮助其更合理地消费，甚至推荐合适的银行产品。

（四）小微企业服务

除了贷款业务，银行还可以利用云计算平台的可扩展性、资源共享和标准化服务的特点，为小微企业提供支付结算、现金管理等服务。

1. 支付结算

针对某些需要服务人员向客户收取费用的服务型小微企业，银行提供具有特殊功能的移动 POS 设备，小微企业员工在完成刷卡交易的同时，自动向云端提交相关客户信息与其对应的银行卡交易信息。同时，小微企业的管理人员通过云计算平台可以实时了解每个员工及每个客户的收款情况，如每个员工已经完成的客户或业务、需收取的金额、已付待付状态、银行卡交易信息、资金到账情况等。

2. 现金管理

银行为小微企业提供基于云计算技术的现金流管理服务，汇总小微企业整体收付款情况、应收、应付计划，并对小微企业的财务信息进行整合，提供在线财务分析工具（如现金流分析），便于小微企业的财务人员准确、高效地进行资金管理，并发起支付等银行业务操作。

（五）供应链金融

在供应链核心企业及其上下游企业之间，通过云实现上下游企业在采购、销售、物流等环节的流程协同，实现整个交易链条的信息实时传输与共享，实现高效的端到端供应链协同。银行根据云计算平台提供的端到端供应链信息，为上下游企业在采购到付款的各环节提供各种融资服务，以及支付结算、现金管理、保险代理、税务管理等解决方案。

三、人工智能技术助力银行商业模式创新

作为高度数据化的领域，金融领域是最适宜与人工智能进行结合并产生价值的领域之一。人工智能可以应用于银行，为银行业的各参与主体、各业务环节赋能，助力银行业的产品创新、流程再造和服务升级，帮助银行防范风险，

提高服务效率。目前，人工智能在银行商业模式创新方面最突出的应用场景为智能客服应用。

（一）智能客服的工作原理

服务智能应用即人工智能服务，简称智能客服。在应用前景上，智能客服可以全流程、全维度定制，从前端需求初步筛选（如贷款、办卡需求排查），到中期需求（如贷后管理），再到后端催收等环节，智能客服均可以介入。智能客服是一个用语音或文字同客户进行对话交流的计算机系统，也常称为"对话机器人"。由于人工智能可以代替人工完成那些烦琐、重复性工作，并为客户提供更为周到、耐心、高效的服务，在降低成本的同时，提升客户体验。因此，由智能客服来部分替代大量人工客服的工作正在成为趋势。

辅助人工客服，帮助人工客服更加科学地服务顾客，帮助客服管理层更高效地管理客服团队，是智能客服关键价值所在。智能客服当前应用主要限于前台服务，其他中后端应用尚在探索之中。传统客服操作烦琐，问题解决周期长，而智能客服更高效，客户体验更好。传统客服与智能客服的比较如图5-9所示。

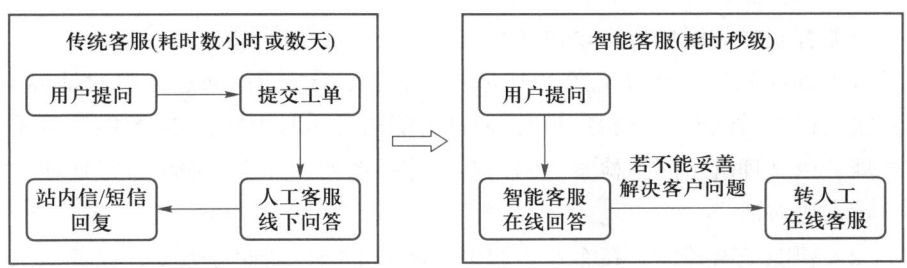

图 5-9 传统客服与智能客服的比较

智能客服可以回答客户普通问题。目前，智能客服系统主要是整合包括邮件、电话、微博、微信、网页、API接口、移动SDK（软件工具开发包）等渠道在内的服务渠道，并统一自动分配工单，同时留存客户信息，便于下次咨询时识别。

（二）智能客服的工作流程

智能客服通过网上在线客服、智能手机应用、即时通信等渠道，以知识库为核心，使用文本或语音等方式进行交互，能理解客户的意愿并为客户提供反馈服务。对话由人工客服处理还是对话机器人处理主要取决于对话的复杂程度与客户档案信息。

除了纯人工对话与全自动智能客服对话以外，人工客服与智能客服还可以协同工作。对于某些对话，智能客服可以在后台协助人工客服。其他一些情况则需要人工客服监控或审核由智能客服生成的响应。在图5-10的案例中，客户向智能客服咨询了抵押贷款相关信息，由认知技术支持的智能客服会在将对话转接给人工客服之前，收集与客户的财产状况有关的必要数据。在与客户谈话时，人工客服可以在没有了解客户背景信息的情况下，通过智能客服的后台帮助，顺利与客户进行对话。对话结束后，控制权回到智能客服手中，人工客服继续监控对话内容，以确保客户在整个进程中获得满意体验。

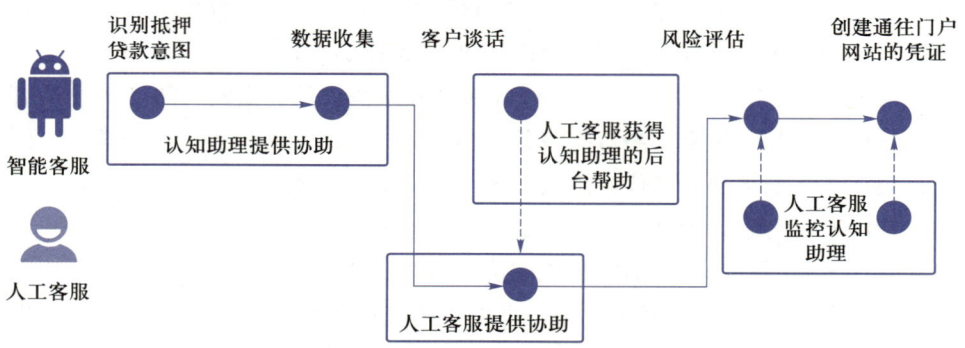

图5-10 人工客服与智能客服协同引导客户业务咨询

（三）智能客服的应用场景

智能客服的应用场景主要包括智能问答与智能坐席辅助。

（1）智能问答。智能问答的具体步骤包括：① 用户通过人机对话界面，语音输入；② 智能客服语音识别：通过智能语音实时识别；③ 智能客服通过预处理、语义理解、问答检索、问句匹配等一系列计算程序输出答案处理，完成一轮人机对话。

（2）智能坐席辅助。在企业客服中，新人上岗、新业务上线、业务知识众多、业务掌握不熟练等原因，会造成人工坐席无法及时准确回复客户问题，从而引起客户等待甚至问题不能得到准确答复等不良体验。智能客服可辅助人工坐席快速匹配客户问题，并给出统一、准确答复，保证良好的客户体验。例如，腾讯云的智能坐席辅助流程如图5-11所示。

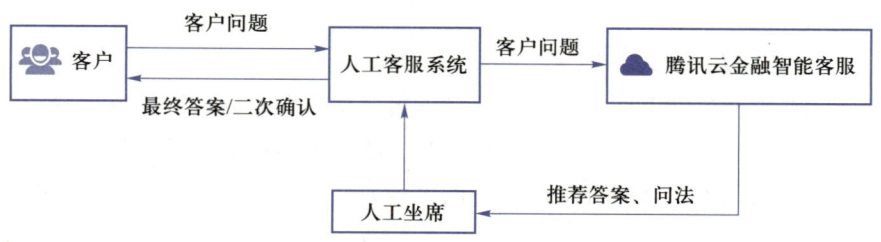

图5-11 腾讯云的智能坐席辅助流程

四、区块链技术助力银行商业模式创新

区块链技术在银行主要的应用场景除了数字支付,还有数字票据。在票据市场中,基于区块链技术实现的数字票据能够成为一种更安全、更智能、更便捷的票据形态,减少人工操作,实现票据价值传递的去中介化,降低成本及操作风险。

数字票据主要具有以下优势:一是借助区块链实现的点对点交易,能够替代票据中介的现有功能,实现票据价值转移的去中介化。二是能够有效防范票据市场风险。基于区块链的信息不可篡改性,票据一旦交易完成,将不会存在赖账现象,有效防范票据市场风险。三是系统的搭建、维护及数据存储可以大大降低系统开发运营及监管审计成本。

随着区块链技术的不断成熟,以区块链为基础构建的数字票据已经具备发展条件。2017年初,中国人民银行推动的基于区块链的数字票据交易平台测试成功,标志区块链数字票据进入实现阶段。

知识自测

1. 单选题

(1)银行提供的各类担保属于银行的(　　)业务。

　　A.资产业务　　B.中间业务　　C.负债业务　　D.其他

(2)金融科技通过打造(　　),实现信贷流程的低成本管理,在客户营销环节,制定个性化营销解决方案,推出符合各类群体需求和风险偏好的信贷产品。

　　A.区块链平台　　B.大数据平台　　C.AI平台　　D.以上都不是

(3)(　　)可以帮助金融机构进行反欺诈以及降低信用风险。

　　A.区块链技术　　　　　　B.大数据技术

　　C.物联网　　　　　　　　D.人工智能技术

(4)个人用户画像是以人口统计学特征为基础,将(　　)数字化。

　　A.个人购买记录　　　　　B.个人行为特征

　　C.个人偏好　　　　　　　D.消费记录

2. 多选题

(1)区块链技术的出现,实现了供应链金融中交易信息的透明化,解决了(　　)的问题。

　　A.风险控制　　　　　　　B.信息不对称

　　C.银行授信对象局限　　　D.信用历史不透明

(2)银行损失控制的方法主要有(　　)。

　　A.风险准备　　B.分散风险　　C.风险消缩　　D.自留风险

（3）消费信贷从业机构在贷前进行风控时，主要依赖（　　）技术手段。
　　　A. 构建评分模型，预防信用风险　　B. 分散风险
　　　C. 风险消缩　　　　　　　　　　　D. 挖掘欺诈规则，预防欺诈风险

3. 简答题
（1）请简述银行金融科技发展现状。
（2）请简述金融科技引发的银行发展困境。
（3）银行商业模式创新包含那些方面，请简要叙述。

Chapter 06

第六章
金融科技与证券业

- 金融科技与证券自营业务
- 金融科技与证券财富管理业务
- 金融科技与证券投行业务

学习目标

素养目标
- 帮助学生了解我国证券领域金融科技的相关政策
- 引导学生要牢固树立法治观念,提高保护金融消费者权益的意识
- 教育引导学生形成责任意识,提高金融伦理道德水平

知识目标
- 了解金融科技在证券业的发展历程
- 掌握证券自营业务、证券财富管理业务、证券投行业务的金融科技发展
- 熟悉金融科技在证券自营业务、证券财富管理业务、证券投行业务的应用

技能目标
- 能够结合金融科技在证券业的发展情况分析当前发展存在的问题
- 能够识别将金融科技应用于证券业各种业务发展的不同之处

思维导图

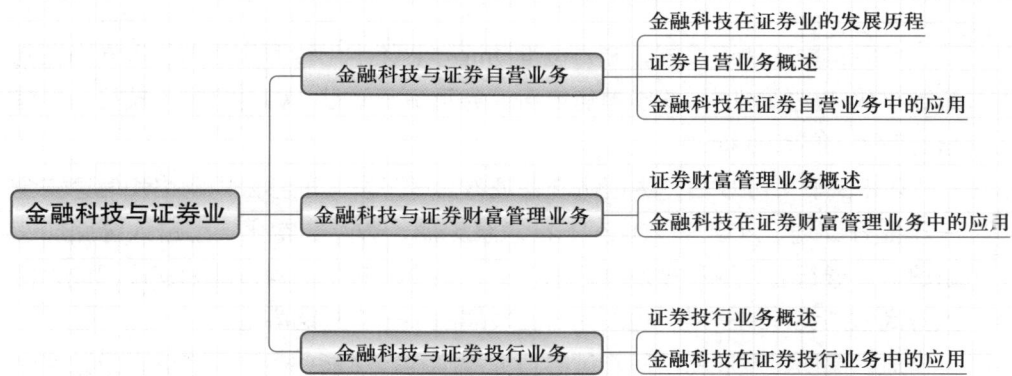

章前引例

科技赋能证券业数字化转型

金融科技的快速发展,全方位推动证券业数字化转型。业内各家券商在制定数字化转型规划时,纷纷聚焦自身业务及资源禀赋,融合金融科技打造具有核心竞争力的商业模式。

2023年1月6日,中证协向各证券公司下发《证券公司网络和信息安全三年提升计划(2023—2025)》征求意见稿,券商数字化转型进入全面加速阶段。证券行业金融科技发展日渐提速,数字化转型与科技能力建设已成为各大券商激烈竞逐的赛道,也成为行业发展的下一个战略高地。

进入高质量发展新阶段,证券行业面临科技赋能业务深层次变革及数字化转型发展全面铺开的新时期。数字化从局部、孤立的单一领域投入逐渐向平台化、生态化延伸,意味着科技将可为券商各项业务领域赋能。

人工智能、大数据、区块链、云计算等技术发展正在推动证券行业加速完成全面数字化转型,证券业务向数字化、智能化、敏捷化和生态化持续发展。

证券行业金融科技发展日渐提速,投入力度也不断加大。不过,在数字化转型过程中,其业务痛点及瓶颈仍需关注。例如,国内证券业数字化转型的人才基础明显不足,亟须"跟上"。另外,开展数字化转型的初心是推进业务变革,应避免盲目比拼信息技术支出,谨防陷入技术投入陷阱。

> **分析**:证券科技投入不断加码,数字化转型全面加速。在证券业从科技赋能业务深层次变革及数字化转型全面铺开的关键时期,业内科技人才相对缺乏。除了人的因素,目前证券行业的数字化转型还面临着业技融合、跨部门协同问题。

第一节 金融科技与证券自营业务

证券公司的业务主要分为重资产业务和轻资产业务。重资产业务主要是指证券自营业务,轻资产业务包括涵盖经纪业务和资产管理业务的财富管理业务以及投资银行业务。当前,相比银行业、保险业,证券业的科技化程度、科技渗透率还较低,但空间更为广阔,证券业迫切需要从战略高度促进现代金融科技与证券业的高度融合及深度叠加,加大科技投入力度,助力证券业高质量发展。

金融科技与证券业的有机融合有利于证券业的经纪业务、投行业务、资产管理业务及其他业务的变革，开创智能化、一体化的证券业新业态。

一、金融科技在证券业的发展历程

（一）国外发展进程

国外金融科技在证券业发展演进路线大致有以下三个阶段。

1. 交易电子化阶段（20世纪90年代以前）

受益于计算机和通信技术的发展，该阶段交易电子化的普及逐步代替了传统的开放式人工喊价交易模式。1971年2月8日，纳斯达克证券市场成立，这是全球第一家自动报价证券市场。1978年，美国跨市场交易系统正式投入运营，将纽约证券交易所、波士顿交易所等多个市场连接在一起。

2. 互联网金融阶段（1990—2008年）

20世纪90年代中后期，互联网技术的高速发展使得互联网经纪业务的开展成为现实，互联网证券公司陆续出现。1992年，第一家互联网经纪商E-Trade成立，网络证券公司逐渐替代了以电话、柜台驱动的传统证券公司模式。在这一阶段，金融行业在网络借贷、电子支付、金融大数据、互联网门户等多个创新领域均有较大突破。

3. 金融科技阶段（2009年至今）

在该阶段，金融与科技的融合发展进一步深化。美国的Future Advisor、Wealthfront、Betterment等公司开创了智能投顾产品的先河，即通过优化程序为客户"量体裁衣"，设计组合配置策略。2015年12月30日，纳斯达克首次使用区块链技术来完成和记录私人证券交易，该交易是区块链技术应用领域的一大进步。

（二）我国发展进程

我国证券业30多年的发展历程也是不断运用科技改革创新的过程。目前，我国各证券公司正紧跟时代步伐，加大对包括信息技术研发和人才储备等金融科技的投入，将金融科技纳入核心竞争力和战略重点布局，积极寻找发展突破点、特色优势项目及差异化发展路径，推动业务转型升级，创新管理模式，提高经营效率，实现金融科技弯道超车。我国金融科技在证券业的发展具体可以分为以下三个阶段。

1. 电子化证券阶段（20世纪90年代初期）

我国证券业在传统金融领域的出现时间较晚，20世纪80年代以银行证券部、信托投资公司的形式出现。随着计算机技术进入大发展阶段，证券交易进入电子化（无纸化）阶段。20世纪90年代，上海证券交易所和深圳证券交易

拓展阅读：中国证券登记结算有限责任公司证券账户非现场开户实施暂行办法

所均建立了无纸化电子撮合竞价交易平台。投资者主要通过电台、卫星数据传输等方式获取资讯行情，委托方式主要有电话、传真委托等。在这个阶段，具有更快的行情传输、信息接入、订单执行效率及更加稳定的交易系统等方面信息技术优势的证券公司能够获得更大的市场发展空间。然而，这一阶段也面临着信息不对称和委托指令滞后问题：普通投资者因难以实时获取信息而处于信息劣势，往往要承担远高于场内专家和交易商的交易成本及风险。

2. 互联网证券阶段（2000—2014 年）

随着互联网技术的发展和《网上证券委托暂行管理办法》《证券公司开立客户账户规范》《关于促进互联网金融健康发展的指导意见》等一系列政策文件的出台，一场证券业务的商业变革悄然来临，促使互联网技术与证券业加速融合。2000 年 3 月 30 日，中国证监会颁布《网上证券委托暂行管理办法》，部分证券公司开始尝试建设网上交易系统；2008 年，网上交易已成为市场投资者主要委托方式，占整个市场交易的 65% 以上；2013 年 3 月 25 日，中国证券登记有限公司发布了《证券账户非现场开户实施暂行办法》，允许实行见证开户、网上开户等非现场开户形式，放开了"现场开户"限制，网上开户业务得到监管部门认可并有多家证券公司全面实施。证券公司在销售理财产品、提供业务咨询以及资产管理等方面，迈出了与互联网的合作步伐。

这一阶段催生出 Web 方式、WAP 方式等新的网上交易证券业务模式及网络视频见证，网上开户、单向视频、人脸识别、活体检测等新型的非现场客户开立账户模式。证券公司用互联网技术升级传统金融服务渠道，纷纷成立专门的互联网金融部、互联网商务部，专职开展互联网证券业务，逐渐使互联网证券业务由最初的创新业务转变成常规业务。与此同时，互联网公司、网络媒体等证券服务机构利用互联网技术免费、便利的优点，公开地为投资者提供所需信息，投资者自行通过网络搜索证券相关信息并在不需要经纪人中介服务的情况下作出交易决策，这使得证券交易的灵活性得到极大提升，中小投资者大量涌现，市场结构发生改变。在这一阶段，证券行业依托互联网渠道红利优势，业务空间得到拓展、服务效率实现提升，运营成本大幅降低，带来了行业发展模式的较大变革。互联网交易安全问题是这一阶段面临的主要难题：互联网传输错误、计算机病毒、黑客侵入、硬件设备故障、身份被仿冒等原因都有可能使交易指令出现中断、停顿、延迟、数据错误等，出现投资者不能及时进行委托、发生错误交易、违背投资者意愿委托等情况，投资者无法获得收益的同时还可能形成较大的损失。

3. 新科技证券阶段（2015 年至今）

基于互联网的模式创新越来越难以满足日益广泛、复杂和个性化的金融需求。在这一阶段，证券业技术应用持续深化，业务融合度不断提升。大数据、人工智能、区块链、云计算、5G技术等新技术伴随着互联网金融的深度发展不断涌现并与金融产生有机融合催生了金融科技这一新业态，证券市场进入新科技证券阶段。这一阶段的显著特点就是金融科技飞速融入证券业的各个领域。金融科技在证券公司的营销、客服等前端业务中的应用不断深化和拓展，证券公司能够更好地洞察客户并推出新产品，满足客户的个性化需求；同时，金融科技开始向证券公司的智慧运营、管理决策、风控合规等中后端延伸，证券公司通过金融科技驱动管理模式的优化及重构。如中泰证券近几年积极借力金融科技赋能，实现业务与科技融合发展，成为公司打造现代化投资银行的重要战略支柱，对公司高质量发展形成强大支撑；公司自主研发并打造了一系列具有领先优势的金融科技产品，包括拓展高净值客户的XTP极速交易系统、极大提升业务办理效率的集中运营系统、提高内部工作效率的蜂巢办公系统、基于机器学习的场外配资智能检测系统、节省大量客服成本的智能客服系统等。

金融科技知信行

中国证券业协会大力推进证券科技领域团体标准化工作

中国证券业协会（简称中证协）作为证券业自律性组织、非营利性社会团体，一直重视并积极参与行业的标准化工作。在行业标准方面，中证协牵头起草了信息交换专业领域《资本市场场外产品信息数据接口》和《证券期货业场外市场交易系统接口》等四项行业标准。上述标准的发布，有效地促进了场外市场数据在行业相关机构、监管部门、行业自律组织之间的高效流通，提升了场外市场数据互联互通的对接效率，有利于实现场外市场的统一监测监控。目前，《证券期货业场外市场交易系统接口》等三项行业标准已申报向国家标准转换。在企业标准方面，中证协积极开展金融信息服务领域的企业标准评估工作，鼓励行业机构积极参与企业标准"领跑者"申报并主动公开企业标准，提升优质金融产品和服务供给能力，充分发挥领跑者标杆作用。

做好标准化工作是推进证券行业科技进步，规范经营活动，促进互通协作，提升管理水平的重要一环。中证协于2022年3月份发布实施了《中国证券业协会团体标准工作规范（试行）》，引导和规范证券行业开展团体标准化工作，鼓励市场主体在标准化资源配置中发挥关键作用，为建设、完善行业多层次标准体系奠定了制度基础。

中证协吸收借鉴相关方面的先进技术经验和成果，培育形成团体标准和行业标准，大力推动标准化与科技创新互动发展。这一做法，会更好地助力科技监管，服务业务创新，积极支持证券行业高质量发展。

（三）金融科技在证券业发展现状

近年来，中国资本市场的金融科技已从原来的保障支撑的定位，一跃成为业务核心竞争力的重要组成部分，证券业务发展和金融科技之间双向赋能的特征日益显著，不断地改变着传统证券服务与运营模式。应该说，正是由于市场竞争的核心要素发生了深刻变化，竞争方式、服务方式也随之改变，这就要求证券机构利用丰富的应用场景，通过技术与业务的深度融合，充分挖掘数据资产价值，实现服务方式的创新和提升。证券业在金融科技的新技术应用、机制创新方面进行持续突破。

1. 新技术应用方面

证券行业积极在云原生[①]、5G+金融应用、人工智能等技术领域落地金融科技应用，主要表现为：一是云原生技术蓬勃发展。现在服务类、管理类应用系统已从传统集中式应用逐步过渡到以微服务方式进行云化部署、分布式运行。部分应用结合行业云平台可以更高效运行，比如申万宏源证券"基于'云链一体'的跨境收益互换全流程数字化平台"项目入选了资本市场金融科技创新试点，该项目就是由上证云和中证云的行业云平台联合实施的。二是金融中台建设初具规模，呈现自动化和智能化趋势。金融中台针对数据分散、信息无法分享、系统建设重复、数据孤岛等问题，将数据资产化，将业务标准化、模块化，以实现不同体系数据的打通，从而更好地夯实底层应用基础。三是5G应用提速，新基建带来金融业转型新机遇。"5G+金融"升级了金融服务的用户体验，提升了获客能力，带来了金融服务业务的突破式创新，开拓业务服务新领域。四是人工智能技术融合演进，智能化底层技术的积累与突破，推动金融业务智能化。新一轮人工智能，更多是基于标签的海量数据进行机器学习和训练，包括证券行业在内的金融机构有大量从业务和管理中产生的数据，可以通过它来训练，使业务系统能够提供预测、判断和建议。

2. 机制创新方面

证券行业已经落地了敏捷的组织架构，开始了数字化转型之路。各证券公司内部组建基于业务技术深度融合的敏捷研发团队。通过组织架构的改革，搭建技术与业务共同作战团队等方式，研发团队服务于各条业务线，快速挖掘可以利用科技进行优化和创新的突破点，在满足客户需求、灵活响应市场变化的同时，也有利于抢占市场份额。

---

① 云原生是在云计算环境中构建、部署和管理现代应用程序的软件方法。

教学活动设计

教师活动情景：

1. 将班级学生划分为若干小组，并指定组长，组长负责对任务分解和责任落实。

2. 请学生登录不同证券公司网站或下载证券公司 App，了解证券公司在金融科技方面的投入程度，并挑选 2 家证券公司进行对比分析。

学生活动情景：

1. 登录不同证券公司网站或下载证券公司 App 查询资料。

2. 以 PPT 的形式进行课堂展示。

活动要点：能够充分掌握我国证券公司的金融科技投入情况。

二、证券自营业务概述

证券自营业务是指证券公司用自己可以支配的资金，通过证券市场从事以营利为目的的证券买卖行为。证券自营活动有利于活跃证券市场，维护交易的持续性，但由于证券市场的高收益性和高风险性，证券公司的自营业务具有一定的投机性，业务风险比较大。证券自营业务是以自有资金在二级市场上通过买卖有价证券并使用股指期货进行套期保值，风险和收益由自身承担并以此获取盈利的行为，是证券公司获得收入的重要来源。证券公司自营业务规模主要由自有资金规模和投资决策决定。

发展 FICC（Fixed Income、Currency、Commodities）业务，即固定收益、外汇、大宗商品及其衍生品业务，可能是我国未来证券自营业务转型的主要方向，其中衍生品业务为主要方向。衍生品投资收入的高低主要在于公司的量化工具和策略。国内金融衍生品处于发展初期，交易品种少，场内衍生品规模远大于场外衍生品规模。我国场外衍生品市场可分为权益类衍生品和 FICC 类衍生品，以 FICC 类衍生品为主，权益类衍生品发展迅速。

三、金融科技在证券自营业务中的应用

（一）主要应用场景

金融科技在证券自营业务中的主要应用场景集中在自营投资业务领域和固定收益业务领域。

1. 自营投资业务领域

金融科技在证券公司自营投资领域的应用场景主要集中在策略投研、高性能交易、风险管理方面。在策略投研方面，部分证券公司利用大数据、机器学

习（深度学习）、GPU（图形处理器）硬件加速等技术建设量化投研平台，支持高频量化策略的研发及回测、多租户管理，满足自营投资及其他业务线策略投研需要。在高性能交易方面，部分证券公司打造支持多投资品种的分布式策略交易平台，采用异步通信、内存交易等技术缩短处理延时。在风险管理方面，部分证券公司基于大数据构建投资数据集市，以便更高效地支持投资风险管理和投资决策，利用大数据、企业图谱和舆情预警，帮助投资研究并对投资标的进行智能风险监测。

> **教学活动设计**
>
> 教师活动情景：
> 1. 将班级学生划分为若干小组，并指定组长，组长负责对任务分解和责任落实。
> 2. 请学生查询资料，阐述任意一家证券公司在自营业务风险管理方面做出的努力及其防范措施。
>
> 学生活动情景：
> 1. 查询资料。
> 2. 以 PPT 的形式进行课堂展示。
>
> 活动要点：能够充分掌握券商自营业务风险管理情况。

2. 固定收益业务领域

金融科技在证券公司固定收益业务领域的应用场景与在自营投资领域的应用场景大概一致，主要集中在策略投研、高性能交易、风险管理这三个方面。部分证券公司大力布局 FICC（固定收益、外汇及大宗商品及其衍生品业务），对接现货、期货、银行间等交易市场，整合多渠道产品行情资讯，推出整合多品种的策略与交易平台，支持固定收益产品做市，采用分布式架构以利于性能扩展和新产品支持，并采用延时技术对交易时间进行缩短处理（诸如：异步通信、内存交易、无锁队列等技术）。通过大数据、机器学习等技术实现策略研发和回测，并且利用大数据、智能舆情等技术手段进行预警，同时辅助投资决策并对投资决策过程进行智能风险实时监测。

（二）典型应用案例

中泰证券股份有限公司（简称"中泰证券"）是全国大型综合类券商。近年来，中泰证券不断加大金融科技的资金和人才投入力度，有效推动金融科技在公司应用落地，在决策管理、风险控制、智能投顾等方面均已取得了一定成效。目前，中泰证券借助金融科技形成了面向普通投资者的零售业务系统（中泰齐富通、集中运营、集中交易)、面向机构投资者的业务支持系统(托管、XTP 系统、自营、投行)以及面向内部员工服务的办公系统(掌 e 通、移动办公、蜂巢)三大业务研发方向,覆盖公司所有业务及管理部门,全面助力各项业务发展。

值得注意的是,中泰证券自主研发的 XTP 极速交易系统聚集了行业大量的量化私募机构,成为量化领域领先品牌。XTP 极速交易系统为公司年收入增长带来较大推动,并带动了公司融资融券、财富管理、产品销售、托管外包等业务的发展。

XTP 极速交易系统凭借高并发、低延时、优秀的交易体验等特点,已经成为国内领先的量化交易平台。一方面,XTP 系统聚集了大量的量化私募,许多私募成立之初就在 XTP 系统上交易;另一方面,XTP 系统的技术门槛在一定程度上过滤了伪量化私募。对于投资方来说,XTP 系统聚集了大量高安全性、低风险性的优秀私募,XTP 系统增长模式如图 6-1 所示。

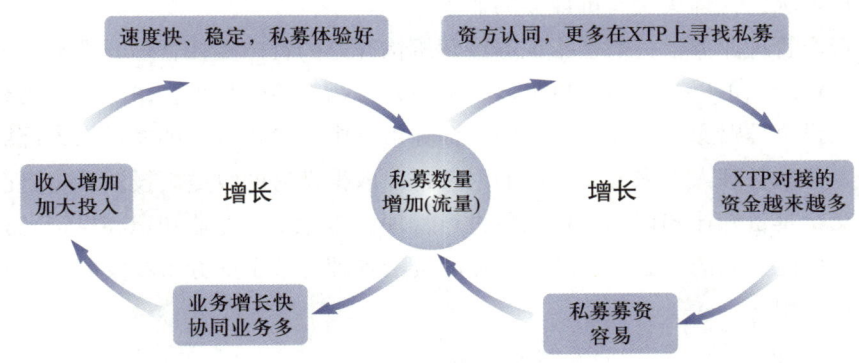

图 6-1 XTP 系统增长模式

同时,中泰证券基于内外部数据,结合多种人工智能技术,有效增强了全面风险防控能力。中泰证券自主研发的异常交易监测系统,能够对客户的异常交易行为进行实时监测,极大地提升了风险识别、管控效率,受到证监会通报表扬并在行业内推广,并被公安部经侦局纳入"证券犯罪监察模型";基于大数据及知识图谱等人工智能技术,构建了包括风险管理领导驾驶舱、智能风险预警系统、内部评级系统等在内的智能风控系统体系;以集团风控指标并表管理为契机,通过建立母子公司并表管理系统,加强集团一体化管控,实现对子公司风险数据覆盖及看穿式管理,有效提升了集团整体风险管控水平。

中泰证券始终坚持服务实体经济发展、服务投融资客户需要的基本原则,努力实现由"信息技术推动业务发展"向"金融科技引领业务发展"转变,成为专业化的综合型金融服务商,在客户服务、渠道拓展、产品研发、投融资模式、托管结算、运营管理及风险控制等方面实现转型升级,推进公司各项业务与金融科技深度融合发展。

第二节　金融科技与证券财富管理业务

一、证券财富管理业务概述

（一）证券财富管理业务的内涵

证券财富管理业务是指证券公司以客户为中心，根据客户的个性化需求，给客户提供专业全面的财务规划和资产配置的服务，从而达到客户资产增值和保值的效果。

证券财富管理业务包括经纪业务和资产管理业务。

经纪业务作为证券行业最基础的业务之一，是指证券公司通过其设立的证券营业部、证券营业部下属的证券服务部、网站等服务渠道接受客户委托，按照客户要求，代理买卖有价证券的业务。

资产管理业务，一般是指证券经营机构开办的资产委托管理，即委托人将自己的资产，可以是现金，也可以是其他等价物交给受托人、由受托人为委托人提供投资理财服务。在较为成熟的证券市场中，投资者，即委托人大都愿意委托专业的管理人士来筹划自己的财产，以取得良好的收益。投资者将自己的资金交给具备专业知识的投资人员进行管理，避免了因专业知识和投资经验的缺陷而可能引起的不必要风险，专业的资产管理对整个证券市场发展也有一定的稳定作用。

（二）证券财富管理业务的类型

1. 经纪业务的类型

仅具有接受客户委托按客户指令代理客户买卖证券的通道职能的经纪业务，已不足以满足发展需求。随着机构投资的发展，机构交易席位租赁费和交易佣金收入逐渐成为重要经纪业务收入来源。在满足客户投资多元化产品需要的背景下又产生了通过代理销售金融产品而获得相应收入的代销业务。

分项具体看，中国证券业协会将经纪业务收入统计口径合并为代理买卖证券业务收入（含交易单元席位租赁）、交易单元席位租赁收入、代理销售金融产品收入。在这三个部分里，代理交易和席位租赁可简单合并理解为通道业务收入，也是经纪业务收入的主要部分。中介通道业务收费可用"交易佣金"形容，在客户证券交易中涉及的印花税、交易所规费、登记公司过户费等。其中，仅有"佣金"归于证券公司收入，其他在交易过程中产生，但与证券公司自身收入无关。

代销金融产品收入主要是在公募基金行业发展之后，证券公司拿到代销资格后以代销基金为主的金融产品销售收入。此业务往往也与机构席位租赁及佣金收入有紧密关联。一般而言，证券公司通过销售能力吸引其他机构租用本公司交易席位以获得佣金收入，通过代销基金产品等获得销售提成。过去多年，证券公司代销金融产品中的多数公募基金产品，对客户的持续吸引力不足，代销业务压力不小，代销业务收入难以快速增长。此外，银行等机构通过自身的产品销售渠道优势，对证券公司代销业务构成压力。

> **思考与实践**
> 学生可通过中国证券业协会官网查询近五年中国证券公司收入结构，了解经纪业务的具体占比变化情况。

2. 资产管理业务的类型

证券公司资产管理业务按业务模式分类是最常见的分类方式，主要分为以下三种，如表 6-1 所示。

表 6-1 证券公司资产管理业务分类

类别	单一/定向资产管理	集合资产管理	专项资产管理
审批形式	备案制	备案制	审批制
投资门槛	单个客户资产净值不得低于人民币 100 万元	募集资金规模 50 亿元以下；单个客户资产净值不低于 100 万元	单笔认购不少于 100 万元人民币发行面值或等值份额，机构投资者
产品类型	银行间市场类、票据类、特定收益权类等	权益类、固定收益类、商品及金融衍生品类和混合类	资产证券化或创新型
份额转让	不能转让	可以转让	不能转让
投资者数量	单一合格投资者	不得少于 2 人且不超过 200 人	人数在 200 人以下，可以是单一或多个投资者
期限	期限较短，以合同约定为准	集中于 1~3 年、5 年或 10 年	不固定

（1）单一/定向资产管理业务。定向资产管理业务即证券公司为单一客户办理的业务，应当与客户签订定向资产管理合同，通过专门账户为客户提供资产管理服务。在 2018 年由中国人民银行、中国银行保险监督管理委员会、中国证券监督管理委员会、国家外汇管理局联合印发的《关于规范金融机构资产管理业务的指导意见》颁布之前，定向资产管理业务主要是充当银证合作的通道，即资产管理计划的委托人向管理人出具投资指令，并在投资指令中明确

具体的投资标的和投资金额，管理人按照资产管理计划合同及投资指令约定被动管理客户资产的业务。此类业务的主要功能是资金通过定向资产管理投向债权资产，其他机构将资金委托券商机构成立定向资产管理计划，投资于债权资产，以到期实现投资收益，该业务模式能够帮助不具有投资资格的主体进行相应的债权投资，且由出资人进行投后跟踪管理，管理人仅提供金融工具，不进行实际的调研管理。此指导意见颁布之后，证监会发布《证券期货经营机构私募资产管理业务管理办法》及《证券期货经营机构私募资产管理计划运作管理规定》作为资产管理细则进行补充，定向资产管理业务又称为单一资产管理业务，并且禁止了直接执行由委托人出具投资指令的通道业务。

（2）集合资产管理业务。集合资产管理业务是指证券公司设立集合资产管理计划，与客户签订集合资产管理合同，将客户资产交由具有客户交易结算资金法人存管业务资格的商业银行或者中国证监会认可的其他机构进行托管，通过专门账户为客户提供资产管理服务。集合资产管理计划是随着金融业向纵深发展，银行与非银行金融机构混业创新的产物，其主要特点是积聚散户的资金汇成一大笔资金投向指定的金融产品，如股票、债券、基金等。集合资产管理计划按照人数和最低参与金额又分为大集合和小集合，小集合上限200人，大集合无人数上限。根据投资类型又分为限定性和非限定性，限定性主要指货币和债券型产品，非限定性主要为混合类和权益类产品。2013年施行的《中华人民共和国证券投资基金法》，以投资者人数为界定标准，对公开募集和非公开募集产品做了区别定义，投资人超过200人的大集合产品被定性为公募基金。从此，大集合业务成为公募基金的历史遗留现象，在证券公司的资产管理业务所占比例越来越小，虽然存续的大集合业务不会因为基金法的规定而马上停止，但需要按照证监会的新规定进行规范整改，证券公司的资产管理业务在取得公募基金牌照前不得再新发行大集合产品。

（3）专项资产管理业务。专项资产管理计划是投资人独立出资交由资产管理人来单独管理从而获取收益的方案。专项资产管理计划常常用于大型项目的专项融资，例如基建、市政、工程、大型企业专项融资等。专项资产管理计划是证券公司资产管理业务发展中的一项创新。其特点是：投资标的具有特定性、综合性，既可以面向多个客户，也可以是单一客户，并且通过专门账户经营运作。专项资产管理计划占到证券公司的管理总规模的比例较小，但在《关于规范金融机构资产管理业务的指导意见》及资产管理细则发布后，资产证券化这一利用专项资产管理计划载体的特殊业务获得了较大的发展空间，成为证券公司资产管理业务的新兴增长点。根据证监会的规定，专项资产管理计划特指投资于未通过证券交易所转让的股权、债权及其他财产权利和中国证监会认可的其他资产的特定客户资产管理计划。未通过证券交易所转让的股权、债权及其他财产权利的表述十分宽泛,使专项资产管理计划的投资范围覆盖了几乎所有的融资方式,可以做到从实体经济需要出发,集合社会资本,投资实体资产,服务实体经济。中国证监会认可的其他资产则为未来的发展提供了空间,实物商品、房地产等一旦得到证监会的许可,即可纳入投资范围。

> **思考与实践**
>
> 学生登录国信证券官网,查询具体资产管理产品,同时再任意登录一家证券公司查询资产管理产品,并与其进行对比。

二、金融科技在证券财富管理业务中的应用

金融科技在证券财富管理业务中的应用主要包括在证券经纪业务中的应用与在证券资产管理业务中的应用。

（一）金融科技在证券经纪业务中的应用

1. 主要应用场景

证券经纪业务是金融科技在证券行业最主要的应用领域,相对集中在以下四个方面。

一是利用金融科技,进行客户资料规范类、交易权限开通类、账户开立类、三方存管办理类等非现场业务的受理审核,提高业务办理效率。手机客户端是非现场业务办理的主要渠道,该渠道运用 AI 技术,自主打造了场景化、伴随式的智能在线客服,有效节约了人力资源。利用基于人工智能技术的人脸识别、语音识别、声纹识别、OCR（Optical Character Recognition,光学字符识别）等较为成熟的金融科技解决方案,进一步辅助业务在开户认证核实、智能客服、柜面业务受理等场景缩减业务办理耗时、优化业务办理留存,提升客户满意度,降低业务运营总体成本。

二是利用金融科技,开展面向投资者的智能化身份识别和风险提醒。结合投资者全面评估指标体系,多维度评估投资者承受风险的意愿和能力,并通过投资者风险等级与产品风险等级匹配情况的动态更新,实现事前评估、事中提示、事后监测,进而做好投资者教育和适当性管理工作。

三是利用金融科技,开展智能化的产品与服务推荐。通过客户特征与产品特征的匹配,实现精准推送和服务。以金融产品销售为例,在售前环节精准识别出投资者的真实风险等级以及其与目标产品或服务的匹配程度,对错误的搭配进行屏蔽。在售中和售后环节,根据投资者的关注和持仓列表,推送相应的产品细节、风险提示信息,实现千人千面的智能化内容推荐,并辅之以全流程的风险跟踪。

四是利用金融科技，推动营业部向智慧网点转型。部分证券公司将智慧网点转型定位于利用金融科技推动经纪业务向以客户为中心、线下与线上业务优势相结合的新零售转型发展战略。通过智慧网点项目对分支机构业务流程和服务模式进行再造，提升风险管控与精细化管理水平；通过互联网为客户提供更便捷、高效的服务终端，提升客户黏性；通过为员工提供更全面的客户链接与服务工具，整合业务资源，打破客户服务的时空界限，提升服务能力。

近年来，证券公司经纪业务领域的金融科技投入力度持续加强。其中，大多数证券公司在利用金融科技开展非现场业务办理和投资者教育方面，已经取得良好成效，降低了经纪业务的运营成本；部分证券公司在利用金融科技开展智能化的产品与服务推荐方面，积累了一定经验；少数证券公司开始在智慧网点建设方面探索布局，但是产出效果暂难以精准评估；也有证券公司认为智慧网点的作用有待研究。整体而言，经纪业务领域的金融科技应用场景仍需不断丰富，其应用重心也需由基础性的非现场业务办理向更高阶的智能化交易服务迈进，着力提升金融科技对经纪业务差异化发展和财富管理的赋能效果，推动经纪业务在降低成本的基础上加速实现提质增效。

2. 典型应用案例

国信证券积极顺应时代大势，在深入分析了新形势下经纪业务运营所面临的挑战的基础上，广泛运用行业领先的金融科技手段，构建国信证券经纪业务智慧化运营平台，重构与再造经纪业务流程，打造了一套实时化、自动化、数字化、智能化、一体化、专业化的全链条智慧运营体系，达到了降本增效的目标，增强了公司的竞争优势，也为公司整体的数字化转型奠定了基础。

（1）打造智慧化运营平台，实现精细化运营模式。

① 系统总体架构。终端服务：提供多渠道、多场景的业务受理与服务终端，支持线上、线下一体化终端服务，包括现场受理终端、移动受理终端、VTM 终端等。中台服务：运用中台思维、共享服务理念，提供统一的运营服务支撑，包括核心的业务调度服务和流程引擎服务，以及统一运营服务、统一智能审核服务、运营数据服务、影像档案管理服务等。后台关联系统：包括所有经纪业务相关联的后台核心系统与公司内部管理系统，由中台服务实现统一的无缝对接，实现跨业务平台的业务及产品流程服务。以及对于公司整体运营业务管理、系统运维管理、系统权限管理的集中化、统一化管理，如图 6-2 所示。② 系统设计理念。运用行业领先的金融科技手段，重构与再造业务流程，打造一套实时化、自动化、数字化、智能化、一体化、专业化的全链条智慧运营体系，实现精细化运营模式。

第一，运营智能化。在业务运营全流程中，深入广泛应用金融科技，实现智慧化运营。通过使用人脸识别、活体检测、智能语音、OCR 文字识别、

VTM（Virtual Teller Machine，远程智能柜员机）终端等新技术，提高业务运营的智慧化水平，提升客户与用户体验，降低差错率，降低运营成本，提高运营效率和风险防范能力。在客户服务方面，利用大数据分析、算法和人工智能技术，在客户画像、投资分析、客户服务、产品营销等领域充分使用金融科技手段优化业务流程和体验，重塑全新的智能化客户服务模式，有效增强客户黏性，为实现便捷化、人性化、专业化的客户服务目标提供有力支撑和保障。

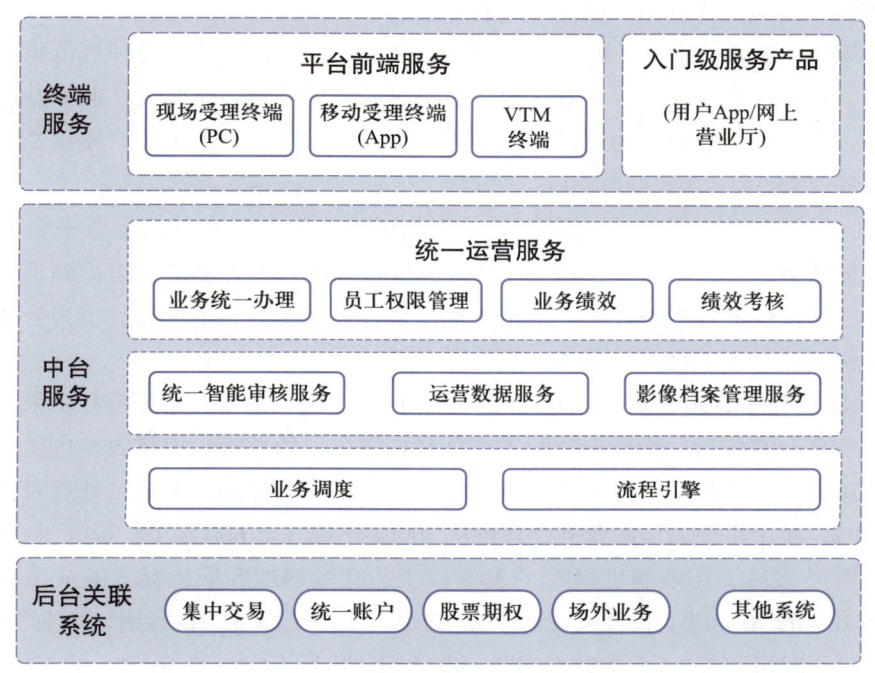

图 6-2　系统总体架构

第二，运营数字化。借助大数据技术，对海量的业务运营的生产系统数据进行集中化、实时化采集、存储、分析与计算，为运营管理人员多维度、多角度展现业务运营的整体情况，包括公司整体业务量、各分支的业务量、业务处理耗时情况分析、业务流程的顺畅度分析以及运营人员绩效情况分析等。通过智能分析，及时发现各类业务及管理流程中的薄弱环节或拥堵环节，及时采取有效防范措施或改进措施，保障业务运营的持续高效稳定。

第三，运营自动化。在业务运营管理中，通过使用 RPA（Robotic Process Automation，机器人流程自动化）技术，实现清算流程自动化，由软件机器人自动辅助完成清算流程，解放人力，规避操作风险。并通过可视化的作业管理和作业监控，实现对清算流程的全过程集中管理与监控，防范系统运行风险。从而达到显著提升用户体验和业务运营管理水平的目标。

第四，运营一体化。通过运营平台打通内部相关系统（OA、财务、人事等）实现全联结。统一运营管理入口，统一用户权限管理，打造运营平台、账户系统、交易系统等系统的统一运营管理终端，实现运营管理一体化，提高运营管理效率。

第五，运营实时化。在数字化和智能化的基础上，总部运营人员能够第一时间实时响应业务一线业务诉求，有效实现业务一线和总部运营管理的协同，实时化响应，提升一线团队的作战能力，降低差错率，使业务办理风险控制得以加强，提高运营效率，提升客户满意度。

第六，运营专业化。将业务受理和业务审核分离，使业务受理规范化、简约化，业务审核集中化、专业化，并将所有的风控环节固化嵌入在业务办理流程中，形成运营中台，为运营人员提供专业化的运营支持，为客户提供专业化的服务。

（2）智慧化运营平台实践成效。国信证券经纪业务智慧化运营平台上线后，显著提高了运营效率，提升了客户体验，业务风险控制能力也得到了显著加强，使国信证券经纪业务合规水平和运营效率同步得到了提高，也为公司的数字化转型打下了良好的基础。

① 经纪业务运营效率显著提升，大幅降低了运营成本。根据统计结果，智慧运营平台实施后，柜台人员的工作总时长减少了约50%。审核效率也得到了显著提升，以最复杂的网上开户审核为例，审核能力提升了50%，处理时长缩短35%，单个审核人员的业务处理量从200多笔提升至600多笔，提高了2倍。客户服务人员工作效率也提升了30%以上。在线智能客服机器人完成了在线服务需求的90%以上，每天可以完成30个人工的工作量，每秒请求数在35左右，每小时可回答12万个客户问题。电话回访机器人完成了10多人的工作量。

② VTM终端全网点推广，为公司智慧网点、无人网点建设打下坚实基础。目前，公司营业网点已全部部署了VTM终端，降低了运营成本，提升了客户体验，提升了公司的品牌形象，广受营业部好评。VTM业务占比目前已达营业部临柜业务量的70%以上，业务办理效率也较人工柜台有了显著提升。VTM的成功推广，为公司的智慧网点、无人网点建设作出了有益尝试。

③ 业务运营全流程的自动化水平显著提升，有效降低了操作风险。目前，在运用RPA技术实现了清算自动化之后，清算效率提升近一倍，同时节约了人力和成本，质量和风险控制水平也大幅提升，有效规避了操作风险。在解决了清算作业流程的自动化之后，又进一步梳理了公司业务运营的全链条，将公司日常业务运营、业务监控、流程执行等过程中的重复性、低含金量的人工操作，纳入RPA流程机器人统一自动化操作范围，提升运营全流程的自动化水平。

（二）金融科技在证券资产管理业务中的应用

1. 主要应用场景

证券公司资产管理业务主要是根据资产管理合同约定的方式、条件、要求及限制对客户资产进行经营运作，为客户提供证券及其他金融产品的投资管理服务的行为，这一业务领域正在被金融科技重塑。

（1）量化交易平台。量化交易本身在其数量化策略构建过程及决策过程中，都是可以被精确度量的，且量化交易策略在多次重复历史回溯测试的过程中均能得到一致性结果，是未来证券业重要的基础设施。证券经营机构量化交易平台需具有行情服务、投研分析、策略研发、策略交易、交易执行、风险管理、绩效统计等功能，且需具备可二次开发的功能，能为客户定制个性化的交易工具。如通联数据与华泰柏瑞基金达成战略合作，双方在包括量化投资平台、因子众筹模式等多方面展开深入合作，优矿以其海量金融大数据、专业的量化研究框架、丰富的量化案例、全面的策略类型支持，帮助华泰柏瑞极大地降低成本、提高投研效率、丰富投资维度。

（2）投研服务平台。未来的投研服务平台是包含金融预测投资推荐、决策辅助、投顾助手、组合管理等特色的智能投研，大数据、人工智能引入后，投研服务平台的投研服务能力会得到大幅提高，不仅对外提供咨询报告，对内也提供投研服务产品。如浙商基金建立了应用在权益投资及固定收益投资方面的智能投研平台和智能投资平台。

（3）基于区块链的资产证券化平台。针对资产证券化业务中信息不透明、难以验证、流程复杂等问题，证券公司探索并推出基于区块链的资产证券化平台，旨在连接资金端与资产端，实现资产证券化业务体系的信用穿透与项目运转全过程信息上链，从而使得整个业务过程更加规范化、透明化及标准化。

（4）云平台。云平台的最大优点是提供弹性资源池功能，证券公司可以按需使用，充分调配各种资源，实现云计算的高可用、资源动态均衡等优势，提高资源使用率，从而降低成本。针对云平台的使用，在满足监管与合规的前提下，部分证券公司和基金公司在行业核心机构承建的行业金融云平台上部署了相关系统，尤其新成立的公募基金公司相对较多。

（5）数据治理体系。数据治理体系是证券公司或资产管理子公司资产管理业务金融科技应用的重要场景。数据治理已经在资产管理业务日常运营中发挥重要作用。证券资产管理数据治理一般涵盖产品运作的产品设计、发行、运营、清算各个环节。按照数据治理的理念，设置标准化数据接口及流程，从而提升业务办理效率，解决"信息孤岛"问题，优化提高资产管理业务的运营效率。从整体上来看，资产管理公司的数据治理体系业务框架按层级可以划分为基础设施层、数据层、应用服务层，应用展示层及决策层、如图6-3所示。

图 6-3　资产管理公司的数据治理业务框架

在数据治理的基础上,利用人工智能等技术规划建设智能运营体系,可以实现自动化估值、智能化头寸预警及管理等,同时建立内外部数据标准,提高操作人员的工作效率,降低操作出错率。

(6) 智能投顾。由于传统投顾人员的覆盖率不足,证券业长尾客户无专人服务的现象长期存在,而利用智能投顾服务长尾客户将是一条可行之路。相对于传统的投资顾问,智能投顾具有门槛低、费用低廉、能满足个性化需求、免受情绪影响等明显优势,其运作流程通常如图 6-4 所示。目前,国内智能投顾的主要服务模式包括:① 根据客户的风险属性来确定股票、债券和货币的配置比例;② 根据市场舆情监测分析提供的主题投资策略;③ 充当股票交易型社交投资工具;④ 根据量化指标分析的量化投资策略;⑤ 针对海外成熟市场的全球资产配置。

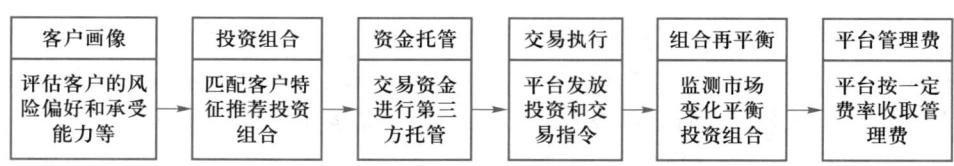

图 6-4　证券公司智能投顾运作流程

教学活动设计

教师活动情景:

1. 将班级学生划分为若干小组,并指定组长,组长负责对任务分解和责任落实。

2. 要求学生查阅资料,结合我国智能投顾现状,识别我国发展智能投顾行业存在的风险。

3. 要求学生通过收集有关智能投顾监管政策的资料,整理我国为了防范智能投顾风险颁布的相关政策的作用及采取的措施,并为我国进一步加强风险管控提出发展建议。

学生活动情景:

1. 查询资料。

2. 以 PPT 的形式进行课堂展示。

活动要点:能够充分掌握我国智能投顾情况。

2. 典型应用案例

通过将金融科技与资产管理业务深度融合,可以有效推动证券公司资产管理业务提速转型,助力证券公司获客、活客和留客。从实践来看,不同的证券公司由于自身资源禀赋的差异,各证券公司借助金融科技的资产管理业务转型也走向不同的路径,主要包括智能投顾、量化投资与智能投研三个方向。

(1)智能投顾。自 2019 年 10 月我国启动基金投顾业务试点至今,证券公司已推出自己的投顾品牌。目前,国内证券公司在基金投顾方面陆续获批试点资格,包括国泰君安、申万宏源、中金公司、中信建投、银河证券、华泰证券、中信证券、东方证券等 20 余家券商。例如,广发证券开发建设了"能听、会说、会想"的"智能大脑",支撑超过 50 多个智能化应用场景,并基于"智慧广发",推出了证券行业首个智能投顾应用——贝塔牛,通过算法模型,为大众客户提供 7 天×24 小时的智能投顾服务,累计客户数已经超过 80 万人。招商证券打造微信小程序"招商证券财富+",推出"招财智投"服务。华泰证券将基金投顾业务"涨乐星投"定位为公司的战略型业务,整合了金融产品部的优势资源,构建了 70 余人的专业团队,专职从事基金投顾组合的设计、投资、推广和保障工作。申万宏源证券加强投顾建设,其大赢家 App 推出了 120 余项新业务及体验优化。国信证券打造集合专业投研与智能科研于一体的"鑫投顾"。东方证券以数据为驱动,实现全品类高端产品的在线销售,升级"东方天玑"智能服务体系,打造东方赢家期权、东方私行等,为客户在期权和全球资产配置等方面提供专业化服务。光大证券大力打造定投专业、人工智能服务产品"智投魔方"等，如表 6-2 所示。

表 6-2　代表性证券公司在资产管理领域的金融科技布局情况

机构名称	在资产管理领域金融科技的最新布局
海通证券	成立金融科技创新实验室，上线"通盈财富""e 海通财""e 海通达"
国泰君安	优化以"君弘"App 为核心的数字化财富管理平台，推出 STS 智能交易服务系统
中信建投	优化移动交易客户端"蜻蜓点金"App、优问等系统
华泰证券	布局"涨乐财富通""涨乐全球通"等，并将基金投顾业务"涨乐星投"定位为公司的战略型业务
广发证券	优化以"易淘金"App 为核心的全流程陪伴式财富管理平台，并推出了证券行业首个智能投顾应用——贝塔牛
招商证券	打造微信小程序"招商证券财富+"，推出"招财智投"服务
申万宏源证券	加强投顾建设，其申万宏源（大赢家）App 推出了 120 余项新业务及体验优化
光大证券	打造定投专业，人工智能服务产品"智投魔方"
国信证券	推出"鑫投顾"等证券顾投服务品牌
东方证券	升级"东方天玑"——智能服务体系，打造东方赢家期权、东方私行
中金公司	与腾讯合作成立金融科技子公司——金腾科技

（2）量化投资。自 2019 年起，广发证券着手建设量化策略平台。目前为止，新一代超极速量化策略平台（GF Quant Genius，GFQG）作为公司全自主研发的量化平台与全市场都建立了成熟的连接通道，包括境内外 Broker 的交易、行情通道，实现了业务品种的全覆盖。GFQG 的业务范畴包括投资、做市、零售、机构、子公司等七大类，目前，已有近百个策略正在生产运行。2021 年，GFQG2.0 上线，为量化策略提供高性能交易接口，提供全市场高速行情和金融数据，内置子账户级清算，内置界面开发与展示工具等功能，为策略开发者提供策略开发、调试、发布、运行的平台。

（3）智能投研。广发资产管理一直致力于成为科技水平行业领先的资产管理公司，通过战心投研系统的数字化投入，打造了从信息获取、信用研究、投资决策、交易测算、组合管理、风险预警的一体化智能投研平台，实现了客户的增长、公司资产规模的增长及公司核心投研能力的全面提升，并为业务发展及全面数字化转型提供了系统性支持。

广发资产管理智能投研平台（即"战心投研系统"），由广发证券信息技术部与广发资产管理共同打造，历时3年时间自主开发而成。该平台从证券公司资产管理业务投研及风险管理体系数字化的构建路径出发，自主开发了从信息获取、信用研究、投资决策、交易测算、组合管理、风险预警的一体化解决方案，目前已经成为行业领先的投资研究系统。

第三节　金融科技与证券投行业务

一、证券投行业务概述

（一）证券投行业务的内涵

全世界每个国家的"投资银行"名称不尽相同，主要是因为各个国家的投资银行背景不同，业务重心不同。在美国和欧洲称之为"投资银行"，英国叫"投资银行"，德国叫"私人承兑公司"，法国叫"实业银行"，在日本、韩国、中国通常的名称为"券商"。实际上，中国的投资银行与券商之间是隶属关系，投资银行事实上是券商的一个组织。目前，国内的投资银行业务大多存在于券商的"投资银行部"或"资本市场部"。

投资银行业务是一个历史悠久的行业，它所包含的范围非常宽泛。在宏观概念里，投资银行业务包括了很广泛的各类金融业务；从狭义、具体的角度看，投资银行业务仅限于特定的资本市场业务，主要包括财务顾问业务、保荐上市和证券承销（即上市辅导等）、并购重组业务。广义的投资银行业务则包括了非常多的资本市场业务，包括特色投融资、资本顾问、二级股票市场的交易、风投、行业研究等。

（二）证券投行业务的类型

1. 保荐上市与证券承销

保荐上市指的是保荐机构推荐发行人证券发行上市，并在上市后持续督导发行人履行规范运作、信守承诺、信息披露等义务的过程。证券承销则是在证券公开发行获得注册后，承销机构将证券从发行人手里销售到投资者手里从而完成证券发行的过程。在实务中，一般保荐人都是主承销人。保荐人任职资格从两方面来规定，一是保荐机构，二是保荐代表人。目前国内的保荐机构为在境内注册的证券公司。当一个公司决定公开发行证券时，通常第一步就是找保荐机构或承销机构进行可行性论证；证券公司作为发行人的保荐机构或承销机构，牵头或协助发行人进行尽职调查、上市辅导、制作上市文件、推进审核和注册程序等。注册制背景下，保荐与承销的主要目的在于专业把关。保荐上市与证券承销通常是一体的业务，但保荐上市与证券承销也是有区别的，保荐上市贯穿于证券公开注册发行的事前事中事后全过程；而注册完成后，证券承销才开始；发行完成后，承销也就终止了。

2. 并购重组业务

并购重组业务一般指在上市公司拟进行资产收购或吸收合并、股权重大变更等可能对公司的实际控制人、资产状况、主营业务状况产生重大影响的事项时，证券公司为其在交易方案的设计、材料制作、方案执行等方面提供专业化、针对性的服务。根据规定，证券公司的上市公司并购重组财务顾问业务资格经过证监会核准后，可以根据相关办法的规定，依法从事相关业务。

3. 其他咨询业务

证券公司其他咨询业务，指的是证券公司为上市公司、企业客户等提供财务、法律、内控等方面的咨询，或为其对外融资、引入投资人等方面提供对接业务，作为外部独立顾问，为企业提供专业性服务。

> **思考与实践**
>
> 学生登录广发证券官网，查询具体股权融资、债券融资、并购重组等经典案例，了解投行业务的具体情况。

教学活动设计

教师活动情景：

1.将班级学生划分为若干小组，并指定组长，组长负责对任务分解和责任落实。

2.不同券商在投行业务中的业务布局、资源禀赋和基础能力差异很大。任何券商企业的数字化转型不能一概而论，券商会因地制宜，从自身目标客户、产品结构、市场定位、资源条件等角度出发，在公司统一牵引和指导下，不断推进、优化投行业务数字化。请学生查询资料，阐述任意两家券商在投行业务中数字化实践的典型案例并进行对比分析。

学生活动情景：

1.查询资料。

2.以PPT的形式进行课堂展示。

活动要点：能够充分掌握我国主要券商在投行业务中数字化实践情况。

二、金融科技在证券投行业务中的应用

（一）主要应用场景

金融科技在证券投行业务领域的应用十分广泛，可覆盖投行业务获客、项目实施、发行与销售、项目督导等各个环节，能有效降低人工成本，提升业务效率，实现流程标准化运作。

1. 投行业务获客

通过客户信息管理系统将现有客户或目标客户董监高信息、财务信息、客户历史项目、相关文件等全方位信息进行分类统计，帮助投行业务人员高效获取客户信息。同时，还可利用网络爬虫等技术，对外部海量的工商、监管、投融资、新闻资讯等各方面信息进行整合处理，实现对资本市场产业链相关客户的挖掘，带动投行综合化联动营销。

2. 项目实施

项目实施阶段通过基于深度学习和自然语言处理的"文档审核""文档自动生成"及机器人流程自动化（RPA）等技术，实现业务活动数字化、电子化和自动化，大幅提升投行业务办理效率。目前，国内证券公司投行业务项目实施过程中的金融科技应用主要是电子化底稿系统的应用，通过将工作底稿上传形成项目在各个阶段的任务。证券公司上线底稿电子化系统之后，基本上实现了目录标准、文本检索、操作留痕、内控审核功能，但是在智能化方面还存在明显不足，未来随着对大数据、人工智能等技术在系统中的深度应用，可以进一步探索实现对底稿信息的实时监测、自动提取、智能分析、主动预警等功能，覆盖投行业务整个生命周期，实现投行业务管理自动化。

3. 发行与销售

发行与销售中的自动任务安排主要来源于电子化底稿系统，通过底稿系统的统计分析。结合交易所要求和证券公司自身发行、销售团队分布情况，设立发行销售任务。

4. 项目督导

在业务督导和服务方面，运用基于行业分析、产业链图谱、上市公司问题发现、智能舆情监控等方面的大数据技术，实现相关企业的全方位风险评估和目标定价，实现投行业务事后监督和管理。目前，国内证券公司项目投行业务督导主要是日常工作提醒的在线督导，解决了证券公司存续期督导工作的不规范、督导披露遗忘等情况，从而提高事后督导工作的质量，避免或减少事后督导工作未尽到督导职责的情况。

（二）典型应用案例

目前，我国证券行业投行业务领域金融科技应用尚处于初级探索阶段，多数证券公司投行业务实现了投行业务工作底稿电子化，仅少数机构构建了较为

完善的投行业务智能化平台,如表 6-3 所示。

表 6-3 部分证券在投行领域金融科技布局情况

证券公司	应用	具体情况
中信证券	智能资讯应用	智能资讯语义处理应用,通过采集公开资讯,借助云平台的算力,对公开舆情进行分类、主体和风险事件识别,为业务部门提供智能舆情监控,智能公告摘要,并实时推送风险事件信息。中信证券的智能资讯项目,通过监控业务部门关注的监控标的,极大地提高了业务部门对市场舆情覆盖的范围和实时性,助力业务人员提高风险识别和业务机会发现能力。舆情应用目前覆盖公开资讯网站 200 多家,覆盖主流资讯频道 2 000 多个,日采集并处理资讯平均 5 万多条
	智能风险识别应用	中信证券通过系统实时抓取新闻事件,利用自然语言处理技术将相关的上市主体和风险事件提取出来,并分析其对哪些上市公司主体有正负面影响,从而指导业务人员做出风控和投资决策,相比人工风控,效率更高,响应速度更快。中信证券通过建立简单的市场体系框架,对风险事件进行约束和聚集,将事件风险抽象为主体风险事件、产品风险事件、宏观/行业风险事件三个大类,每个大类包括若干小类的二级金融风险事件。在这个框架的基础上,不断完善和细分子事件,达到构建整个金融风险事件体系的效果
	智能文档抽取应用	基金托管合同由于合同要素多且复杂,提取合同要素需要大量时间来进行人工录入和校验,为简化这一过程,中信证券将 AI 嵌入合同要素智能提取、智能解读中,利用机器学习的自然语言处理技术实现对合同的高精度解读,完成全量字段智能抽取,帮助客户实现合同管理的智能化升级,提高工作效率,简化工作流程。托管业务涉及的几千份合同,每份合同含有 200 多个业务要素需要关注。如果使用人工抽取,每份合同需要 30 分钟左右才能完成,现在使用机器进行智能文档自动抽取,每份合同 2 分钟之内完成处理,云平台提供的托管私募基金合同要素抽取和 OCR 服务,大大提高了部门处理托管合同的运营效率
平安证券	智能承揽的协助系统	纳入 1 400 多个因素,如果要去拜访某个企业,录入企业名称就能知道企业符合哪些业务的基本条件,并且可以预测企业未来债券融资的可能性
	ABS 及债券智能承做系统	平安证券与金融壹账通联合开发资产证券化及债券智能承做系统,综合运用人工智能、区块链、OCR 等金融科技,支持 IPO、定增、可转债、公司债、房产供应链资产证券化等业务申报材料的线上化、文档智能化撰写,实现数据智能分析,文本自动生成,大幅提升承做效率

续表

证券公司	应用	具体情况
平安证券	质控内核评审线上化	一站式检视质控评审工作与统计分析，实现优化管理，系统上线后，审核效率预计提升20%。而智能存续期管理进一步优化风险防控程序、提升客户体验
	投行业务工作底稿管理系统	平安证券的系统走在了监管要求的前面，早在2018年11月即开发上线投行业务工作底稿管理系统
广发证券	新一代投行业务管理系统	在投行方面，广发证券运用人工智能和RPA等技术，历经三年打造新一代投行业务管理系统，助力投行数字化转型。目前公司实现投行全业务品种、全生命周期的线上化管理，夯实数字化基础，大幅度规范化投行项目管理和提升质控水平；实现150多项功能点的改造并固化到系统中，强化精细化管理和数字化管控水平，提升投行智能化水平
	智能开放能力平台（GF-SMART）	发展智能预警、智能推荐、智能外呼及知识图谱等技术应用；建设实时、穿透、连续的风险跟踪和计量，为全集团、全业务提供一体化的合规与风控能力覆盖；持续推进公司自有基础设施的云化演进，在平台层面整合微服务
招商证券	智能大投行系统	该项目着眼于打造规范化、标准化、智能化的处理过程，运用大数据、人工智能等金融科技手段，实现业务、数据、质量和风险的统一管控。平台覆盖股权业务、债券业务及ABS业务等多业务链条，实现营销、承揽、承做、审核、发行及后督的全过程信息化管理，提升客户营销服务、投行业务拓展及项目质量管控能力，助力投行业务转型。在项目管理上，智能大投行系统实现了全业务全流程管理，将项目文档变成结构化信息，形成可视化、可穿透的项目全景档案
	AI基础能力平台	招商证券率先建立多个AI基础能力平台，在多个业务环节探索机器人辅助作业的新模式，逐步实现投行业务由人员密集向知识密集及技术密集转型
招商证券	企业股权关系图谱和关联方核查模型	关联方分析是投行实践中的关注重点，特别是一些企业的股权关系、业务往来非常复杂，关联方梳理就显得尤为重要。招商证券借助大数据技术，通过建立企业股权关系图谱和关联方核查模型，实现企业实际控制人穿透、关联方及关联关系挖掘、企业间关联交易及可疑利益输送行为识别，帮助业务人员及时、尽早发现项目风险

证券公司	应用	具体情况
招商证券	机器人	银行流水分析、申报材料审核等工作相当繁琐枯燥，易出疏漏。为此，招商证券按照不同的使用场景开发训练了多个人工智能机器人，能在短时间内完成大量的业务流水、文稿审核等工作，先找出可能存在问题的细节，再由人工进行进一步的分析挖掘。例如，在项目质控和内核环节，利用审稿机器人帮助业务人员排查申报材料错误，减少文档纰漏和项目申报风险，可将核稿效率提升数倍。而在尽调环节，面对动辄数以千计的流水记录，业务人员通常需要进行旷日持久的"战斗"，而银行流水排查机器人的存在，可替代银行流水核查中最为重复、繁重的工作，使得核查异常交易记录的时间被大幅缩短，极大地提升了尽调效率和质量

知识自测

1. 单选题

（1）以下选项中不属于国外金融科技在证券业的发展历程的是（　　）。

　　A. 交易电子化阶段　　　　　　B. 互联网金融阶段

　　C. 新科技证券阶段　　　　　　D. 金融科技阶段

（2）以下选项中不是金融科技为证券业带来的机遇（　　）。

　　A. 人工智能与金融业务稳步融合

　　B. 金融科技工具自身存在缺陷

　　C. 区块链逐渐形成行业发展新合力

　　D. 大数据推动金融数据融合应用新格局

（3）以下选项不属于资产管理业务的类型的是（　　）。

　　A. 单一/定向资产管理业务　　　B. 集合资产管理业务

　　C. 专项资产管理业务　　　　　D. 自营资产管理业务

（4）以下不属于证券资产管理业务的类型是（　　）。

　　A. 定向　　　B. 集合　　　C. 专项　　　D. 自营

（5）以下属于广义的投资银行业务的是（　　）。

　　A. 二级股票市场的交易　　　　B. 财务顾问业务

　　C. 保荐与上市和证券承销　　　D. 并购重组顾问

2. 多选题

（1）证券财富管理业务包括（　　）。

　　A. 证券经纪业务　　　　　　　B. 证券资产管理业务

　　　　C. 证券投行业务　　　　　　　D. 证券自营业务
（2）金融科技在资产管理业务领域的主要应用场景有（　　）。
　　　　A. 量化交易平台　　　　　　　B. 云平台
　　　　C. 智能投顾　　　　　　　　　D. 智能化的产品与服务推荐
（3）以下能描述金融科技在证券投行业务的发展现状的有（　　）。
　　　　A. 系统建设分散，全流程精细化管理需提升
　　　　B. 行业智能化程度仍不足，智能应用呈点状发展
　　　　C. 行业数据未充分挖掘应用
　　　　D. 服务联动、生态构建等方面的支撑能力有待加强
（4）金融科技在资产管理业务领域的主要应用场景有（　　）。
　　　　A. 量化交易平台、智能投顾　　B. 云平台、投研服务平台
　　　　C. 基于区块链的资产证券化平台　D. 数据治理体系

3. 简答题

（1）简述国内外证券业的金融科技演进历程。
（2）简述金融科技与证券经纪业务的发展情况。
（3）简述金融科技在投行业务领域的主要应用场景。
（4）简述金融科技在其自营业务的应用场景。

Chapter 07

第七章
金融科技与保险业

- 金融科技与保险定价
- 金融科技与核保理赔
- 金融科技与保险营销

学习目标

素养目标
- 树立合规意识,保障消费者的个人信息安全
- 以人民为中心,培养社会责任感

知识目标
- 理解保险科技的内涵
- 了解保险科技的现状及挑战
- 熟悉金融科技在核保理赔中的应用
- 熟悉保险科技的应用

技能目标
- 能够通过使用保险代理平台、相关 App 的相关功能来体验保险科技应用的深层逻辑并对其进行总结
- 能够借助人工智能工具进行保险知识问答并进行归纳总结

思维导图

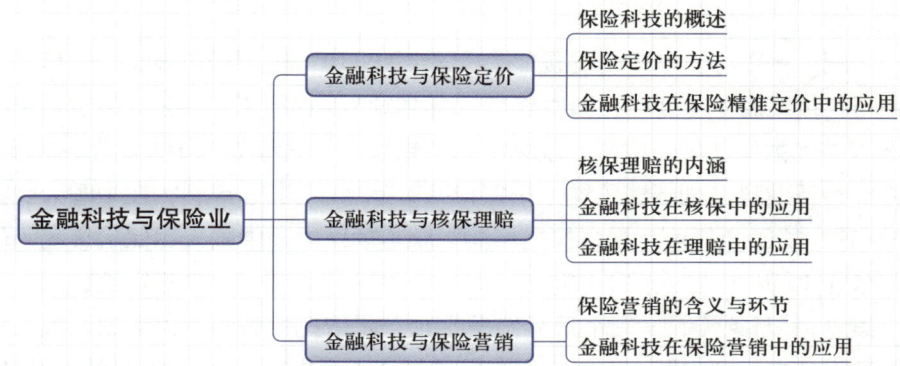

章前引例

从"金发奖"看中国人保的金融科技运用

中国人民银行金融科技发展奖是我国金融业唯一的部级科技奖项,其前身为银行科技发展奖(简称"银发奖"),由中国人民银行于1992年设立,集中评选国内优秀科技创新成果。2021年,"银发奖"升级为"金发奖",并第一次将保险行业科技创新成果纳入申报和评审范围。2023年底,在中国人民银行发布的"2022年度金融科技发展奖"获奖项目中,中国人民保险集团股份有限公司(简称中国人保)独占三个项目,两个二等奖、一个三等奖。

其中,"万象天眼－智能风险减量平台"是依托物联网、大数据、人工智能等前沿技术,由中国人保自主研发且具备国内领先技术水平的风险综合信息平台。平台基于传统风控技术手段,结合物联终端技术以及智能化模型算法,形成包括"生控眼""海风眼""内控眼"等一系列面向各类风险场景的"天眼",实现风险趋势分析智能化,有效洞察风险并实施风控。

"分布式保险核心业务系统"则是基于中国人保统一技术架构标准,以全栈信创的云原生技术为支撑,采用多地多活、分布式和微服务的架构设计理念,构建了以客户为中心的健康险核心业务中台,支持产品的快速创新,支撑人保健康全险种、全渠道和全流程业务拓展,在用户体验、业务处理效率、反欺诈和智能风控能力等方面实现全方位、跨越式提升,助力人保健康数字化转型,赋能业务高质量发展。

中国人民保险财产保险股份有限公司研发的"'司南'智能运维助手"是聚焦基层用户在系统使用过程中遇到的痛点、难点问题,以对话式服务模式打造的一款智能助理产品。该产品结合自然语言处理、机器学习、智能决策、生成式大模型、机器人流程自动化等技术,旨在深刻洞察用户需求,汇聚行业专家智慧,整合丰富数据资源,构建多维度分析模型,为用户提供基于数据驱动的智能分析、自助解答以及业务运营服务。

> **分析**:从案例中我们可以看出,中国人保取得这样的成果,与其将深化科技赋能,提升集团数字化、智能化水平作为创新驱动的重中之重是密不可分的,成果背后真正的支撑力是科技。中国人保创新地提出了"保险＋服务＋科技"的新商业模式,将科技定位为集团的基本生产力和核心竞争力。从卓越战略要求和一线业务发展需求出发,规划并建设了统一开发、技术、数据、智能四大基础技术平台,形成人保核心科技基

础能力。统一智能平台是其中至关重要的一部分,实现全集团人工智能能力资源的统一管理、统一运营,建设人工智能算法团队,加大核心算法技术的自主可控力度,持续探索新技术引入,打造了丰富的人工智能类应用产品和智能化的解决方案。

那么,众安保险产品受欢迎的背后,真正的支撑力又是什么呢?答案是科技。众安保险一直致力于以科技驱动金融,宠物医疗险产品中,众安保险联合蚂蚁保基于大数据技术推出了三日快赔服务,将宠物鼻纹识别技术应用于宠物保险上,实现宠物"刷脸"投保,还有宠物防走失功能。在大数据与智能鼻纹识别系统之下,众安宠物医疗险提高了用户的认可度,降低了产品综合成本,使得无论投保体验还是性价比上,都更贴近客户需求。碎屏险也是如此,其使用了基于大数据联合风控和创新的拍照投保模式,基于众安保险和欢太数科双方的风控模型、产业特点、过往碎屏险痛点等数据进行联合建模,并利用购机时间、手机唯一识别号、激活时长等多维度字段进行大数据风控,才打造出这款定制碎屏险。

第一节 金融科技与保险定价

一、保险科技的概述

保险科技是从金融科技演化而来的,金融科技在保险领域的应用即为保险科技。国际保险监督官协会(International Association of Insurance Supervisors,IAIS)将保险科技定义为:保险科技是金融科技在保险领域的分支,即有潜力改变保险业务的各类新兴科技和创新型商业模式的综合。保险科技的三个维度为保险环境科技、保险数字科技以及保险生命科技,在这三个维度中的应用如图 7-1 所示。

1997 年,中国保险信息网成立,这是我国首家保险信息网站,它的开通标志着我国的保险开始与互联网科技相结合,走向互联网保险阶段。2015 年,保监会发布了《互联网保险业务监管暂行办法》,标志着互联网保险业务监管制度的正式出台。在这一阶段,众多保险公司、中介公司、专业技术服务公司等纷纷入局,保险科技多元化生态初具规模,保险科技创新产品层出不穷,如表 7-1 所示。

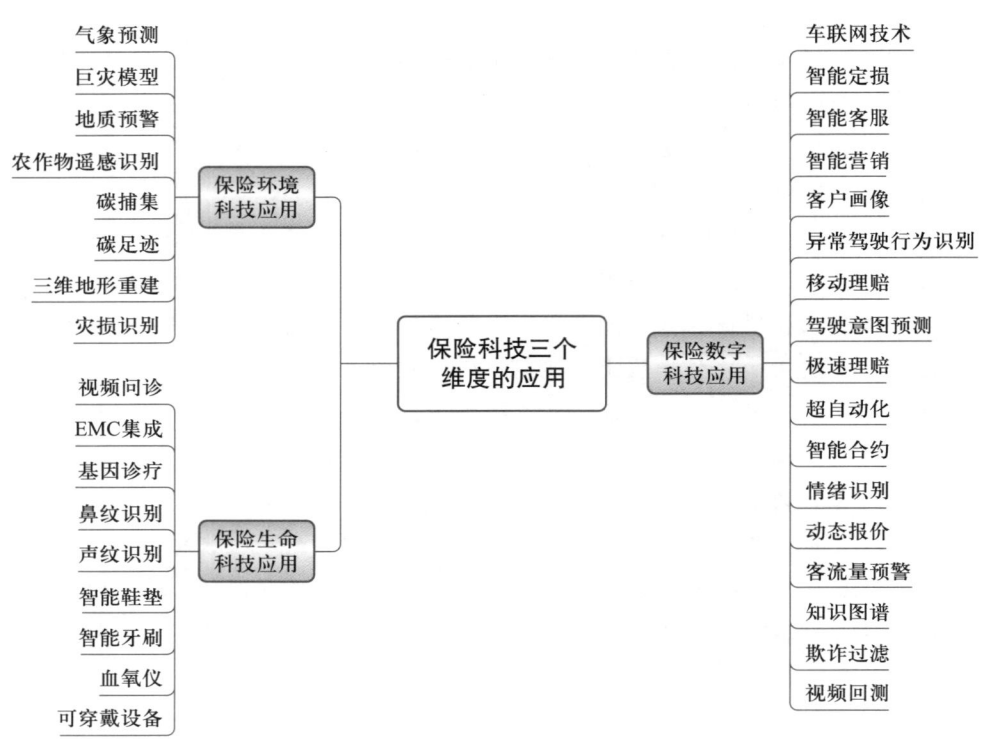

图 7-1　保险科技三个维度的应用

表 7-1　部分保险科技创新产品介绍

创新产品类型	保障内容	产品举例
惠民保	在各城市推出的普惠商业健康险，具有保费低、保额高、准入门槛低等特点，可提供门诊、住院、特药等保障，以及健康管理等诸多服务	杭州西湖益联保 深圳惠民保 上海沪惠保
互动式健康险	通过可穿戴设备等技术工具检测被保人人体健康状况，将收集到的运动大数据与健康险产品设计结合，可根据被保人运动量进行健康险定价，对其生活行为进行预测和引导，实现对健康险用户的主动健康管理	众安步步保 阳关保险悦动保
宠物险	包括宠物医疗险及宠物责任险，前者可报销宠物的部分医疗费用，后者可为因宠物造成第三方伤害而遭受的经济损失进行补偿	众安宠物综合保障保险
碎屏险	保障手机等电子设备屏幕意外破损的风险，赔付方式包括赔付维修费用、免费换屏等	平安手机碎屏险 众安手机碎屏险

续表

创新产品类型	保障内容	产品举例
电信诈骗险	通过为用户设置多处反诈提示、提供电信诈骗相关知识等方式提高用户安全保障意识，若用户在接到诈骗电话或短信时未收到安全提醒，导致其被电信诈骗，保险公司将进行赔付	众安电信诈骗险 大地财险电话诈骗险
航延险	当投保乘客搭乘的航班因机械故障、恶劣天气等原因延误时，保险公司给付保险金，通常嵌入出行时的购票场景	国内航班延误险 国际航班延误险
家财险	保险科技支持下的家财险降低了投保门槛，通过"保险＋服务"的解决方案，针对多种线上线下场景定制开发，可提供家庭综合保障、物业服务、智能硬件等场景下的家庭财产保障	众安租客无忧险 人寿家用燃气综合险

教学活动设计

教师活动情景：简单介绍2016年众安保险推出的业内医疗险"尊享e生"。要求学生查询、阅读众安保险的医疗险"尊享e生"保险条款，并从保险科技的角度总结该产品特点及创新之处。

学生活动情景：查询、阅读众安保险的医疗险"尊享e生"保险条款，总结该产品特点及创新之处。

活动要点：阅读之后进行小组讨论，从保险科技的角度总结该产品特点及创新之处。

金融科技知信行

把人民性融入保险科技发展

中国式现代化蕴含的价值观，是以人民为中心的发展思想，其内涵包含思想上"人民至上"的价值立场和实践上"以人民利益为准绳"的价值标准，外延展开为"民主""民创"和"民享""民富"。

拓展阅读：
保险科技
"十四五"发展规划

> 保险科技的出现为保险业带来了巨大的变革。保险科技的发展不仅为人们提供了更加便捷、高效的保险服务,同时也对保险行业的人民性和社会责任感提出了更高的要求。
>
> 首先,保险科技应该着眼于人民性。党的二十大报告明确指出:"人民性是马克思主义的本质属性",保险科技的发展应该以服务人民为目的,提高保险业服务的质量和效率,让人们能够更加方便地获得保险服务。同时,保险科技应该注重保护消费者的权益,保障消费者的个人信息安全,提高人们对保险行业的信任度和满意度。
>
> 其次,保险科技应该具备社会责任感。保险科技的发展应该以社会责任为基础,保险科技应积极参与社会公益事业,为社会作出更多的贡献。例如,在自然灾害等突发事件发生时,保险科技可以更加快速、高效地为受灾群众提供救助和赔偿服务,帮助他们早日恢复正常生活。

二、保险定价的方法

保险定价是指保险人在保险产品开发过程中,依据保险标的所面临风险的规律性、保险公司经营费用及经营状况、保险市场供求状况等因素而确定单位保险金额所应收取的保险费的行为。

（一）成本导向定价方法

成本导向定价方法是指保险公司制定的产品价格包含在生产环节、销售环节以及服务环节发生的所有成本,以成本作为制定价格的唯一基础。成本导向定价方法具体可分为两种:成本加成和损益平衡。当市场中只有一家保险公司,或者利用该方法的公司是市场的领导者时,成本导向定价方法最有效。

1. 成本加成定价方法

成本加成定价法就是在产品成本的基础上,加上预期利润额作为销售价格。成本加成定价法有计算简便、稳定性大、避免竞争、公平合理等优点。

2. 损益平衡定价法

损益平衡定价法又称目标收益定价法,是保险公司为了确保投资于开发保单、销售和服务中的资金支出能够与收入相等的定价方法。损益平衡定价法的优点是计算简便,能向保险公司表明避免亏损的最低价格是多少。

（二）竞争导向定价方法

竞争导向定价法是以竞争对手确定的价格为基础,保险公司利用此价格来确立自己在该目标市场体系中的地位。竞争导向定价方法包括以下几种类型。

1. 随行就市定价法

随行就市定价法是指保险公司按照行业的平均现行价格水平来定价。这是一种首先确定价格,然后考虑成本的定价方法,采用这种方法可以避免竞争激化。随行就市确定的价格是本行业众多公司在长时间内摸索出来的价格，与成本和市场供求情况比较符合，容易得到合理的利润。

2. 渗透定价法

渗透定价法是指保险公司利用相对较低的价格吸引大多数购买者，以此获得市场份额并使销售量迅速上升的定价策略。一般在需求的价格弹性高，市场潜力大，消费者对价格敏感时，保险公司采用低费率可以增加销售收入。

3. 弹性定价法

弹性定价法又称可变定价法，要求保险公司在产品价格问题上同客户协商。这种方法主要是被销售团体保险产品的公司所采用，它们往往需要参与大宗团体保险生意的竞标或提交协议合同。团体保险的销售过程常常以竞标开始，在竞标过程中，竞争对手会逐个被淘汰，最后客户与成功的竞标者签订协议合同。

（三）客户导向定价方法

客户导向定价方法又称需求导向定价方法，是指保险公司制定保险公司与分销商或保单所有人双方都可以接受的价格，或者是根据购买者的需求强度来制定价格。需求强度越大，则定价越高；需求强度越小，则定价越低。

三、金融科技在保险精准定价中的应用

传统保险产品的定价主要依赖大数法则，受数据处理能力的限制，保险产品定价往往采用抽样的方式进行数据选取和测算，通常只能采用统一的定价模式，无法针对个体的实际情况进行个性化定价。在数据类型庞杂、数据维度众多、数据样本差异巨大的环境下，无法满足保险产品精准定价和快速开发的需求。

精准定价是指利用大数据分析和个性化评估技术，根据个体的特征和风险进行精确定价的一种方法。基于用户的身份信息、生理自然信息、社会关系信息、特征偏好信息、业务活动信息等大数据的处理分析与 AI 建模，保险公司可以生成客户画像，对客户进行分群，区别需求特征，设计差异化的保险产品与服务，实现精准定价，甚至一人一价。得益于保险公司定价数据获取渠道的丰富化和对数据处理能力的增强，目前在保险行业中，保险产品定价日趋精细化。

在数据获取渠道上，越来越多的保险公司及保险科技公司，通过跨平台合作的方式全方位获取用户信息，对客户进行分群，并区别其需求特征，最终通过不断优化保险行业定价模型实现保险产品精准定价。在数据处理能力上，技术赋能的全量数据分析有效提升了保险公司定价的精准度和对风险的把控能力。精准定价的出现为定制化保险产品的出现提供可能性。

（一）精准定价的特点

1. 个性化

精准定价可以根据个体的特征和风险进行定价，使保费更加合理和精确，使保险公司在定价上更具竞争力，有利于提高保险公司的盈利能力。

2. 数据驱动

精准定价依托于大数据分析和个性化评估技术，可以挖掘出隐藏在海量数据中的规律和关联，为定价提供依据。

3. 风险管理

精准定价可以更好地评估风险，并采取相应的防范措施，减少保险公司的风险暴露，为保险公司带来新的商业模式和业务机会，推动保险业务的创新和发展。

（二）精准定价面临的挑战

1. 数据隐私安全需要保护

精准定价技术应用涉及大量的个人数据，存在数据隐私泄露的潜在风险，需要保证数据的隐私安全，防止数据泄露和滥用。

2. 技术难题需要进一步攻克

精准定价等技术应用仍然存在着算法模型的改进和优化问题，需要进一步研究开发和优化。

3. 法律法规有待完善

精准定价技术应用涉及用户隐私、数据存储和使用等方面的法律法规，需要建立相应的监管框架和法律体系。

（三）精准定价的典型应用案例——UBI

1. 数字车险与 UBI

数字车险是一种围绕车辆生命周期全景过程风险管理与运营服务的新经济生态，通过互联网、大数据、云计算、区块链、人工智能等信息技术打通数据孤岛，在对保险组织体系内车险信息进行解析、应用的同时，与外部组织交互信息进行接入、解析、重构，搭建新的车险运行架构，实现对传统车险经营模式改造。数字车险不仅是一种产品，也是一种新生态的用车服务，数字车险能够帮助保险公司探索创新业务模式，辅助车险参与者深入场景、采集数据，进行产品创新、模式创新，并在保险公司全链条厘清责任、防范风险、聚集客户环节发挥作用。

UBI（Usage-based Insurance）模式是数字车险的重要组成部分，也是阶段性的产品形态。UBI 是一种基于驾驶行为的保险，通过车联网、高级驾驶辅助系统（Advanced Driving Assistant System，ADAS）等数字化技术，将驾驶者的驾驶行为习惯、驾驶技术、用车频次及程度、车辆信息和周围环境等数据综合起来（如图 7-2 所示），进而实现对车险的差异化定价。

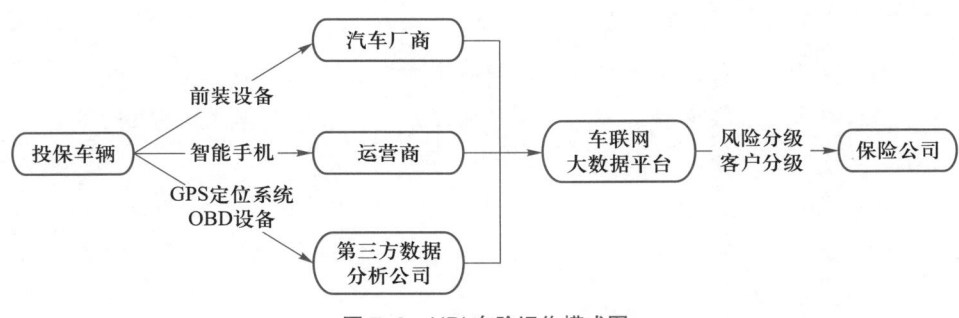

图 7-2　UBI 车险运作模式图

2. 传统车险与 UBI 车险定价方式对比

传统车险与 UBI 车险的定价理念实际上可以分为两种方向，一是"从车"，一是"从人"。所谓的"从车"，是指保险公司在确定保险费率的时候，并不是从客户本身需求出发，而是根据保险标的，也就是汽车本身出发。"从人"则是指在确定保险费率时，以驾驶人的需求为出发点，把汽车的因素作为参考因素。我国目前的车险定价模式就是"从车"，但是随着客户需求的多样化和保险科技的发展，"从车"的定价模式出现了许多缺陷，比如客户保费结构不合理、产品脱节化同质化等问题，"从车"的定价方式已经再难顺应车险行业的发展。

传统车险的定价方式是以车辆的重构价值、排量和座位数等车辆因素作为定价因素来确定保险费率，但大部分都是以单一因子作为定价因素，保费固定缺少灵活性。还有一部分是多因素交叉定价，实际就是把单因素复合到一起，综合考虑定价因素，定价模式还是相对固定。影响驾驶风险本身的实际上是人，车险公司应以人的因素作为定价的出发点。UBI 车险则具有较高的定价自由度，通过驾驶者的自身驾驶情况和驾驶实际情况，多因子灵活定价，实现每个用户都能按需收费，差异定价。

3. UBI 车险在我国的发展

我国互联网的飞速发展为 UBI 车险的发展打下了基础。虽然 UBI 车险在我国还处于起步阶段，但许多保险公司都开始了积极的探索。2019 年 10 月，北京中交兴路和平安保险联合发布国内首款 UBI 货运保险——优驾保，其运作流程为车联网云平台针对由中交兴路开发的车联网终端设备收集到的驾驶行为数据进行分析处理，然后提供给平安保险作为保费定价的数据来源，进而向投保人提供"优驾保"保险与服务。

> **教学活动设计**
>
> 教师活动情景：请学生登录我国新能源汽车行业中龙头企业保险相关微信公众号，查看公众号说明，浏览公众号文章，讨论新能源车企布局UBI保险领域的优势与发展前景。
>
> 学生活动情景：登录我国新能源汽车行业中龙头企业保险相关微信公众号，查看公众号说明，浏览公众号文章，分小组讨论新能源车企布局UBI保险领域的优势与发展前景。
>
> 活动要点：浏览公众号并进行小组讨论，形成新能源车企布局保险领域的优势与发展前景结论。

第二节　金融科技与核保理赔

一、核保理赔的内涵

（一）核保

核保，也称为风险选择，是指保险人在对投保标的信息全面掌握、核实的基础上，对可保风险进行评判与分类，进而决定是否承保、以什么样的条件承保的过程。根据风险程度，保险公司决定是拒保还是承保、怎么承保和采用什么保险费率。核保的目的在于通过评估和划分准客户反映的风险程度，将保险公司实际风险事故发生率维持在精算预计的范围以内，从而规避风险，保证保险公司的稳健经营。

在核保中，首先，要审核投保申请，对投保申请的审核主要包括对投保人的资格、保险标的、保险费率等项内容的审核。其次，进行承保控制，保险人在承保时，依据自身的承保能力进行对保险责任的控制。最后，需要控制人为风险，避免逆向选择和控制保险责任是保险人控制承保风险的常用手段。但是有些风险往往是保险人在承保时难以防范的，如道德风险和心理风险。

（二）理赔

理赔是指保险公司专业理赔人员对保险赔案进行审核，确认赔案是否应该赔、应该怎样赔或应该怎样拒赔的业务行为。理赔是通过理赔过程中的定责、定损、理算等环节的审核和监控实现的。理赔主要包括现场查勘和赔款审核两个环节。

1. 现场查勘

现场查勘是为了及时了解和掌握灭灾情况和损失原因的第一手资料，是确定损失是否属于保险人责任的前提条件。

（1）查勘出险地点，核对出险地点是否与保单中的有关规定相符合。例如，在货物运输保险或者船舶保险中，出险地点要在保单载明的航线和行驶区域。

（2）查明出险时间，核实出险时间是否在保险有效期限内，即损失是否发生在保险责任起止时间内。对投保已经出险或期满后未办续保手续的损失均应拒赔。出险时间应该具体，力求准确。除了听取投保人的报告，还要调查风险事故的发现者、在场的目击者，以及较为知情的单位职工和周围的群众。遇到有时间出入的情况，应反复求证，不忙于下结论。如果发现投保人已经出险，或者期满后未续保者，保险人一律拒绝赔偿。由于运输保险中有存仓时间的规定，因此，在发生灾害事故时，除了要查明风险事故发生的具体日期，还要向运输部门查明货物的到达日期。

（3）查清出险原因，找出近因。在受理赔案和初步审核后，保险人还必须对造成保险事故的原因进行深入细致的分析，只有确定了损失原因，才能最终确定赔偿责任和给付义务。例如，在企业财产保险理赔中，要对与出险有关的风力、风向、水位、流速、室内外火源和电源以及安全管理情况等做详细调查，以便分清损失的直接原因和间接原因，找出主要原因。对于技术性问题，有时还要依靠专家提供咨询服务，或者请保险公估人或有关部门做出技术鉴定。我国的火灾损失和交通事故一般都由当地公安消防和交通管理部门负责调查损失原因，并向保险公司提供书面说明。对于不够公安部门立案标准的损失和其他一些事故造成的损失，则由保险公司理赔人员自己调查损失原因。

（4）查实损失金额。为了核定损失和赔偿金额，被保险人必须按保险公司规定提交损失清单和各项施救、保护、整理费用清单，并根据需要向保险公司提供有关财务账册和单证。理赔人员要查对账册，受损财产不止一项时，应分项理赔，对受损财产进行盘点和逐项估损。对不能逐项估损的财产，应采用平均估损的方法。以此为基础，保险公司对保险标的损失程度、修复金额做出准确估算，并经被保险人确认。必要时，可请公估公司估算。

2. 赔款审核

赔核人员在接受报案后，首先要抄查底单，验证保单是否有效。如果保单失效，就不必受理。同时，要与报案通知书的内容详细核对，验证保险单载明被保险人是否与受损失的人相符。其次，核实保险事故是否发生在保险单有效期内，杜绝倒签单。再次，审核索赔人是否对受损标的具有保险利益。例如，货物在运输中发生海损，但运输单据包括保险单据都已经从发货人转到收货人手中，这时发货人已无权索赔。最后，判定近因是否属于保险责任并核定损失金额。保险理赔人员要在确定危险损失价值的基础上，核定赔偿和给付金额。

在保险理赔的实践中，人们主要使用实际现金价值法、重置价值法和约定价值法来确保财产保险标的发生全损的情况下损失的金额。在保险标的发生部分损失时，确定损失的价值既要考虑到保险标的的价值，又要考虑到保险标的的损失程度。对于不同的保险标的，损失程度的判断标准是不一样的，遇到比较复杂的情况，要请专家进行鉴定。在确认了损失后，可以通过比例责任赔偿方式、第一危险责任赔偿方式、限额责任赔偿方式和定值保险赔偿方式来确定具体的赔偿金额。

二、金融科技在核保中的应用

传统核保流程复杂、审核材料多，难以对风险进行精准量化的评估。将大数据、人工智能等技术应用于核保全流程，可以实现更快速且有效地核保，帮助保险公司降低风险、提升绩效。金融科技在核保中的应用涉及以下四个方面：一是可以通过大数据分析和人工智能技术，对客户的个人信息、健康状况、职业等进行全面评估，从而更准确地评估客户的风险水平。二是可以通过自动化流程，将核保流程简化和加速，从而提高效率和减少错误率。例如，自动化核保可以通过自动填写表格、自动审核客户信息等方式，将核保时间缩短到几分钟内。三是可以通过人脸识别技术，对客户进行身份验证和核实，从而减少欺诈和虚假信息的风险。四是可以通过区块链技术，对客户的信息进行加密和存储，从而保证信息的安全性和隐私性。

目前，发展最快的金融科技当属作智能核保，很多保险公司开始引入人工智能技术来进行保险核保，主要应用在寿险领域，通过数据挖掘和人工智能技术辅助人工核保的模式，简化核保流程，提升核保效率，丰富风控手段，最终优化核保用户体验。智能核保通过人工智能图像识别（Optical Character Recognition，OCR）和自然语言处理技术（Natural Language Processing，NLP）可以自动识别体检报告中的异常检查结果，并输出核保结论，减少人工繁冗的文档查询与检索，有助于核保人员统一评估和作出结论，提升核保效率和品质，进一步释放核保人员生产力。

近些年，我国保险公司开展智能核保的数量和范围不断扩大，中国平安、中国人寿、太保寿险等多家大型保险公司都已经开展智能核保，涉及的业务范围也在不断扩大。中国平安在2017年推出了名为"人工智能核保"的智能核保系统，该系统能够自动识别客户提供的影像资料，并进行核保判定。中国人寿在2018年推出了名为"智能核保+"的智能核保系统，该系统拥有自主学习、智能判断、高效审核等多项功能，可以快速判断客户的风险等级，并为客户提供个性化的保险方案。

三、金融科技在理赔中的应用

近年来，理赔纠纷仍然是保险消费投诉中占比最高的类别。2023年6月，国家金融监督管理总局发布2023年第一季度银行业保险业消费投诉情况通报，2023年第一季度，监管部门共接收并转送保险消费投诉26 188件，其中，财产保险公司涉及理赔纠纷投诉9 621件，占财产保险公司投诉总量的84.4%。

随着保险技术的深度应用，保险公司理赔服务逐步升级。大部分保险公司的App、微信公众号都已实现电子化自动理赔，客户只需将原件材料拍照上传到理赔系统，就可以完成索赔支付。此外，部分保险公司还推出智能理赔服务，无须人工介入，支持低风险、小额案件全流程自动作业，大幅提升理赔服务效率。

（一）智能理赔的定义

智能理赔是指利用人工智能、大数据分析等技术手段，实现保险理赔过程的自动化和智能化。传统的保险理赔过程通常需要投入大量的人力和精力，流程复杂且容易出错。智能理赔可以实现理赔过程的自动化和智能化，减少人力投入和时间成本，通过简化流程和提供在线服务等方式，提高用户体验，增加用户的忠诚度，通过大数据分析和模型建立，识别欺诈行为，减少保险公司的风险暴露，为保险公司带来新的商业模式和业务机会，推动保险业务的创新和发展。

（二）智能理赔的特点

1. 自动化

智能理赔利用人工智能技术和机器学习算法，可以实现对保险理赔案件的自动处理和判断，提高理赔效率。

2. 数据驱动

智能理赔依托于大数据分析和挖掘技术，可以进行海量数据的分析和模型建立，从而更加准确地评估风险和确定损失金额。

3. 用户体验

智能理赔通过简化流程、提供在线服务等方式，改善用户体验，提高用户满意度。

（三）智能理赔的成效

通过人工智能、图像识别等技术，智能理赔可以完成对案件的实时风险评估，实现理赔风险控制与处理时效之间的良好平衡，降低人工成本，提升核赔效率。通过引入智能理赔新技术，保险公司的风险能够得到有效控制，理赔时效得到提升，内部人员配置得到优化。

从2024年4月各大保险公司披露的年报来看，理赔率一直都非常高，理赔时效也非常快。2023年年初，75家保险公司的总赔付合计约2 800亿元，获赔率在 98.98%，被拒赔的情况极少。同时，理赔时效也大大提升，平均 2 天完成理赔，一些小额理赔案件速度则更快，像合众人寿的小额理赔仅花费了 0.05 天。

> **思考与实践**
> 　　了解了 2023 年保险公司理赔的相关数据，数据看起来理赔率高，且理赔速度快，客户的实际体验与数据会是一致的吗？

（四）智能理赔的典型案例

某保险公司的轮胎受损检测识别项目是科技赋能保险的实践，该项目在轮胎险中引入图像识别技术，优化审核策略，降低人力成本。运用轮胎受损检测识别技术，实现了单张图片的检测速度为 0.2 秒，检测准确率为 87.45%，缩短了轮胎险理赔时长，提高了理赔时效，提升了理赔审核自动化效率，完善了轮胎险业务的自动化服务流程，以技术革新赋能保险场景，加速推动了保险行业数字化转型升级。项目上线以来获得了基层公司和消费者的良好反响，使得保险公司轮胎险保费总收入规模增长了 5 倍以上，保持了良好的获客增速。

也有保险公司推出了一款利用语音情绪识别技术应用在车险反欺诈领域的人工智能产品。通过在车险报案环节嵌入语音情绪识别，将客户报案的"喜、怒、哀、沉、惊、恐、厌" 7 种情绪特征与"疑似酒驾顶包、疑似逃逸和先出险后投保"等车险欺诈场景进行匹配建模，测算欺诈指数，并将疑点类型、现场调查建议第一时间推送给理赔前端的查勘员，实现风控前置。

第三节　金融科技与保险营销

一、保险营销的含义与环节

（一）保险营销的含义

保险营销又称保险销售，是指以保险产品为载体，以消费者为导向，以满足消费者需求为中心，运用整体手段，将保险产品推荐给消费者，以实现保险公司长远经营目标的系列活动。保险营销具体包括保险市场的调研、保险产品的构思、开发与设计、保险费率的合理厘定、保险分销渠道的选择、保险产品的销售及售后服务等一系列活动。

（二）保险营销的环节

保险营销通常包括以下七个环节：

1. 客户开发

保险公司通过各种渠道获取潜在客户，包括线上渠道（如官网、微信、App 等）和线下渠道（如营销活动、电话销售、保险代理人等）。客户开发是保险营销的第一步，也是最关键的一步，可以直接影响到后续的销售业绩。

2. 客户推荐

保险公司通过现有客户的推荐和引荐，获取新客户。客户推荐是一种比较有效的渠道，这是因为现有客户通常能够对保险产品的优劣进行评价，从而增加新客户的信任度和购买意愿。

3. 产品介绍

保险公司向客户介绍各种保险产品的种类、特点、保障范围、保费等信息。产品介绍需要通过各种渠道进行，包括电话、面谈、邮件、宣传资料等。

4. 风险评估

保险公司对客户的风险进行评估，以确定客户的保费和保障范围。风险评估通常需要客户提供相关的个人信息、财务信息、健康状况等，保险公司通过这些信息来评估客户的风险。

5. 报价和谈判

保险公司根据客户的需求和风险评估结果，向客户提供相应的保费和保障方案，在此基础上进行报价和谈判，以满足客户的需求和预算。

6. 签约和支付

客户确认购买保险产品后，需要签订合同，并支付保费。保险公司需要核实客户的身份和支付信息，确保合同签订和支付过程的顺利进行。

7. 售后服务

保险公司为客户提供售后服务，包括理赔、续保、客户关怀等。售后服务是保险营销的重要环节，可以增加客户的忠诚度和满意度，提高保险公司的口碑和市场占有率。

二、金融科技在保险营销中的应用

近年来，保险企业以产品为核心的传统营销模式逐渐难以应对日益变化的用户需求，整体盈利能力有限。因此，借助金融科技，重塑以个人用户为核心的产品营销与销售体系，逐渐成为保险企业在当下流量困局中的破局之匙。

金融科技可以通过大数据分析技术，对客户的需求、偏好、行为等进行深入挖掘和分析，从而更好地了解客户的需求和风险偏好，为保险产品的开发和营销提供更准确的数据支持。随着移动互联网的普及，金融科技可以通过移动应用、微信公众号等渠道，实现保险产品的在线销售和客户服务，提高销售效率和客户满意度。金融科技可以通过人工智能技术，实现保险产品的智能推荐和定制化服务，根据客户的需求和风险偏好，为客户提供更加个性化的保险产品和服务。金融科技可以通过区块链技术，实现保险产品的信息共享和安全管理，提高保险业务的透明度和安全性，减少欺诈和风险。总之，金融科技在保险营销中的运用，可以帮助保险公司更好地了解客户需求，提高销售效率和客户满意度，同时也可以提高保险业务的透明度和安全性，为保险行业的发展带来更多的机遇和挑战。

金融科技在保险营销的应用主要体现在智能保险营销工具和智能人员管理工具赋能两个维度上。

（一）智能保险营销工具

当前的智能保险顾问主要依托大数据和人工智能技术，通过虚拟机器人和相关算法对用户因生活环境、家庭情况以及财务状况而产生的保险需求进行分析评估，并据此提供相应保险产品及服务的个性化推荐。

2017 年以来，智能保险顾问在我国保险行业内掀起了一波热潮，大型保险公司以及保险科技的初创企业纷纷推出智能保险顾问机器人。例如，太平洋保险推出的"阿尔法保险"作为大型保险公司在智能保险顾问的首次探索，推出后快速成为了行业现象级产品。"阿尔法保险"以家庭保险需求为导向，利用自然语言理解技术和智能推荐算法，解答用户保险相关的咨询问题。基于微信 H5 小程序，用户可以通过语音或文字聊天方式咨询"阿尔法保险"机器人，了解保险常识并获取针对个人及家庭需求的保险规划建议。一方面，"阿尔法保险"为营销队伍提供了保险营销辅助工具；另一方面，也为后续进一步将大数据和人工智能技术运用在保险营销上积累了经验。

又如，在展业营销方面，平安人寿打造"智能拜访助手"，提供机器人实时问答、对话智能辅助、对话总结等核心能力，打造"AI 会客厅"，不仅支持保险代理人线上会客展业，还支持举办线上大型产说会和创说会，可容纳 300 人同时在线互动，属保险行业首创案例。在保险代理人招募环节，平安人寿研发的 AI 面谈工具，通过智能对话识别准保险代理人多维度信息并生成面试报告，节省大量面试人力及成本。在保险代理人培训环节，智能陪练模拟真实销售场景，支持保险代理人与机器进行人机对练，并点评练习结果，帮助保险代理人快速提升销售技能。

（二）智能人员管理工具

目前，各家保险公司都将挖掘科技赋能保险核心销售队伍作为创新的焦点，不断探索用科技的力量来赋能销售队伍，重构营销场景与模式。针对营销团队的数字化销售赋能主要体现在保险营销员增员和培训、保险代理人队伍建设、智能保险展业工具这三个方面。

在保险营销员的增员和培训方面，保险公司重点应用数字技术开展在线增员和培训，通过手机 App、微信客户端等移动工具，实现从招募到上岗全流程增员在线化，提高新人上岗效率，节省公司新人培训与手工操作成本。产品学习方面，部分保险公司建立游戏化的产品学习平台以提升保险营销员学习兴趣，保险营销员可在游戏中夯实产品基础并深入了解产品。

拓展阅读：
一图读懂《保险代理人赋能白皮书（2023）》

在保险代理人队伍建设上，技术赋能的移动保险代理人管理工具代替了传统保险代理人业绩大多依靠保险公司内勤督导追踪，并无统一的保险代理人管理工具。通过应用移动保险代理人管理工具，保险代理人具备了独立自主经营的工具和条件，可更便捷地进行销售培训、业绩分析、收入测算、客户服务。针对保险代理人团队建设，许多保险公司建设一站式数据查询平台，保险代理人可在数据查询平台上即时查看个人各类产能指标、测算月度收入，团队管理人可通过平台实时监控团队发展动态。

在智能保险展业工具的革新上，针对个险营销，保险公司应用移动智能保险展业工具，通过大数据挖掘与分析客户需求、开展线上营销与批量获客，提升销售效率，并通过线上投保等方式，提升客户服务体验。

1．单选题

（1）我国互联网保险业务监管制度的正式出台标志是（　　）。

    A. 1997 年中国保险信息网的成立

    B. 2013 年众安保险的成立

    C. 2015 年保监会发布《互联网保险业务管理暂行办法》

    D. 2017 年国际保险监督官协会（IAIS）为保险科技进行定义

（2）目前发展迅速的智能核保，主要引入了（　　）技术来进行保险核保。

    A. 大数据   B. 区块链

    C. 人工智能   D. 图像识别技术

（3）智能保险顾问主要应用于保险业务的（　　）环节。

    A. 投保   B. 理赔   C. 承保   D. 保全

（4）在保险营销环节中，以下选项中不属于金融科技的应用范畴的是（　　）。

    A. 人工智能算法用于风险评估和定价

    B. 区块链技术用于追踪保险索赔过程

    C. 社交媒体平台用于推广保险产品

    D. 移动支付平台用于收取保险费用

2. 多选题

（1）以下选项中属于大数据技术的应用场景的是（　　）。
　　A. 保险理赔　　　B. 保险销售　　　C. 保险核保　　　D. 保险定价

（2）区块链技术在保险领域的应用优势有（　　）。
　　A. 提高信息共享和透明度
　　B. 提高数据安全性和隐私保护
　　C. 加速理赔处理和赔付
　　D. 快速地理赔、服务、客户信息数据处理

（3）以下关于 UBI 车险说法正确的是（　　）。
　　A. UBI 车险模式是数字车险的重要组成部分
　　B. UBI 是一种基于驾驶行为的保险
　　C. UBI 车险可以实现对车险进行差异化定价
　　D. UBI 车险模式通过车联网、智能手机和 OBD 联网终端等采集车主驾驶综合数据信息，由定价模型为每位车主提供定制化的保险费用。

（4）精准定价是指利用（　　），根据个体的特征和风险进行精准定价的一种方法。
　　A. 大数据分析　　　　　　　　B. 区块链技术
　　C. 人工智能　　　　　　　　　D. 个性化评估技术

（5）在保险科技领域，以下陈述正确的是（　　）。
　　A. 保险科技是指应用科技手段改进和优化保险业务流程的科技
　　B. 区块链技术在保险科技中主要用于提高理赔处理的透明度和效率
　　C. 人工智能在保险科技中主要用于风险评估和定价
　　D. 保险科技主要关注的是传统保险业务的数字化转型，不涉及产品创新
　　E. 保险科技可以提高保险公司的盈利能力，但可能降低客户的服务体验

3. 简答题

（1）简述精准定价的特点。
（2）金融科技在核保中的应用有哪些？
（3）简述智能理赔的特点。

Chapter

08

第八章
金融科技与其他相关行业

·)) 金融科技与财富管理
·)) 金融科技与信用产业
·)) 金融科技与互联网行业

学习目标

素养目标
- 引导学生树立共同富裕的价值目标,培养学生正确的财富价值观
- 增强学生的诚信意识,培养诚实守信的职业道德

知识目标
- 了解财富管理、征信、信用评级的内涵及其特点
- 熟悉金融科技在财富管理和信用产业中的应用、挑战及发展趋势
- 了解互联网金融科技平台的行业格局和典型代表
- 熟悉互联网金融科技平台的发展趋势

技能目标
- 能够认识数字财富管理和传统财富管理的内涵
- 能够查阅个人征信报告

思维导图

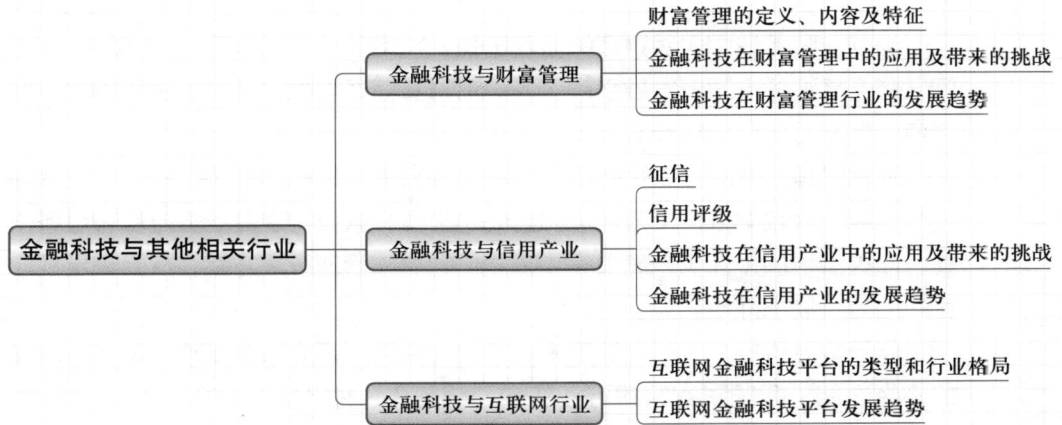

章前引例

AI 大模型赋能中国财富管理行业高质量发展

当前，随着我国居民财富的显著增长，财富管理市场呈现出广阔的发展空间。社会经济的高质量发展引领了人们对财富管理需求的转型，由简单的保值增值，逐渐进化至更加专业化、多元化的方向。

财富管理行业的数字化转型，是指传统财富管理机构运用金融科技技术如人工智能、大数据分析、云计算和自动化工具，重新构建其业务流程和服务模式，以提供更加个性化、高效率和智能化的财富管理解决方案，从而满足现代客户的复杂需求并增强竞争力。

伴随金融科技 3.0 时代的到来，加快财富管理行业数字化转型是未来发展的必经之路。我国财富管理行业正向"智慧化+生态化"转型，各金融机构正致力于通过科技赋能，探索打造一体化数字化平台，实现金融科技与财富管理的深度融合。

伴随着 AI 大模型的普及，财富管理行业数字化转型正在迎来一个新阶段。大模型在当前机构数字化转型基础之上，进一步实现财富管理能力升级，通过对前、中、后台三个环节进行渗透，覆盖财富管理机构全业务流程。比如，在智能营销中，传统人工智能不具备内容生成能力，因此需要人工承担内容生成工作，人工智能仅依据用户行为进行判断并对既有内容进行分发，而 AI 大模型出色的生成能力可以独立完成用户触达、交互以及营销资源匹配，可以根据用户的个人信息、投资偏好、风险承受能力等因素，为客户量身定制个性化的营销方案。

2020 年以来，各金融机构在数字化转型中加大了对人工智能能力建设的投入，多家机构搭建了面向 C 端用户的人工智能客服系统，在财富管理领域也诞生了智能理财助理等服务。此前，业内的智能理财助理大多为"检索式 AI"，在语意理解、金融问题分析回复和专业服务的提供上，存在诸多局限。而在 AI 大模型赋能下，基于万亿级别的通用语料，千亿级别的金融知识，智能理财助理可以与用户进行更自然而流畅的对话，提供更好的辅助支持、陪伴和安抚用户情绪以及进行投资者教育。

在机构层面，伴随 AI 大模型的应用，财富管理产业链或更为细化，在传统财富管理机构之外，更多的独立第三方机构作为大模型的服务提供商参与到产业链的建设中来，这类机构通过专注于财富管理的某一细分赛道，例如获客人工智能、合规监测、行为评估等，打造应用场景。

未来，AI 及大模型的应用将进一步改善财富管理行业主要痛点及问题，从而推动我国财富管理行业的高质量发展。

> **分析**：财富管理市场正在经历一场技术大变革的时代浪潮。金融科技，特别是 AI 大模型的引入，通过数字化和智能化手段，极大提升了财富管理行业的服务效率、个性化服务水平和风险管理能力，推动行业的高质量发展。

在前面的章节中，本书介绍了金融科技在银行、证券、保险等主要金融行业中的发展和应用。此外，金融科技还广泛应用于财富管理行业和信用产业中，同时，互联网头部企业也在大力发展金融科技业务，着力打造综合性解决方案，成为金融科技发展与应用的重要一极。

第一节　金融科技与财富管理

一、财富管理的定义、内容及特征

（一）财富管理的定义

从一般意义上来说，"未来有价值的东西"都可以被定义为财富，即"财富就是当期不使用，留存到将来的购买力或者消费能力"。财富管理业务是金融机构围绕着客户财富的保值增值而展开的一系列金融服务。它的核心任务是帮助客户维护个人财富，实现金融理财目标。

2021 年 12 月，中国人民银行发布《金融从业规范 财富管理》的行业标准，对财富管理进行了定义："贯穿于人的整个生命周期，在财富的创造、保有和传承过程中，通过一系列金融与非金融的规划与服务，构建个人、家庭、家族与企业的系统性安排，实现财富创造、保护、传承、再创造的良性循环。"由此可见，财富管理内涵非常丰富，既包括对客户财务目标和投资组合的分析、规划和预测，也包括选择、买卖和管理各种资产的综合策略。

（二）财富管理的内容

财富管理参与者既包括商业银行、证券公司、信托公司，也包括独立第三方咨询机构、家族办公室等。业务产品也很广泛，包括银行理财、信托、公私募基金、券商资管、保险资管等。提供的服务不仅包括金融服务，还包括税务筹划、信托、慈善、财产继承、子女教育、艺术收藏等个性化服务，涵盖客户全生命周期的管理。可以从金融机构、业务和客户三个层面来理解财富管理的内容。

从金融机构层面看，财富管理是金融机构的核心业务之一，是整合资产、负债和中间业务的综合性金融服务。各机构专注于不同的财富管理子市场。例如，商业银行主要为客户提供综合性财富管理服务，可以满足客户投资规划、保险筹划、全球化资产配置等一系列的财富管理需求，而保险公司主要为客户进行保险规划，专注于客户的保障需求和部分投资需求。

从业务层面上看，各个机构的财富管理主要业务包括理财规划、投资管理、资产保护、税务筹划、遗产规划等。这些业务有助于个人或家庭有效地管理自己的财富，实现财富的价值最大化。

从客户层面上看，客户包括机构客户和个人客户。客户是财富管理市场的需求方，他们普遍面临财富的保值与增值、财富保全、财富传承等方面的需求。

（三）财富管理的特征

1. 个性化

财富管理的个性化体现在财富管理业务是根据客户的需求、风险偏好等个性化因素为客户量身定制的服务。

2. 综合化

财富管理的综合化体现在财富管理业务囊括了投资、资产保护、税收筹划、遗产规划等多个方面的服务。

3. 专业化

财富管理的专业化体现在财富管理业务需要专业化的人才团队，包括投资经理、税务专家、遗产规划师等。

4. 较高门槛的准入要求

财富管理准入门槛相对较高，往往需要客户具备一定的财富积累和投资经验。

5. 风险控制要求较高

财富管理业务需要对风险进行有效的控制。

> **思考与实践**
>
> 随着财富管理行业数字化转型，财富管理的形式和内容都发生很大的变化。请同学们搜集整理资料，查阅近十年我国常见的财富管理的案例，对比当前我国数字化财富管理的典型案例，体会两者的异同点。

二、金融科技在财富管理中的应用及带来的挑战

（一）金融科技在财富管理中的应用现状

金融科技已逐渐介入整个财富管理价值链的各个环节，如图 8-1 所示。在客户进入市场和客户引导环节，以"大数据+算法"智能化地进行客户细

分客群与差异化营销素材的匹配，依靠渠道引流及线下获客转化，最终提升数字财富管理的获客与转化能力。在投资管理及账户管理环节等，智能算法促成了智能投顾的出现并进行投资管理服务。在客户关系管理环节，利用即时通信技术、界面友好的客户端（App）等能有效解决和客户沟通的问题。

图 8-1 财富管理价值链

从不同技术在财富管理中的应用来看，大数据、云计算、人工智能、区块链、移动互联网等技术广泛地应用于财富管理业务。大数据可以提供全面具体的客户行为分析，更好地衡量市场趋势，把握投资机会，实现价值增值。云计算技术以更经济更快速的方式建立和运行财富管理行业所提供服务的基础结构。在财富管理行业中，云计算技术能够提供低延迟的数据传输、资源分配和计算能力，从而提升金融分析能力。通过人工智能、机器学习等技术来对财富管理行业的风险、收益、投资组合等进行精准分析，从而实现财富管理的优化管理。财富管理机构利用区块链技术，通过自动化脚本代码、智能合约自动触发记账等技术，可以为客户构建财富链，经前置授权后开展财富管理，建立理财师、金融机构和融资方的信用关系，降低信任成本。

数字财富管理带来与传统财富管理不同的价值。数字财富管理是以金融科技赋能财富管理价值链，应用人工智能、大数据、云计算、区块链等技术手段明晰客户画像、洞察客户需求、理解金融产品、优化资产配置等，开展数字化客户经营，驱动业务及服务模式创新，为客户提供智能、高效、便捷的财富管理服务。数字财富管理和传统财富管理的差别如表 8-1 所示。

表 8-1 数字财富管理和传统财富管理的不同

项目	价值定位	服务客户	产品	服务
数字财富管理	金融科技赋能下的金融产品销售及资产配置服务	大幅降低了财富管理的门槛，客户群体拓展至规模较大、对价格相对敏感的大众客户	主要依托简单、标准、透明的公募基金、ETF 等产品为大众开展资产配置	突破了时间和空间限制，提供 7 天 ×24 小时，高效、便捷、精准服务
传统财富管理	以投资顾问经验为主导的服务	聚焦于可投资资产更高的客户	复杂、定制化的私募、信托等产品	注重提供有温度的定制化专属服务

（二）金融科技在财富管理行业发展的挑战

在财富管理业务中，对金融科技技术投入相对不足。财富管理行业普遍是以代客理财的轻资产运营模式，资金体量较小，同时因为传统的财富管理业务高度依赖人才、经验、人际关系等因素，难以被金融科技完全替代。

在渗透深度方面，前沿技术尚未普及。金融科技在财富管理行业中的应用主要体现在信息系统升级改造、互联网获客方面，但是对人工智能、计算机、大数据等前沿科技在投研、风控等核心领域还未大规模使用。

在外部环境方面，市场与监管处于磨合探索期，金融科技具体展业方式存在不确定性。

三、金融科技在财富管理行业的发展趋势

近年来，深化金融科技应用，加快数字化转型，已成为国内外财富管理行业普遍的共识，这一趋势已逐步显现。

（一）财富管理市场规模扩大与金融科技应用深化相互促进

财富管理市场规模高速增长，对金融科技应用的需求随之增加。财富管理行业已经成为服务我国高净值家庭的核心行业。随着高净值家庭的持续增加，越来越多的家庭开始关注财富的增加和保障，财富管理服务日益成为高净值家庭的主要服务项目。

财富管理主要客户群体将积极拥抱数字财富管理，对金融科技在财富管理中的应用需求大幅度增加。数据显示，当前 35~45 岁的人群，以及"崛起一代"，即当前 25~35 岁的人群，既有大量的资产亟须进行财富管理，也对数字财富管理有着很高的接受度。

数字增效提升财富管理的效率，释放出更大的社会价值。未来财富管理行业也将加大金融科技投入，全面赋能前中后台。通过诸如自然语言处理、机器人流程自动化、机器学习、大数据分析等金融科技应用，前台赋能服务团队持续提升客户服务精准度和响应速度，中后台加强业务风险控制能力和运营效率，并通过建立敏捷开发等机制，加快响应速度，打造卓越运营能力。特别是生成式人工智能技术兴起，以爆发式的速度在各行各业中得到大量应用，并且自身也在快速迭代。随着人工智能大规模向财富管理领域投入，生成式 AI 模型在财富管理场景（如财务规划、产品咨询、产品评价等）将有较大的应用潜力。

（二）金融科技进一步推动普惠财富管理发展

在线上化、数字化之前，金融机构要为庞大的大众客户群体提供财富管理服务较为困难。数字化转型重构了金融机构的金融服务生态，大大拓展了金融机构财富管理业务的客群覆盖范围。数字化赋能为金融机构深耕财富管理业务

打开了新的增长空间,使得财富管理能够覆盖更广的客户群体,触角可以伸向偏远地区客户、特殊人群等。同时,数字化能有效打破传统网点的局限性,包括老年人、残障人士等在内的特殊人群能够更好地享受数字化带来的金融服务。

金融科技知信行

财富管理在新时代将承担新使命

党的十八大以来,党中央把"逐步实现全体人民共同富裕"摆上更加重要的位置。党的二十大报告提出:"中国式现代化是全体人民共同富裕的现代化。共同富裕是中国特色社会主义的本质要求,也是一个长期的历史过程。"这为我们全面深入理解新时代实现共同富裕的重大意义、战略目标和实践途径提供了理论指引。

随着我国居民财富收入持续增长,中等收入群体规模不断增大。加强财富管理,增加财产性收入,才能更好满足一般收入主体和中等收入主体的财富管理需求。

财富管理是推进共同富裕的重要力量。财富管理通过向财富客户提供现金、信用、保险、投资组合等一系列的金融和非金融服务,对客户的资产、负债、流动性进行管理,帮助客户实现财富保值增值、安全保障和传承的目的。财富管理作为居民工资收入等"勤劳致富"方式以外的有效增收途径,是实现共同富裕"做大蛋糕"的重要环节。

财富管理是再次分配中的关键推动力量。财富管理的本质是通过资源配置的动态优化,实现金融资源供给与需求的匹配,是实现共同富裕"分好蛋糕"的重要途径。此外,高净值客户具有财富保障、税务规划、财富传承等多元化需求,财富管理机构为此类"先富人群"筹划财务和税务,可以改善其缴税体验和意愿。

财富管理是"以人民为中心"的坚定践行者。财富管理坚持以"人"为中心,围绕人民群众全生命周期的财富管理需求,以专业化能力为保障,以丰富的财富管理产品及服务为抓手,全方位满足人民群众对于财富保值增值、财富安全保障以及财富持续传承的愿望,助力人民群众美好生活的实现。

共同富裕蕴含着"做大蛋糕"和"分好蛋糕"的内在要求,主张实现高质量发展,构建体现效率、促进公平的收入分配体系,以及企业"办好自己的事"。财富管理行业要充分发挥资产配置效用,引导更多长期资金流向科技创新、绿色转型等重点产业领域,促进社会财富的可持续增长。

（三）金融科技应用推动行业向财富管理生态圈升级

金融科技的深化应用，不但提升财富管理机构的运行效率和核心竞争能力，更为重要的是，还构建全新的财富管理平台和生态，并将其升级为财富管理生态圈。为最大程度地满足客户日益多元化的财富需求，越来越多的财富管理机构不再"单打独斗"，而是寻求构建财富管理生态圈。一些拥有多牌照机构的金融集团开始加深集团内部协同，最大程度地挖掘客户资源潜力，构筑自身财富管理"护城河"。而另一些机构则选择寻求资源互补，与其他持牌机构、金融科技公司等一起，携手构建更为开放创新的财富管理生态圈。

（四）数字化能力成为未来财富管理行业的核心竞争力

目前，财富管理客户的投资习惯、交互模式、服务需求都在发生根本性变化，促进财富管理行业加速向数字化转型。金融科技的进步不断赋能财富管理机构的运营能力。通过内外部客户数据整合、挖掘和分析，打造精准的客户360°画像，实现更精细化的"千人千面"客户运营和客户价值转化；利用大数据技术捕捉客户行为和体验数据，不断完善线上客户旅程、提升服务体验，使其成为获客留客的关键抓手。数字化能力将成为未来财富管理行业竞争能力的核心，在行业竞争升级的背景下，金融科技能力、零售金融场景建设以及客群丰富程度方面具有比较优势的机构生态构建能力的优势将随着时间的推移而日渐凸显。

第二节 金融科技与信用产业

信用产业起源于信用交易及金融发展对信用信息的需求。征信、评级、信用增进以及信用管理等行业组成的信用体系是甄别信用信息、揭示信用风险、提高信息透明度的重要金融基础设施。信用产业既是经济发展特别是金融发展的结果，也是规范与塑造金融市场的重要力量。信用产业的主导和支撑行业是征信和信用评级。

一、征信

（一）征信的含义

征信行业是一种基于信息采集、处理、分析和评价的金融服务行业，主要提供信用信息查询、咨询、评估、管理和风险控制等服务，帮助金融机构和企业了解借款人或客户的信用状况和还款能力，从而降低信贷风险，以及提高贷款的准确性和效率。简单来说，征信就是获得主体信用信息的活动。征信行业是社会信用体系建设的重要组成部分。

(二)征信业务的内容

可以从征信对象、征信机构、获取主体信用信息的模式、信用记录以及征信模式等角度来认识征信业务的内容。

第一,征信对象。征信对象主要包括个人征信、企业征信等,两者目的和主要内容如表 8-2 所示。

表 8-2 个人征信与企业征信

	个人征信	企业征信
目的	个人信用报告的收集、分析和评价	企业信用风险管理
主要内容	个人信息、个人信用记录、信贷行为、逾期记录、欠款情况、销户记录、授权查询记录、查询次数等	企业信用报告的收集、分析和评价,企业经营状况、财务状况、行业风险、管理能力等

第二,征信机构。征信机构是依法设立的、独立于信用交易双方的第三方机构主要经营征信业务,从事收集、整理、加工和分析企业和个人信用信息资料工作,并出具信用报告。我国征信机构可以分为中国人民银行征信中心、征信公司,其中,征信公司可以分为个人征信类和企业征信类,均由中国人民银行征信管理局进行管理。

第三,获取主体信用信息的主要模式。当前我国获取主体信用信息的模式有数据中心模式、第三方征信模式、共享查询模式三类。除了获取主体信用模式外,行业内还有一些数据公司在现有数据基础上进行深度挖掘,重构了征信行业的商业模式。

第四,信用记录。针对不同主体,征信机构可以出具的信用记录包括个人信用报告、企业信用报告、企业社会责任报告等。

第五,征信模式。根据是否使用历史借贷数据之外的替代数据,如运营商数据、政务信息、生活缴费信息、银行卡信息等,可将征信模式区别为传统征信和新型征信。

(三)征信业务的特点

征信业务存在以下几个特点:

第一,数据来源广泛。征信机构的数据来源包括各大商业银行、信用卡中心、中国人民银行、税务机构、公安机关、房地产交易中心等多个渠道,数据量大、覆盖面广。

第二,数据处理复杂。征信机构需要对收集到的数据进行清洗、筛选、整合、加工等多个环节的处理,确保数据的准确性、完整性和可靠性。

第三,数据保密性要求高。征信业务涉及个人隐私,征信机构需要建立完备的信息安全管理体系,保护客户个人信息不被泄露。

第四,监管严格。征信机构需要遵守相关法律法规,接受中国人民银行、国家金融监督管理总局、国家市场监督管理总局等多个监管机构的监管。

第五,应用场景广泛。征信数据可以应用于信贷风险评估、担保资格评估、租赁信用评价、保险承保决策等多个领域,应用场景广泛。

二、信用评级

(一)信用评级的含义

信用评级(Credit Rating),又称资信评级,是指独立的第三方信用评级中介机构对债务人如期足额偿还债务本息的能力和意愿进行评价,并用简单的评级符号表示其违约风险和损失的严重程度的过程。信用评级可以帮助投资者和金融机构了解债券发行人或借款人的信用风险,从而做出更加明智的投资和决策。

(二)信用评级的类型

按照评级对象的不同进行分类,信用评级可以分为证券信用评级、企业信用评级以及国家主权信用评级。

(1)证券信用评级,即针对发行债券的公司或政府机构进行评级,评估其债务偿还能力和发行债券的信用风险。债券信用评级通常由专业的评级机构进行,评级等级通常采用字母表示,如标准普尔的评级等级为 AAA、AA、A、BBB、BB、B、CCC、CC、C 和 D 等。

(2)企业信用评级,即针对企业进行评级,评估企业的信用风险和偿债能力。企业信用评级通常由银行、证券公司和专业评级机构等进行。

(3)国家主权信用评级,即评级机构依照一定的程序和方法对主权机构(通常是主权国家)的政治、经济和信用等级进行评定,并用一定的符号来表示评级结果。国家主权信用评级实质就是对中央政府作为债务人履行偿债责任的信用意愿与信用能力的一种判断。

根据评级的目的和需求不同,也可以将信用评级分为投资级评级和非投资级评级,其中,标准普尔评级等级在 BBB 及以上的一般被认为是投资级评级,其他等级为非投资级评级。

此外,信用评级还可以按照评级意愿和评级标的的种类进行分类。如图8-2 所示。

(三)信用评级行业发展的特点

全球信用评级行业发展具有以下几个特点:

第一,垄断性。全球信用评级行业被少数几家大型评级机构垄断,这些机构掌握大部分市场份额,具有较强的市场竞争力。

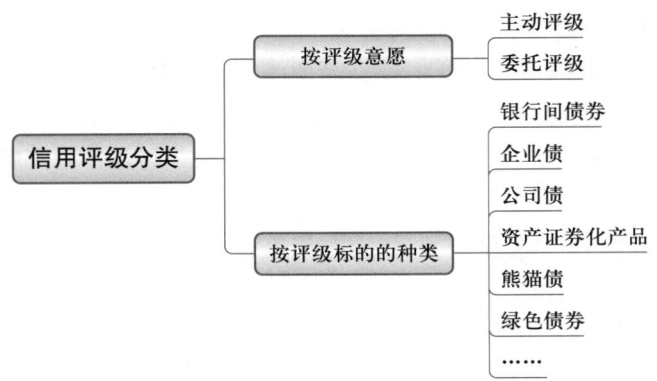

图 8-2 信用评级的不同分类方法

第二，高度专业化。信用评级行业需要具有专业的分析能力和评估技术，并需要对多个领域、多个行业有深入的了解，是一个高度专业化的行业。

第三，信用评级机构信用等级高。信用评级机构本身也会需要进行信用评级，因此它们需要维护自身的信用等级，保持高度的透明度和独立性。

第四，信用评级结果对金融市场影响力强。信用评级机构的评级结果对金融市场具有重要的影响力，可以影响债券价格、借款成本等多个方面。

第五，信用评级机构评级标准和方法透明度较低。信用评级机构的评级标准和方法并不完全透明，评级结果也可能受到多个因素的影响，缺乏透明度。

（四）征信与信用评级的异同

信用评级和征信业务都属于信用产业的主要内容，信用评级是征信机构业务深化发展的结果。

两者的相同点在于：一是都是对市场主体的信用状况进行评估；二是都可以作为金融机构、企业等在决策时参考的重要依据；三是都需要收集个人或机构的相关信息，并进行评估和分析。

两者的不同点在于：

第一，定义不同。征信是收集、整理和提供个人或企业信用信息的服务，目的是为金融机构提供风险评估和信贷决策；信用评级是对债券、证券等发行人的信用风险进行评估和等级划分，目的是帮助投资者进行投资决策。

第二，评估对象不同。征信评估的对象更加广泛，包括个人信用记录、征信报告等，一般为个人或小微企业，而信用评级评估的对象主要是发债主体，多为大中型企业。

第三，应用场景不同。征信数据可以应用于信贷风险评估、担保资格评估、租赁信用评价、保险承保决策等多个领域；信用评级数据则主要应用于债券、证券等投资领域。

第四,数据来源不同。征信数据来源多样,包括银行、信用卡中心、央行、税务机构、公安机关、房地产交易中心等多个渠道;信用评级数据主要来源于发行人的财务报告、资产负债表、现金流量表、经营计划等资料。

三、金融科技在信用产业中的应用及带来的挑战

（一）金融科技在征信业中的应用

随着经济的发展,传统征信行业的发展出现了一些问题。对我国而言,传统征信产品应用的广度和深度不够;覆盖征信人群虽大,但有效融资人群小,不能满足普惠金融和数字化金融的要求;金融或类金融机构快速增加,接入征信系统的意愿强烈,由此导致信息种类和信息格式多样化,对现有征信系统的容纳能力和处理都形成了较大压力。金融科技的快速进步能从多方面解决这些问题,主要包括大数据、人工智能、区块链等技术,这些技术应用在数据源处理、数据储存、数据管理以及征信应用支持等环节。

1. 大数据和多方计算在征信业中的应用

征信业是数据密集型行业,拥有海量的高价值数据资源。大数据技术的应用为征信业务的开展提供了便利条件。值得注意的是,传统的大数据征信基于明文数据计算,容易产生数据泄露和滥用的问题。近年来,利用替代数据刻画企业或个人信用状况成为全球流行的新趋势。

2. 人工智能在征信行业中的应用

在数据处理和分析方面,征信行业需要处理大量的个人和企业数据,人工智能可以帮助征信公司对这些数据进行快速、准确地分析和处理,提高数据处理的效率和准确性。在风险评估方面,人工智能可以通过大数据和机器学习算法,快速、准确地对申请人的信用情况进行分析和评估,提高评估的准确性和效率。在信用作弊检测方面,人工智能可以通过算法分析,检测申请人是否存在欺诈行为,提高征信行业的诚信度和公平性。在信用风险预测方面,人工智能可以通过机器学习算法和大数据分析,对未来的信用风险进行预测和分析,提高征信行业的风险控制能力。

3. 区块链在征信行业中的应用

区块链技术应用于征信,可以增强信用数据的可靠性,改善预测的准确性,降低贷款的整体风险;提高征信流程的透明度,改善征信机构、金融机构、公众的监控能力等。为解决小微企业跨区域融资经营问题,我国探索运用区块链等新技术实现征信信息的互联互通。从2021年起,中国人民银行推动在地方征信平台之间建立区域一体化征信联盟链,已建成"长三角征信链""珠三角征信链"和"京津冀征信链"。

（二）金融科技在信用评级领域的应用

（1）采用人工智能和大数据技术对信用评级进行优化。信用评级机构通过大数据技术，对各种数据进行挖掘和分析，包括财务数据、社会数据、互联网数据等，提高评级的准确性和精度。通过人工智能和自然语言处理技术，对企业的报告、公告和其他文本信息进行分析和评价，提高评级的自动化和效率。

（2）通过区块链技术，建立分布式信用评级数据库和信用评级链，提高评级的透明度和可靠性。

（3）与金融科技公司开展合作项目，提高征信和信用评级业务的数字化和智能化。

（4）建立数字化平台，推出大量新型产品和服务，提高服务效率。信用评级机构积极建立数字化平台，例如标准普尔公司的 S&P Global Market Intelligence 平台，可以提供基于数据的信用评级服务，帮助投资者更好地实现风险管理。

（三）金融科技给信用产业带来的挑战

（1）金融科技推动下的新商业形态的涌现对现有征信服务提出挑战。随着信息及网络技术的发展，数字金融和数字征信的应用场景逐步形成，其显著特点是通过人脸识别技术和大数据信用评价发放贷款，客户面向普通大众、小微企业，其对信用信息的需求具有高发性、高频性、实时性特点，且需要 7 天 × 24 小时网络支持。这些新特点对我国现有公共征信系统的数据承载力、高频高速查询的支持力和关联信息的整合力等提出新挑战。

（2）金融科技的运用还不充分。作为数据密集型行业，我国信用产业在大数据分析、新技术运用、人工智能探索等关键领域竞争力还较弱。比如，目前国内少数征信公司正在试点开展区块链技术在征信领域的应用，但多数公司还停留在理论研究阶段，落地应用还远远不够不充分。

（3）对征信替代数据的流动和应用提出了新要求。当前，中国人民银行征信中心的数据库已基本实现对传统类金融机构和个人负债信息的全覆盖，但依然存在大量缺乏信贷记录甚至没有信贷记录的"信用白户"或"准信用白户"。对此，以非信贷信息为主的"替代数据"正发挥着越来越重要的作用。互联网和大数据技术的广泛应用，使得大量有效替代数据的采集成为可能，潜在的商业价值已经逐步显现。但大量替代数据并非来自银行信贷机构，也不来自传统征信机构，而是分散在各种大科技平台，如何让这些数据流动起来是征信行业面临的问题之一。

（4）技术储备和人才储备不足。由于大数据处理专业性强，对专业设备和技术的要求较高，征信行业在技术能力、技术储备上还不能满足大数据时代的要求。征信机构的高技术人才储备不足。

（5）征信行业的安全管理面临新课题。随着征信行业数据量的剧增，大数据的信息安全成为迫切需要解决的问题，如何建立相应的征信业务规则、完善监管框架是征信管理方面面临的一大新课题。

四、金融科技在信用产业的发展趋势

（一）数字化转型促进信用产业发展

互联网、人工智能、区块链、云技术和大数据等现代技术的快速发展，使得信用体系的内涵和外延逐渐被放大，产生新的金融价值。现代科技与信用产业的结合日益紧密，信用产品的应用场景不断深化，同样有助于促进金融交易的持续扩大与普惠金融的落地。

当前信用产业各个产业链条都在加大信用科技布局，信用科技在信息沉淀、信息分析、模型开发等征信领域应用已经相对广泛，信用与科技融合发展的趋势已经不可逆转。未来信用科技将在大数据征信、智能评级、应收账款交易、供应链金融以及金融服务普惠化等领域持续发挥作用，为我国金融高质量发展持续提供引导与支撑。

（二）新技术在信用产业深入应用，并促进数据共享、整合和深度使用

（1）机器学习、隐私计算、人工智能等新技术的使用，进一步促进了数据的整合和深度使用。①机器学习，原来主要依靠分析师调研数据，进而对行业形成自己的判断和独到看法，而现在能够通过机器学习把分析师的经验设计成模型来应用。②隐私计算，以前把多元的第三方数据，包括工商、司法、交易、政府等数据引入到业务中并不容易，现在通过隐私计算可以使用其中的一些底层数据，创造隐私计算的新应用场景。③人工智能，人工智能征信技术对行业的发展影响深远。一是在模式识别方面，主要解决交易场景中的身份识别；二是在信用分析及预测方面，主要解决客户信用风险评估，目前尚在研发阶段，未来发展潜力巨大。

（2）各个征信机构之间的数据共享和整合会越来越普遍。这将有助于提高征信数据的准确性和完整性，同时也能更好地满足消费者的个性化需求。

（3）征信数据的精细化发展。征信数据将逐渐实现精细化，例如细分到个人、家庭、企业等多个级别，从而更好地反映客户的信用状况。

（三）大数据技术促进以非信贷信息为主的替代数据的广泛应用

利用替代数据进行信用评估是近年来个人征信行业和风控领域的全球化趋势，也给我国的征信业务发展提供新的思路。随着大数据时代的到来和金融信贷业务的快速发展，以非信贷信息为主的替代数据在征信和风控领域的作用越来越重要，可以扩大消费者服务人群，完善传统信用风险评估模型，满足新兴

信贷业务的现实需求。

目前，国内征信业存在很大的发展潜力和市场空间，未来可以充分发挥现有征信系统的数据优势，促进征信数据的流通和应用。此外，可以更好地利用市场化和专业化的机制运营征信机构，与国内飞速发展的数字经济相匹配。深入挖掘征信数据的中观和宏观价值，为金融政策制定、金融市场风险管理等众多领域提供大数据决策支持。

（四）金融科技应用于信用产业时要充分考虑合规要求

2021年6月，我国颁布《中华人民共和国数据安全法》，其中，金融数据安全是重中之重。党的二十大报告有关健全国家安全体系的论述也明确提到，要强化金融、网络、数据等安全保障体系建设。未来在信用产业中，金融科技的应用不仅要考虑到业务本身的发展优化，还要积极响应对数据安全等的合规要求。

首先，征信行业将更注重安全与发展并重的原则。建立完善征信数据利用、流动的秩序，以保护信用主体合法权益，促进信用数据的依法合理有效利用。

其次，注重征信数据分类分级保护制度。《中华人民共和国数据安全法》提出"国家建立数据分类分级保护制度"，在国家层面制定的重要数据目录导引下，各地区、各部门分别制定重要数据的具体目录。征信从业机构需要密切关注国家层面重要数据目录、征信行业数据分级分类保护具体目录的制定，对本企业处理的数据采取相应合规保护措施。

最后，征信数据来源及处理行为都要满足合规性要求。在数据取得时，个人信息应力求封闭不公开，而企业信息应力求公开透明，企业有适用商业秘密的规则进行保护除外。在数据处理的时候，征信机构需要建立数据的安全管理体系，建立实施"网络安全等级保护 + 数据安全保护"的双保护制度。

第三节 金融科技与互联网行业

一、互联网金融科技平台的类型和行业格局

金融科技领域不仅仅是全球传统金融企业重点发展的领域，也是各科技巨头的必争之地。在技术优势的助力下，谷歌、微软、腾讯、蚂蚁集团、百度纷纷跨界金融行业，成为互联网金融科技的重要平台。

（一）互联网金融科技平台的类型

目前行业中"金融科技公司"主要包括以下四种类型：

第一是"颠覆者"，是指试图使用全新方法和创新科技进入金融服务领域

的新入市者、初创公司和颠覆者。它们试图打造类银行的经营模式，获客成本是其主要挑战。

第二是"大象起舞"，是指正在通过重大技术投资改进服务、应对竞争威胁和捕捉投资合作机会的传统金融机构。

第三是互联网巨头，是指由通过金融服务巩固客户关系的技术公司所构成的大型互联网生态企业。其公司规模优势较强、但也面临着获客成本的挑战，因此可以直接进入金融服务领域，也可以与老牌企业合作（如苹果支付）。

第四是技术供应商，是指向金融机构销售基础设施的供应商，能够帮助金融机构变革技术堆栈，实现数字化和现代化，改进风险管理和客户体验。

（二）互联网金融科技平台的行业格局

第一，互联网金融科技平台由大型互联网企业主导，金融牌照齐全，渗透支付、借贷、理财、技术输出等细分领域。

从竞争优势上看，这些金融科技头部平台进入金融服务领域，取得了多种金融牌照，不仅能发挥自身互联网平台的长处，还可以发挥多种金融牌照的协同效应，有着传统金融行业难以比拟的优势。互联网金融科技平台以科技为底层基础，以为用户提供更优质的金融服务为核心目的，将科技与金融二者融合，为用户带来支付、保险、理财、基金等类型的金融服务。腾讯、蚂蚁集团、百度、京东等公司依托自身科技领域的影响力、技术、用户群体跨界金融行业，是这类科技公司中的佼佼者。在技术优势的支持下，腾讯、蚂蚁集团利用微信支付、支付宝庞大的用户客群快速布局金融行业，力求通过科技与金融的结合打造自身金融科技业务生态圈。

从互联网平台本身的发展看，科技实力与金融牌照相结合，不仅提升了平台的竞争力，金融科技业务更成为了互联网平台的重要盈利业务。腾讯具有业务覆盖面广，用户规模庞大等竞争优势，金融科技与企服板块目前已成为腾讯的重要盈利板块。例如，蚂蚁集团以支付宝为核心，打造全渠道覆盖的金融科技产品线，而充裕的研发投入是蚂蚁集团巩固金融科技竞争优势的利器。人工智能领域处于领先地位的百度也加大对金融科技业务的布局，百度研发投入的升级可确保百度金融科技业务板块得到充足的技术支撑。

第二，互联网金融科技平台兼具金融平台公司和科技公司的两种属性，更突出通过技术优势打造综合性解决方案，全面赋能金融业数字化转型。互联网金融科技平台通过打造综合性解决方案帮助金融业实现数字化转型。通过与产业链上下游厂商共建生态圈，从客户需求出发，形成机构之间深度绑定、能力互补的一体化解决方案。如互联网金融科技平台集合银行存款、公募基金、股票、保险以及信托等各类资产，通过打造一站式财富管理平台，能有效为金融机构导流。

第三，互联网金融科技平台承袭自身传统业务的优势，在竞争力方面存在差异。例如，蚂蚁集团力求打造具有开放性、拓展性的金融科技企服平台，侧重为企业提供开放、可扩展、组件化、分布式的金融科技架构，以互联网金融中心为核心，拓展延伸至其他辅助性模块，可为客户根据自身需求定制服务。腾讯金融科技企业服务优势体现在产业金融领域，在不同场景与上中下游客户的连接是其服务架构的关键，核心目的是推动产业互联网金融数字化转型升级。

> **思考与实践**
>
> 请同学们通过使用支付宝、微信、京东金融等平台，总结几个平台在电子支付等方面的使用体验，比较几个平台各自的特点，并向全班分享你认为该平台最值得推荐的优势是什么。

二、互联网金融科技平台发展趋势

（一）互联网平台企业在金融科技领域的优势不断壮大

腾讯、蚂蚁集团等互联网平台企业在金融科技业务发展上各自依托企业的先天性优势，擅长领域各有不同。腾讯将主要依靠微信、QQ平台的用户与社交宣传；蚂蚁集团通过支付宝交易平台占据金融科技的发展先机；百度更多地体现在搜索门户的渠道与云计算、人工智能的科技优势。互联网平台企业的先天性优势将有助于发展金融科技业务时快速占据市场头部地位。

（二）互联网平台企业着力打造自身金融科技业务生态圈

互联网企业依托强大的科技创新能力，继续进军传统金融业态如银行、保险、资管、证券等。在技术优势的支持下，腾讯、蚂蚁集团利用微信支付、支付宝庞大的用户客群快速布局金融行业，力求通过科技与金融的结合打造自身金融科技业务生态圈。

（三）综合赋能、场景化、金融科技和绿色金融融合创新是互联网平台企业发力的方向

金融科技企业的三大核心技术要素主要是综合技术赋能、大数据与AI和隐私计算与安全。经过几年的市场验证和行业锤炼，大数据、AI等部分关键核心技术更加成熟稳定，为综合金融场景应用奠定技术基础。不同于过去通常局限于单个场景和单点应用，金融科技企业更加重视综合运用多项技术解决复杂多元的场景问题，为破解金融数字化转型难题提供一揽子的组合式技术解决方案。

此外，在绿色金融和ESG（Environmental，Social and Governance，环境、社会和公司治理）投资方面，随着"双碳"目标的提出，目前金融科技工具的使

用已经覆盖碳交易市场、绿色建筑、绿色消费、绿色农业等多个领域,将绿色金融和 ESG 投资进一步场景化将成为未来一个重点发展方向。百度、腾讯等也提出自己的 ESG 战略或目标,并充分利用金融科技,促进 ESG 目标实现。

(四)区块链领域是互联网平台企业的必争之地

在传统金融机构与互联网公司争相进军金融科技行业的环境下,行业内竞争强度骤然上升,腾讯、蚂蚁集团、百度、京东等互联网平台企业已形成多强争霸的局面。互联网平台公司大力发展区块链等新技术领域,力争取得新的竞争先机。区块链领域将成为科技巨头展现技术优势的新兴赛道,区块链即服务(Blockchain as a Service,BaaS)将为腾讯、蚂蚁集团等科技巨头带来绝佳的发展契机。各公司在区块链 BaaS 方面的发展如表 8-3 所示。

表 8-3 中国企业 BaaS 项目一览

企业名称	BaaS 项目	BaaS 解决方案
阿里巴巴	阿里云区块链服务	商品溯源、供应链金融、公益慈善、互助类保险
腾讯	腾讯云区块链服务	供应链金融、可信存证、电子票据、身份管理、溯源管理、数字资产
华为	华为云区块链服务	电子证照、疫情防控、数字档案、危化品溯源、数字仓单、联合征信、保险反欺诈
百度	超级链 BaaS	工业互联网基础设施、金融区块链、政务区块链
中国平安	壹账链	金融、房产、汽车、医疗、智慧城市
京东	JD BaaS	供应链、金融、疫苗溯源、知识产权、商品买卖

(五)互联网平台企业更加注重合规经营与风险管控,重点提升金融服务实体经济能力

随着《关于推动平台经济规范健康持续发展的若干意见》等政策文件出台,平台经济进入在"发展中规范"的常态化监管时期。规范发展的角度看,合规经营和风险管控是当前平台企业的关注重点。百度、京东、腾讯、阿里巴巴、网易等多家互联网平台企业先后向社会公开依法合规经营承诺,未来将继续强化反垄断合规、价格合规、反不正当竞争合规、个人信息和数据保护、消费者权益保护、知识产权保护等工作,通过建立企业内部合规体系,促进自我审查和风险防范。从引导发展的角度看,未来互联网平台企业将进一步发挥对实体经济产业链、供应链的支撑作用,通过利用物联网、区块链、人工智能等

技术，推出供应链金融、小微金融等产品，切实提升金融服务实体经济能力。

（六）平衡数据融合应用和数据安全保护是金融科技发展的痛点

数据要素流通和融合应用、数据质量和数据安全成为困扰行业的两大主要痛点。由于金融科技行业产生和使用的各类数据与客户信用水平、资产财产状况以及其他隐私信息高度相关，如何在确保安全合规的前提下加强金融数据融合应用历来是一个两难问题。因此，随着多方安全计算、联邦学习等隐私计算技术的快速发展，探索实现数据"可用不可见"以及"定量定向使用"已成为金融科技行业数据融合的新途径和新方向。

1. 单选题

（1）（　　）能力将成为未来财富管理行业的核心竞争力。

　　A. 开拓市场　　　　　　　　B. 数字化

　　C. 资产配置　　　　　　　　D. 信息安全管理

（2）征信业务的特点不包括以下（　　）方面。

　　A. 数据来源广泛　　　　　　B. 数据处理复杂

　　C. 对数据没太多保密性要求　D. 监管严格

　　E. 应用场景广泛

（3）互联网金融科技平台兼具金融平台公司和科技公司的两种属性，更突出通过（　　）打造综合性解决方案，全面赋能金融业数字化转型。

　　A. 市场优势　　　　　　　　B. 技术优势

　　C. 规模优势　　　　　　　　D. 平台优势

2. 多选题

（1）财富管理业务的主要特点有（　　）。

　　A. 个性化、专业化　　　　　B. 综合化的服务

　　C. 较高门槛的准入要求　　　D. 风险控制要求较高

（2）从互联网金融科技平台发展趋势来看，（　　）是平台公司发力的方向。

　　A. 综合赋能　　　　　　　　B. 场景化

　　C. 扩大规模　　　　　　　　D. 金融科技和绿色金融融合创新

（3）随着《关于推动平台经济规范健康持续发展的若干意见》等政策文件出台，平台经济进入在"发展中规范"的常态化监管时期。从规范发展的角度看，（　　）是当前金融科技平台企业的关注重点。

　　A. 隐私保护　　　　　　　　B. 专利保护

    C. 合规经营   D. 风险管控

3. 简答题

（1）简述数字财富管理和传统财富管理的差异。

（2）简述金融科技在财富管理领域的发展趋势。

（3）简述征信业务和信用评级业务的异同。

（4）简述金融科技在信用产业的发展趋势。

（5）简述互联网金融科技平台的行业格局。

Chapter 09

第九章
金融科技安全

- 金融科技安全概述
- 金融数据安全和个人金融信息保护
- 金融科技安全技术

学习目标

素养目标
- 培养金融科技行业特有的诚信、保密、认真、细致等职业素质和责任意识
- 增强国家金融安全观,提升金融风险防范意识与能力

知识目标
- 掌握金融科技安全的分类
- 了解我国金融科技安全的法律实践
- 熟悉金融数据安全的内涵
- 了解金融科技安全技术

技能目标
- 能够运用金融科技安全技术分析金融科技安全现象
- 能够运用金融数据安全知识保护个人隐私

思维导图

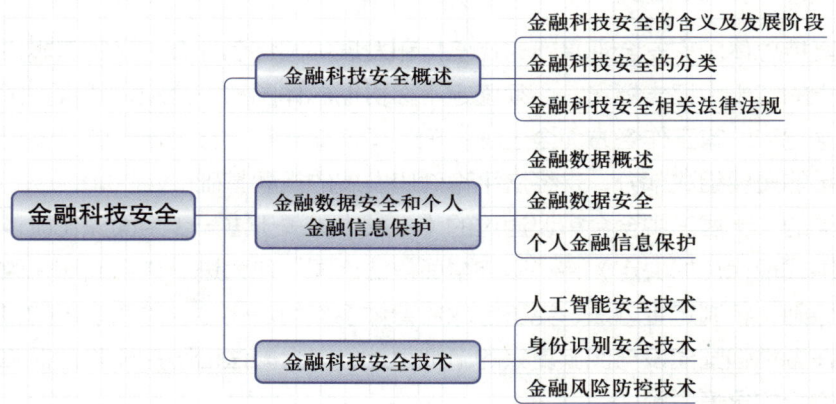

章前引例

贯彻总体国家安全观　推进金融科技安全建设

坚持总体国家安全观是新时代坚持和发展中国特色社会主义的基本方略之一。党的二十大报告指出，必须坚定不移贯彻总体国家安全观，把维护国家安全贯穿党和国家工作各方面全过程，确保国家安全和社会稳定。金融安全是国家安全的重要组成部分，是经济平稳健康发展的重要基础。

党的二十届三中全会审议通过的《中共中央关于进一步全面深化改革、推进中国式现代化的决定》将"坚持全面依法治国"作为进一步全面深化改革的一项原则，将制定金融法、完善金融监管体系作为深化金融体制改革的核心举措。在金融强国建设与民族复兴的新征程上，以金融法治防控风险是保障国家金融安全的永恒主题。

在新一轮科技革命和产业变革的背景下，金融科技蓬勃发展，人工智能、区块链、大数据、云计算、物联网等信息技术与金融业务深度融合，为金融发展提供源源不断的创新活力。金融科技使得金融服务更加便捷化、智能化的同时，也为金融科技安全赋予了全新的内容，为金融科技安全提出了新的挑战，金融科技安全已经成为金融安全乃至国家安全的重要内容。

维护金融安全是关系我国经济社会发展全局的一件带有战略性、根本性的大事。金融科技安全则是确保金融安全底线的重要推动力和主要抓手。

在实际生活中，金融科技安全也与我们息息相关，金融科技安全影响越来越大。要自觉维护金融科技安全，为国家战略服务，为自己生活负责。

> **分析**：在进一步全面深化改革、推进中国式现代化的全新征程上，应当准确把握新时代加强国家金融安全的重要意义，深刻认识金融科技安全的挑战，不断提高金融风险管理能力，以有效的策略应对变化的金融环境。在面对复杂的金融环境时，需要保持冷静和理性，以有效的策略来应对可能出现的风险。

第一节　金融科技安全概述

科技进步及金融新业务模式的产生，给金融机构、消费者、监管部分乃至经济环境带来了新的便利。然而，金融科技并没有改变金融行业依靠信用、使用杠杆的本质，在提升服务效率、增强金融可及性的同时，也加大了对金融安全的挑战。金融安全是国家安全的重要组成部分，是经济平稳健康发展的重要基础。金融科技安全是国家金融安全的重要内容之一，是总体国家安全观的一部分。金融科技要持续健康地发展，必定不可忽视安全问题。

> **教学活动设计**
>
> 教师活动情景：布置学习任务，要求学生查阅最新版本的政府工作报告，搜集关于数据安全的相关内容。
>
> 学生活动情景：完成教师布置的学习任务，将查阅的资料整理汇总，在班级进行分享汇报。
>
> 活动要点：通过查阅资料、归纳总结，学生分享工作任务成果。

一、金融科技安全的含义及发展阶段

（一）金融科技安全的含义

金融科技安全，是指通过技术手段确保金融服务的机密性、完整性、可用性和合规性，保障金融系统的稳定运行和用户数据的安全，如大数据技术应用安全、人工智能技术应用安全、区块链技术应用安全等。金融科技安全涵盖了从支付清算系统到云计算、大数据、区块链等新兴技术的应用安全，是金融科技健康发展的基石。

金融越发展，科技越进步，金融科技安全越重要。大数据、人工智能、云计算等新技术的广泛应用使得金融业务彼此融合程度不断加深，业务边界不断削弱，为金融科技安全监管带来了新的挑战。

（二）金融科技安全的发展阶段

与金融科技发展三个阶段相对应，金融科技安全也经历了以下三个阶段：

1. 金融科技安全 1.0 阶段

金融科技安全 1.0 阶段是传统意义上的技术安全阶段。除了传统风险类型以外，金融安全在技术层面上主要体现在金融机构内部的电子化系统安全保障，如支付清算系统、交易记录数据库、企业资源计划 ERP 系统等。

2. 金融科技 2.0 阶段

金融科技安全 2.0 阶段是互联网时代的网络安全阶段。互联网出现之后，金融和互联网的融合程度越来越深，联系面越来越宽，建立了网络化的金融服务体系。这个阶段金融科技安全主要关注互联网技术本身及"互联网+"所带来的业态风险。例如，在第三方支付领域存在的风险就包括技术性风险、网络犯罪风险、操作性风险以及互联网金融业务派生的流动性风险等。

3. 金融科技 3.0 阶段

金融科技安全 3.0 阶段是金融生态安全阶段。如果不依托系统性、动态的观点和对生产力发展的成熟理解来分析金融安全，就可能产生偏差，并因此形成巨大的金融风险隐患，因此，金融科技安全 3.0 必须从整体的金融生态安全来认识与理解。

二、金融科技安全的分类

金融科技安全一般包含业务安全、技术安全、数据安全、网络安全。

（一）业务安全

科技在金融生态中不断扩张，不断推出新的应用和平台。银行、保险、证券和基金公司等金融机构正将大量业务快速迁移到互联网上，但在提供便利的同时，其亦面临着严峻的业务安全的挑战。金融业务安全涉及多层面内容，包括账户安全、身份认证安全、反欺诈安全等。

1. 账户安全

金融科技促使跨市场、跨行业、跨机构的金融业务相互交叉嵌套，而过去"一套账户密码应用于多个业务系统"的用户习惯，不仅给用户自身账户安全带来隐患，也给金融机构的账户保护增加了挑战。近年来，银行卡被盗刷的新闻屡见不鲜，不法分子通过撞库获取用户账户、密码及短信验证码，远程盗取用户的银行账户资金。

2. 身份认证安全

金融消费者的身份认证，是指对金融消费者个体及其所声称的身份之间是否具有绑定关系进行充分确认的过程，旨在保障信息在安全的环境中交流，从而解决网络通信双方的身份信息是否真实的问题。金融科技的发展对传统金融消费者的身份认证方式产生了巨大冲击，同时为新型身份认证方式提供了技术支撑。金融消费者的身份认证安全直接关系着金融系统的信息安全，对金融消费者保护起着关键性的作用。

> **思考与实践**
>
> 生活中你是否遇到过金融科技业务安全的事情，说一说我们身边的金融科技业务安全事例。

3. 反欺诈安全

当下更多金融业务依托互联网展开，网络直销银行、微信银行等新兴模式已成为各银行抢占机遇的利器。但基于此的新型欺诈手段也不断滋生，金融欺诈风险不断升级，不同领域数字金融欺诈行为如图 9-1 所示。数字金融欺诈行为呈现出专业化、产业化、隐蔽化、跨区域等新特征，对传统的反欺诈手段形成极大挑战。

第三方支付	网络保险	网络借贷	供应链金融	消费金融
盗号	网络互助保险平台欺诈	网贷平台欺诈	虚假交易	盗号
		冒用身份		盗刷
				欺诈申请
洗钱	理赔欺诈	多头借贷	虚构经营数据	转卖套现
				退款套现
		套现欺诈		虚拟交易套现

图 9-1　不同领域数字金融欺诈行为列举

金融科技知信行

防数字金融诈骗安全知识要点

要点一：个人信息保护好。

出借身份证件、银行账户出租和转借银行卡及账户属于违法行为，同时可能会让不法分子以自己的名义从事非法活动，带来个人信用受损、个人信息泄露等问题。

保护好自己的身份信息、银行卡号、登录密码、支付密码及动态验证码，不要轻易向他人泄露，也不要在不明网站页面中填写。

要点二："火眼金睛"识诈骗。

网络贷款类欺诈往往以低利息、无抵押、无担保等有利条件引诱，进而以放款前需要缴纳所谓的"手续费""保证金"等理由实施诈骗；虚假获利类欺诈以可以获利、赚钱为由引诱客户参与，进而实施欺诈，包括兼职刷单诈骗、投资理财诈骗、网络交友诱导博彩诈骗类等。消费者要谨防这些新型欺诈行为。

要点三：防范措施心牢记。

（1）支付环境多多留心。做好通信设施安全防护，防止恶意程序入侵计算机安装防火墙，及时更新杀毒软件，尽量不在公用计算机上登录、使用电子银行。

（2）安全使用支付工具。妥善保管好自己的网银U盾等安全介质，仔细核对交易页面中的收款账户等信息，开通余额变动提醒、账户安全锁等功能。

（3）培养良好支付习惯。不点击不明链接或扫描未知的二维码，不要向陌生人泄露或是在不明网站页面填写支付信息。涉及钱财交易应警惕，不轻信陌生人说辞。

消费者也可下载国家反诈中心 App，以便及时识别涉诈信息，有效减少接触诈骗信息的可能性。

（二）技术安全

技术作为保障金融科技安全的重要因素之一，强调先进技术保障资金安全、信息安全、系统安全、流程安全等各个环节的安全。如生物识别技术因其具有高于肉眼的识别率、能够解决远程非面对面识别难题等特点，可以应用在身份识别、账户认证、安全扫描等领域，以保障资金安全；云计算技术因具有风险甄别效率较高、风险成本较低、系统稳定性较高等特点，应用于密钥管理、加密传输、隐私保护等领域，可以保障消费者的信息安全；移动互联网或物联网技术利用其较高的应急响应能力，可以提升主机、网络等设备的系统安全；区块链技术的不可篡改特性则能够保证交易流程的透明可信，以提升流程安全。技术驱动下的金融创新可以较好地解决新型安全问题，从而提升金融消费者的安全感。

（三）数据安全

金融是产生和积累数据量最大、数据类型最丰富的领域之一，在金融科技的推动下，金融数据成为金融企业的核心竞争力，数据安全与个人信息保护在新时代也面临新的风险与挑战。随着技术的不断更新换代，不法分子进行金融科技犯罪的手段已越来越复杂，使风险评估更为困难，例如，钓鱼网站看起来更为合理，容易使人陷入其设计好的圈套。由于互联网具有非实名性，随着互联网技术的不断发展，给不法分子匿名地在网络端篡改信息并盗取有利资源提供了便利，金融行业的数据安全面临了新的威胁。

金融数据安全是指通过采取必要的措施，确保金融业务体系所包含的数据被有效地保护和利用状态，使其具备保持持续安全状态。2018 年以来，我国金融监管部门发布了多部数据安全相关规范性文件（见表 9-1）。

表 9-1　金融数据安全政策目录

标准或规范性文件	发布组织	发布时间
金融数据安全　数据生命周期安全规范	中国人民银行	2021-04-08

续表

标准或规范性文件	发布组织	发布时间
金融数据安全　数据安全分级指南	中国人民银行	2020-09-23
金融业数据能力建设指引	中国人民银行	2021-02-09
个人金融信息保护技术规范	中国人民银行	2020-02-13
信息安全技术　金融信息服务安全规范	国家市场监督管理总局 中国国家标准化管理委员会	2018-09-17
监管数据安全管理办法	原中国银行保险监督管理委员会	2020-09-23
银行业金融机构数据治理指引	原中国银行保险监督管理委员会	2018-05-21
证券期货业数据安全管理与保护指引	中国证券监督管理委员会	2022-11-14
证券期货业数据分类分级指引	中国证券监督管理委员会	2018-09-27
证券公司网络和信息安全三年提升计划（2023-2025）	中国证券业协会	2023-06-09
证券期货业网络和信息安全管理办法	中国证券监督管理委员会	2023-01-17

（四）网络安全

《中华人民共和国网络安全法》在附则中明确了网络安全的定义："网络安全，是指通过采取必要措施，防范对网络的攻击、侵入、干扰、破坏和非法使用以及意外事故，使网络处于稳定可靠运行的状态，以及保障网络数据的完整性、保密性、可用性的能力。"

成功的网络安全保护方法具有多层保护能力，分布在被保护的计算机网络环境的数据链路层、网络层、传输层和应用层。网络安全的有效性也只有在组织管理能力，人员、流程和技术相互补充的基础上，才能有效防御来自外部的攻击。

金融行业高度依赖计算机网络环境，支付网络、股票发行和交易系统、期货市场等重要的金融市场基础设施都依赖于可靠性和防护能力强的网络安全体系的支撑。金融生态圈的扩大和新技术的多样性，APT攻击、DDoS攻击、勒索病毒等新兴降维攻击模式，令传统网络安全策略和模式无法满足当前金融科技发展的需求。

随着社会公众对零售支付便捷性、安全性等需求日益提高,数字人民币支付正在成为消费新趋势。由于数字人民币"第四类钱包"(匿名钱包)无须绑定用户身份信息,有手机号即可注册,洗钱团伙会利用专门提供虚拟手机号并接收验证码的平台,批量注册数字人民币钱包账户,或直接租用、购买普通民众的数字人民币账户,用于收取赌资。

三、金融科技安全相关法律法规

目前,我国以《中华人民共和国国家安全法》《中华人民共和国网络安全法》《中华人民共和国数据安全法》《中华人民共和国个人信息保护法》《关键信息基础设施安全保护条例》《网络安全审查办法》等多部目的明确、条文细致的上下位法和配套法律、法规、条例、指导意见等,共同组成我国金融科技安全法律体系。

2017年6月1日施行的《中华人民共和国网络安全法》,宣告了我国对网络空间主权的重视上升到了新高度。《中华人民共和国网络安全法》第三十一条第一款要求:"国家对公共通信和信息服务、能源、交通、水利、金融、公共服务、电子政务等重要行业和领域,以及其他一旦遭到破坏、丧失功能或者数据泄露,可能严重危害国家安全、国计民生、公共利益的关键信息基础设施,在网络安全等级保护制度的基础上,实行重点保护。关键信息基础设施的具体范围和安全保护办法由国务院制定。"金融机构在落实《中华人民共和国网络安全法》的实施过程中,应按照物理安全、主机安全、网络安全、数据安全、应用安全等层面,清晰界定保障主体责任,完善金融安全预警、保护、检测、响应、恢复的流程。

2021年11月1日,我国正式施行《中华人民共和国个人信息保护法》,明确将生物识别信息等列为敏感个人信息,纳入监管范畴,并对信息的采集和处理进行了细致规定。立法迈出的重要一步,也让社会各界开始更加重视敏感个人信息的安全问题。

2021年9月1日,《中华人民共和国数据安全法》正式施行。《中华人民共和国数据安全法》作为我国第一部关于数据安全的法律,标志着我国各行业的数据安全建设及监管将进入有法可循、有法可依的新时代。该法从法律层面上正式确立了"数据安全"的边界和定义,将其从信息安全领域的大类中分离出来。

第二节　金融数据安全和个人金融信息保护

在数字经济时代，数据已成为一家企业的重要资产。金融业是产生和积累数据量最大、数据类型最丰富的领域之一。金融行业构建数据安全体系，防止数据泄露，满足监管合规要求，在提供优质金融服务的同时评估数据开发所引发的各种安全风险，做好数据治理和数据安全风险防控工作，就显得尤为重要。

一、金融数据概述

（一）金融数据的定义

根据中国人民银行发布的中华人民共和国金融行业标准《金融数据安全　数据安全分级指南》（JR/T 0197—2020），金融数据是指金融业机构开展金融业务、提供金融服务以及日常生产经营管理所需或产生的各类数据。该类数据可用传统数据处理技术或大数据处理技术进行组织、存储、计算、分析和管理。

根据上述行业标准，金融数据具体包括个人及单位等客户数据、账户信息等业务数据、技术管理等经营管理数据、数据报送等监管数据。金融数据以梳理、分析海量信息为指向，以此来管理信息库，强化干预力度，达到管理金融市场的目的，从而可以更快地传输信息，及时捕捉新的信息，更有效地干预、应用海量信息，使金融产业的运行得到精准有效的支持。国家金融数据通常能够反映与金融机构或政府财政职能范围内的职责、交易或其他方面相关的信息，此类信息包括但不限于金融机构持有的客户信息，如银行业、保险业及证券期货业各金融机构、非银行支付机构以及为上述机构提供清算服务的特许清算机构在经营过程中收集或产生的数据；金融业机构信息系统规划建设、运行维护、安全保障等数据；中国人民银行、金融监管部门、外汇管理部门工作中产生的不涉及国家秘密的工作秘密数据等。

进入 21 世纪以来，数字经济飞速发展，世界各国相继提出自己的数字经济发展战略，我国也将大数据作为经济转型发展战略之一。大数据在金融行业得到广泛应用，金融数据成为推动金融业发展的核心要素之一。在金融业数据化发展的同时，有关金融数据违规收集、个人信息泄密的问题时有发生，金融数据安全成为大众的关注焦点之一。加强金融数据监管，成为一种必然选择。

（二）金融数据的特点

1. 金融数据规模庞大

经济与信息技术彼此促进快速发展，而金融行业又同时得到了经济与信息技术的双重扶持，促进了规模快速扩张且创新研发出各类高质量的金融行业服务系统，使各金融机构在基础业务办理、业务升级服务以及金融机构间或者跨行业互相往来的过程中积累了海量的数据。从金融产品的信息到用户信息，再到金融机构依据各类信息进行归纳汇总产生的分析数据，金融机构每年积累的数据量呈指数级增长，且其中包括很多对于金融机构正常运营乃至整个行业正常运行都意义重大的数据。但也正因如此，金融行业信息的采集量越大，各金融机构所担负的责任和成本也就越大。

2. 数据类型多样、关系复杂

金融数据涉及金融系统重要数据、个人金融信息数据、分类分级数据、出境数据等多个方面，数据的处理又涉及采集、传输、存储、使用、销毁等多个环节。各类金融机构的规模快速壮大，业务和产品种类也不断丰富，业务条线持续拉长，为了支撑其发展，金融企业信息系统的规模和种类不断地扩大。同时，随着科技的快速发展，金融行业的服务渠道种类不断丰富，并且渠道服务宽度和深度不断延伸，也使得金融行业信息化建设的规模也不断扩大。

然而，金融行业以及金融数据的性质使得其内部各类经营管理系统数据之间具有强耦合的联系，内部数据与外部的跨行业交流数据又具有千丝万缕的联系。对于金融机构而言，外部数据源种类繁多，且标准化程度低，访问和使用的成本较高。如果没有统一规范的标准和流程，缺乏"数据工厂"加工能力，外部数据就无法在金融机构内部实现数据的共享和流通。

3. 数据价值巨大

从宏观层面来讲，金融行业关乎国家经济命脉，不断推陈出新的法律法规和行业标准对其严加规范，金融行业是对数据准确性要求较高的行业之一。从微观层面来讲，金融行业对于自身体系和用户的统计数据容不得半点差错，金融数据关乎客户个人和企业的资产存储与投放，如客户存贷数据，既关乎客户资产，又影响金融企业资产、负债和经营管理。金融行业的海量准确数据，只要运用得当，即可对优化内部管理、创新产品、精准化和精细化客户服务、拓展业务和客户、推动内外部联合项目等环节都产生重大价值。

教学活动设计

教师活动情景：布置学习任务，查阅数据交易所的主要业务有哪些。

学生活动情景：完成教师布置的学习任务，将查阅的资料整理汇总，在班级进行分小组汇报。

活动要点：经过讨论汇报后学生能够掌握数据交易所的主要业务。

二、金融数据安全

（一）金融数据安全的定义

在数字经济时代，数据安全不再只是数据安全备份、数据加解密等较为纯粹的手段和操作，它对于资产保护具有极大的意义，不仅保障了数据的价值体现与合法使用，也使得数据长期资产化成为可能。也正因如此，它从信息安全这个大概念中独立出来并逐步壮大，从概念模糊逐步发展到立法强制实施。

《中华人民共和国数据安全法》第三条对数据和数据安全给出了定义，第一款规定"本法所称数据，是指任何以电子或者其他方式对信息的记录"，第三款规定"数据安全，是指通过采取必要措施，确保数据处于有效保护和合法利用的状态，以及具备保障持续安全状态的能力"。由此可见，数据安全是一整套的、基于数据的管理体系，它包括数据技术安全、数据业务安全、数据安全管理和数据安全评估等数字化建设的大背景下，数据所带来的各方面的安全。

所谓金融数据安全，就是通过各种手段方式保护前文所述的金融数据的安全，保护其处于可被监管和控制领域之中，同时使其具有一定抵御风险的能力。金融数据安全不仅要求金融数据在输入时应当经过严格审核和频繁维护，在传输和使用的过程中，更应采取相应的管理措施和技术手段加以保护，使金融数据避免产生被非法访问、窃取、篡改和损毁的风险。

（二）金融数据安全风险

金融数据安全风险主要是指数据泄露风险。数据泄露，也称信息泄露、资料外泄，是指敏感的、受保护的（或机密的）数据被复制、传输、浏览、盗用（以及个人在非授权的情况下作上述处理）的安全事件。数据泄露可能涉及金融信息（例如信用卡或银行详细信息）、个人健康信息、个人身份信息、公司的商业秘密或知识产权。大多数数据泄露都涉及曝光过度和易受攻击的非结构化数据，例如各种商业文件、政府秘密文档和敏感信息等。数据泄露给企业造成的损失因行业而异。泄露的数据越多，流失的用户也就越多。数据泄露的善后成本越来越高，包括售后服务、通信、调查、补救、法律支出，以及监管机构干预等。数据泄露被视为网络安全领域的系统性风险，对整个数字经济和数字金融的破坏巨大，防不胜防。数据泄露也与网络安全风险密切相关，两者往往交织在一起不断发生。数据泄露事件可能由以下几点原因造成。

（1）商家利用Cookie任意收取用户信息。Cookie可以记录用户的IP地址、浏览历史、交易历史等反映用户偏好、习惯的信息，进而为消费者提供个性化网页、量身定做的网页内容。但目前通常Cookie以极小字节的形式被植入网页或浏览器中，若网页或浏览器未提供明确的禁用 Cookie 选项，Cookie 也可能沦为商家任意收集消费者数据的工具，已经成为网络信息安全的一大威胁。

（2）利用提供服务超范围采集数据。目前，关于个人信息收集的基本法律要求是知情同意原则，但企业在实践中存在告知不明确或者超出告知使用目的收集数据的情况。

（3）金融服务提供商管理不规范导致信息泄露。金融服务提供商存在安全漏洞、内部管理不规范等都可能导致泄露事件发生。例如，2023 年 2 月，某互联网域名代理商因私自变更失误，导致某银行互联网域名解析失败，在业务高峰期影响金融交易达 68 分钟。

（4）不法分子利用木马程序侵入计算机获取数据。木马程序具有窃取内容和远程控制功能，被称为最危险的恶意软件。目前银行木马给金融企业造成的经济损失和运营成本持续增加，同时导致消费者信任度和品牌影响力下降。

（5）不法分子设置钓鱼网站非法获取数据。"钓鱼网站"是指不法分子以仿冒真实网站的 URL 地址以及页面内容等方式骗取用户"自愿"提供银行或信用卡账号、密码等信息。通常此类网站链接迷惑性极强，一旦落入圈套，账号、密码等个人信息就成为不法分子的囊中之物，使用户的金融数据安全面临极大威胁。

（三）金融数据安全技术

技术安全既是金融数据安全的基础，也是强化金融数据安全治理的必要条件。如果关键的软硬件技术不能自主安全，那么远程代码执行这种无法掌控的漏洞，将直接威胁到金融数据安全。为防止一些不法分子会利用先进技术的超强算力与自适应能力，自动化检测数据系统的漏洞并加以攻击，金融数据管理者必须掌握数据安全的核心技术。一方面，管理者要加大对基础软硬件的投入，打造完整的软硬件设施供应链；另一方面，管理者要掌握数据安全技术核心代码。在此基础上提升技术创新能力，形成自主知识产权。鼓励政产学研用联合组建技术发展联盟、联合实验室等，加快数据安全技术研究和应用。

治理金融数据安全要提高技术水平。金融机构必须把握金融科技发展的内在规律，兼顾"金融"本质与"技术"驱动，加快数字化转型和科技创新步伐。金融数据安全涉及信息系统、网络等各个安全领域，单一的信息安全防护方案已经不能有效防范各种攻击，防护方案需要多层面、全方位，从各个技术层面考虑到安全漏洞。例如，金融业务场景中最常用的身份认证，在用户层面需要用到设备识别、生物特征、用户密码、数字证书等技术，在数据层面需要用到隐私计算、多方安全、数据脱敏、加密等技术。因此，在金融数据安全领域，必须加强技术的融合，不能拘泥于数据或者金融本身。

目前来看，从技术角度解决数据流通中权属、合规性、安全性等问题的探索卓有成效且富有潜力。基础数据的流通只存在数据供给方和数据需求方两类角色，数据从供给方通过一定手段传递给需求方。然而，数据权属和安全问题在直接传送中不能得到妥善解决，需要在流通中完成数据确权、控制信息计算、个性化安全加密等一系列相关安全保障工作，目前保障金融数据安全的技术有安全多方计算技术、云计算技术与区块链技术。

1. 安全多方计算技术

安全多方计算是近年来用于保障数据流通安全的重要技术框架之一。由于对数据需求方来说，有价值的往往是对数据进行加工分析得到的结果而非数据本身，因此对数据需求方来说，本身不必触碰数据而能同时完成对数据的加工分析是可以接受的。安全多方计算技术框架就能实现这一点。其围绕数据安全计算，通过独特的分布式计算和密码技术，有区分地、定制化地提供安全性服务，使得各参与方在无须对外提供原始数据的前提下实现了对与其数据有关的函数计算，解决了一组互不信任的参与方保护各自隐私的协同计算问题。

2. 云计算

随着我国云计算应用的日益普及，用户不再仅仅考虑"如何上云"，而更关注"如何安全上云"，受近些年云安全事件频发的影响，用户的云上安全需求越发迫切。国内云安全市场形成了以云主机安全为核心，网络安全、数据安全、应用安全、安全管理和业务安全为重要组成部分的格局。其中，针对数据安全的技术产品主要为保障云上数据存储、传输和使用的安全性。主流技术产品包括数据加密服务提供云上数据的加解密功能，支持弹性扩展，以满足不同加密算法对性能的要求；云数据库审计提供云数据库的监控与审计功能，能够监测异常操作等风险问题，实现云上数据的高效安全防护，帮助用户满足合规性要求。

3. 区块链

区块链技术对于金融数据安全的创新保障方案具有重要的意义。一是其能解决多方之间安全共享数据的问题，从而促进数据共享；二是通过把多方的多次流程合一，以优化业务流程；三是降低多方信任成本，从而降低运营成本；四是建立多方的奖罚机制，保障生产要素更高效流动，这将有利于提升协同效率；五是实现各方的链上互信，有助于建设可信的体系。

在多方协作的场景里，"区块链+金融"可以用来共享风控信息，跟踪合同等关键数据，进行资产交易和信息传递，涉及供应链金融、跨境支付、资产管理、保险等诸多细分领域。较热门和有代表性的有中小企业融资难问题、银行风控和政府部门监管难等问题。

区块链技术应用于信贷资产证券化领域是信贷融资的创新。信贷资产证券化需要记录资产和债权状态及信息，区块链技术的使用可以有效防止资产池及其他相关信息的篡改，可以贯穿发行前、发行中、投资后全环节，保证产品信息的真实性和及时性。

三、个人金融信息保护

（一）个人金融信息

中国人民银行于 2020 年发布的中华人民共和国金融行业标准《个人金融信息保护技术规范》（JR/T 0171—2020）规定，个人金融信息是指金融机构通过提供金融产品和服务或者从其他渠道获取、加工和保存的个人信息，包括账户信息、鉴别信息、金融交易信息、个人身份信息、财产信息、借贷信息及其他反映特定个人某些情况的信息。

《个人金融信息保护技术规范》将个人金融信息按敏感程度，可以从高到低分为 C3（用户鉴别信息）、C2（可识别个人金融信息主体身份与金融状况的个人金融信息）、C1（机构内部的信息资产）3 个类别，各类信息的主要信息内容和危害程度如表 9-2 所示。同时规定了个人金融信息在收集、传输、存储、使用、删除、销毁等生命周期各环节的安全防护要求，从安全技术和安全管理两个方面，对个人金融信息保护提出了规范性要求。

表 9-2　个人金融信息举例

类型	主要信息内容	危害程度
C1	账户开立时间、开户机构、支付标记信息等	一旦遭到未经授权的查看或未经授权的变更，可能会对个人金融信息主体的信息安全与财产安全造成一定影响
C2	账户登录名、用户鉴别辅助信息、个人财产信息、借贷信息、交易信息、个人金融信息、主体照片、音视频信息等	一旦遭到未经授权的查看或未经授权的变更，会对个人金融信息主体的信息安全与财产安全造成一定危害
C3	银行卡磁道、银行卡密码、网络支付密码、账户登录密码、交易密码、生物识别信息、支付账号、证件信息、手机号码等	一旦遭到未经授权的查看或未经授权的变更，会对个人金融信息主体的信息安全与财产安全造成严重危害

（二）我国对个人金融信息保护的相关法律要求

除了《中华人民共和国网络安全法》外，我国也相继推出个人信息保护方面的法规和条例，比如《中华人民共和国刑法修正案（五）》《中华人民共和国刑法修正案（七）》《中华人民共和国刑法修正案（九）》，以及金融业务体系规定方面的《征信业管理条例》《关于银行业金融机构做好个人金融信息保护工作的通知》《关于金融机构进一步做好客户个人金融信息保护工作的通知》《中国人民银行关于进一步加强银行卡风险管理的通知》《证券公司开立客户账户规范》等。随着信息技术的发展，与金融业务相关的个人金融信息日益突破金融机构的壁垒，逐渐向互联网、电子商务、通信、交通、医疗等行业渗透。对于个人金融信息的保护，已突破了金融行业的界限。中国人民银行牵头制定了《个人金融信息保护技术规范》，进一步规范了个人金融信息保护的措施。2021年11月1日《中华人民共和国个人信息保护法》颁布执行，这也是一部维护中国公民个人信息的专业法律法规，与《中华人民共和国民法典》《中华人民共和国网络安全法》《中华人民共和国数据安全法》等法律法规一同织成一张个人信息的"安全防护网"。

> **思考与实践**
> 你是怎样保护个人信息的呢？

第三节　金融科技安全技术

一、人工智能安全技术

人工智能安全技术也是重要的金融科技安全技术之一。以"AI+金融"应用的一大亮点智能风控为例，传统银行业务在处理数据方面比较依赖专家经验，系统应用的算法对人工数据标注有较高要求，在高并发事件中难以保障用户体验和准确性，对于一些标签以外，较为隐晦的欺诈行为没有拦截能力，而应用深度学习的算法可以根据因果数据自行训练出适合的模型，在海量实时交易过程中能做到高覆盖、少拦截、高准确率的风险把控。据某股份制银行的实际应用情况，AI风控系统可以在1万笔交易中，仅拦截80～120笔就能达到整体80%的欺诈拦截准确率，而传统应用则需要拦截上千笔才能达到，AI风控系统在大幅降低成本的情况下提高了银行业务的执行效率。

同时，中国人民银行近年来先后颁布了《人工智能算法金融应用评价规范》（JR/T 0221—2021）和《人工智能算法金融应用信息披露指南》（JR/T 0287—2023），对人工智能在金融领域应用所面临的风险进行深入分析，并提供相应的指导，对人工智能算法在金融领域应用过程中的信息披露原则、信息披露形式和信息披露内容等要素进行了指导；针对当前人工智能技术应用存在的算法黑箱、算法同质化、模型缺陷等潜在风险问题，建立了人工智能算法在金融领域应用的评价框架，系统化地提出基本要求、评价方法和判定准则等。

二、身份识别安全技术

身份识别技术是移动互联网、大数据、云计算和人工智能等新科技在金融领域得以安全应用的前提条件。有了安全可靠的身份识别技术，金融 App 得以通过移动端为客户提供各式"汇、贷、付"等业务，金融部门也能够及时采集到实时海量的大数据，进而运用云计算和人工智能等新技术提供智能化的金融服务。加强对于用户身份的识别和验证，是金融科技应用的条件，也是金融科技的重要组成部分。身份识别安全技术包括加密技术、验证技术与生物识别技术等。

（一）加密技术

随着信息技术的不断发展，数据的应用场景不断扩展，数据逐渐成为政府、企业与个人的重要资产，其发掘、存储、处理与使用变得越发重要，逐渐产生了隐私性需求。例如，企业可能需要使用合作方的数据以形成某种判断或结果，而合作方并不愿意将自己的数据完全交给他人，企业同样不希望自己的查询条件或分析方法被合作方得知；使用云计算资源时，使用者希望自己的数据和运算方法能够保密，然而现实中不得不将内容全部上传，从而面临泄露的风险。随着云计算和区块链的发展，隐私计算的需求越发涌现，这一结合了密码学和计算科学的前沿领域再次受到了大家的关注。经过业界的不断研究和发展，以全同态计算、安全多方计算和零知识证明为代表的隐私计算取得了一定的成果，也成为密码学研究的三种前沿技术方向。

（二）验证技术

层出不穷的网络犯罪，引起了人们对网络身份的信任危机，如何证明"我是谁"及如何防止身份冒用等问题又一次成为人们关注的焦点。目前，计算机及网络系统中常用的身份认证方式主要有以下几种：用户名/密码方式、智能卡认证、动态口令、USB Key 认证等。

（三）生物识别技术

生物识别技术是通过计算机与光学、声学、生物传感器和生物统计学原理等高科技手段密切结合，利用人体固有的生理特性，如指纹、指静脉、人脸、虹膜等，以及行为特征，如笔迹、声音、步态等来进行个人身份的鉴定的技术。

与传统身份识别技术相比，生物识别具有不易伪造或被盗、随身"携带"、随时随地可用等一系列优势。在反洗钱身份识别过程中，生物识别技术的运用对于冒用身份、同一人办理业务等异常情况均能有效识别，可以准确有效地简化认证流程、提升身份识别准确性。此外，身份识别技术可与大数据技术进一步融合，基于模型分析结果及时启用多种智能身份核验手段，提升洗钱风险实时管控效能。

三、金融风险防控技术

风险管控是金融市场的核心，我国金融产业的发展表现出很强的信贷驱动属性，各类以新技术支撑的智能风控产品服务已成为重要支撑工具。智能风控是智能化技术手段在金融领域的重要应用，通过构建智能风控管理体系，突破以人工方式进行经验控制的传统风控局限性，其主要体现在技术和应用两个层面。其中，在技术层面，智能化技术综合运用了互联网、大数据、人工智能、云计算、区块链等新科技手段，达到业务流程的智能化转型。在应用层面，通过构建智能风控体系，提高金融机构业务效率和安全性，在有效降低风险事件发生概率和损失的前提下，扩展业务覆盖人群，完善业务流程，降低风控成本，实现贷前、贷中、贷后全链条自动化，还可以促进风控管理差异化和信贷业务人性化。

知识自测

1. 单选题

（1）（　　）是国家安全的重要组成部分，是经济平稳健康发展的重要基础。

　　A.金融安全　　　B.经济安全　　　C.隐私安全　　　D.网络安全

（2）（　　）是指通过采取必要措施，防范对网络的攻击、侵入、干扰、破坏和非法使用以及意外事故，使网络处于稳定、可靠运行的状态，以及保障网络数据的完整性、保密性、可用性。

　　A.业务安全　　　B.技术安全　　　C.数据安全　　　D.网络安全

（3）（　　）是指通过采取必要措施，确保数据处于有效保护和合法利用的状态，以及具备保障持续安全状态的能力。

　　A.业务安全　　　B.技术安全　　　C.数据安全　　　D.网络安全

（4）（　　）作为我国第一部关于数据安全的法律，该法的出台标志着我国各行业的数据安全建设及监管将进入有法可循、有法可依的新时代。

　　A.《中华人民共和国网络安全法》

　　B.《中华人民共和国数据安全法》

　　C.《中华人民共和国个人信息保护法》

　　D.《关键信息基础设施安全保护条例》

（5）个人金融信息是指金融机构通过提供金融产品和服务或者从其他渠道（　　）、加工和保存的个人信息。

　　A.获取　　　　　B.了解　　　　　C.储存　　　　　D.购买

2. 多选题

（1）3.0 阶段的金融科技安全有着三大突出特征（　　）。

A. 金融科技安全领域受灾广、受灾重

B. 金融科技安全领域发生风险频次高

C. 金融科技安全领域发生风险频次低

D. 金融科技安全突出体现在网络安全风险和应用安全风险上

（2）金融科技安全包括（　　）。

A. 业务安全　　B. 技术安全　　C. 数据安全　　D. 网络安全

（3）金融业务安全涉及多层面内容，包括（　　）。

A. 账户安全　　　　　　　　B. 身份认证安全

C. 反欺诈安全　　　　　　　D. 数据安全

（4）我国以（　　）《关键信息基础设施安全保护条例》《网络安全审查办法》等多部目的明确、条文细致的上下位法和配套法律、法规、条例、指导意见等，共同组成我国金融科技安全法律体系。

A.《中华人民共和国网络安全法》

B.《中华人民共和国数据安全法》

C.《中华人民共和国个人信息保护法》

D.《中华人民共和国国家安全法》

（5）身份识别安全技术包括（　　）。

A. 加密技术　　B. 验证技术　　C. 生物识别技术　　D. 云计算技术

3. 简答题

（1）金融数据的特点有哪些？

（2）金融科技安全技术有哪些？

（3）大数据时代的到来，推动金融业数据量的增长，请谈一谈数据增长对金融业的影响。

Chapter

10

第十章
金融科技风险

- 金融科技风险概述
- 科技赋能的金融科技风险管理

学习目标

素养目标
- 引导学生树立风险意识,增强总体国家安全观
- 培养学生诚信严谨、合规经营的金融职业素养

知识目标
- 掌握金融科技风险的定义、特点、类型与成因
- 熟悉金融科技风险带来的影响
- 熟悉金融科技风险控制的基本方法
- 熟悉科技赋能的金融科技风险管理框架体系

技能目标
- 能够识别、分析金融科技的主要风险
- 能够根据不同类型金融科技风险进行风险控制

思维导图

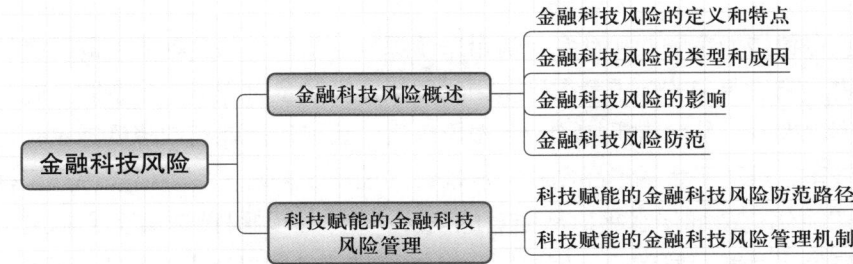

章前引例

把控金融科技风险

金融科技为金融业和社会经济带来了深刻的影响。从金融服务需求者的角度来讲，它使更多的需求者得到了更优质更便捷的金融服务，金融服务的可获得性得以提升；从金融机构的业务发展来讲，金融科技能有效降低成本，提升服务效率，推动了金融产品创新；从社会治理角度来讲，金融科技提升了社会治理智能化、精细化水平；从监管的角度来讲，金融科技丰富了金融监管手段，提高了金融监管效率。但同时，金融科技的发展意味着大数据、云计算、人工智能、区块链等金融科技底层技术和金融业务的复杂化，金融的内在脆弱性和强外部性的属性更加凸显，金融行业发展面临传统金融风险和科技风险的双重挑战。

2024 年 1 月习近平总书记在省部级主要领导干部推动金融高质量发展专题研讨班开班式上发表了重要讲话。习近平总书记指出：要着力防范化解金融风险特别是系统性风险。维护金融安全，是关系我国经济社会发展全局的一件带有战略性和根本性的大事；防范化解金融风险，是金融工作的根本性任务。做好金融工作，必须坚持把防控风险作为金融工作的永恒主题，牢牢守住不发生系统性金融风险底线。而准确判断风险隐患是保障金融安全的前提。

分析：科技赋能金融已成为未来金融发展的重要趋势。为有效防范合规风险、实现企业规范发展，金融科技企业应当：其一，建立健全完善的金融科技风险防范体系。金融科技企业要建立全面风险管理体系，确保企业将可能发生的金融科技风险控制在可承受的范围之内，此外，还需要加强和规范企业内部控制，提升企业的风险防范能力；其二，加强对相关监管政策的研究和理解。金融科技的本质是金融，因此，金融科技企业的经营活动也应当被纳入金融监管的范围。金融科技企业要加强对相关监管政策的研究和理解，根据相关监管政策健全本企业的全面风险管理体系和内部控制制度。

思考与实践

请同学们思考，什么是金融科技风险，它有哪些特点和类型，金融科技风险是如何形成的，金融科技风险对经济社会又会造成哪些影响？以小组为单位，搜集金融科技风险相关案例，分析总结并汇报交流。

第一节 金融科技风险概述

> **教学活动设计**
>
> 教师活动情景：教师布置工作任务：我们日常生活中面临哪些风险，哪些是金融科技风险，金融科技风险又可分为哪些类型？金融科技风险给我们带来哪些影响？
>
> 学生活动情景：学生分组讨论、交流。
>
> 活动要点：经过分析归纳总结，学生分享本小组讨论交流成果。

一、金融科技风险的定义和特点

（一）金融科技风险的定义

近年来，随着移动互联网、人工智能、大数据、云计算、区块链等新兴科技的高速发展，不断衍生出新的金融模式和金融业态。这在一定程度上改善了我国广大中小微企业在传统金融市场难以融资的困境，改变了投资门槛高、小额投资渠道匮乏的现状，推进了普惠金融发展和供给侧结构性改革；但与此同时，金融科技在快速发展过程中也积累了不少风险。许多处于传统监管边缘的违法行为难以及时被发现并进行有效控制，导致金融风险的不断扩散，从而影响了金融体系的安全与稳健。金融与科技都属于风险较高的行业，两者的融合将会形成风险的叠加。金融稳定理事会从微观和宏观两个层面对金融科技的风险进行了归纳。微观层面的风险主要包括金融和运营方面的风险。其中，金融方面的风险包括期限错配、流动性错配、高杠杆风险等；运营方面的风险包括流程控制风险、网络风险、依赖第三方的风险、法律和监管风险、重要金融市场基础设施的经营风险等。宏观层面的风险包括政策风险、法律风险及超常波动风险等。

拓展阅读：金融科技发展规划（2022—2025年）节选

本书所指金融科技风险，就是指相关经济主体利用新兴科技开展传统金融业务和新兴金融业务时，由于种种不确定因素而产生不利影响的可能性。

（二）金融科技风险的特点

金融科技风险主要为以下四点：

1. 传播速度快

随着信息技术被广泛运用，金融科技所带来的风险比传统金融风险传播速度更快、传播范围更广、溢出效应更强。在传统金融交易结算中，出现的偶然性差错或失误还有一定时间纠正，而在金融科技网络环境下，这种容错机会就大为减小，因为金融科技业务发展有赖于先进的科技信息技术和交易平台系统，交易平台系统流动的并不仅仅是现实货币资金，更多的是数字化货币信息。金融科技风险一旦形成，很可能在短时间内突然爆发，风险化解就非常困难，金融科技风险的扩散面积和补救成本被放大，发生系统性风险的概率增加。

2. 破坏性强、冲击面广

随着金融科技在金融业的广泛应用，在以第三方支付、大数据金融、信息化金融机构等为主要模式金融交易网络平台的数据风险与信息安全风险相互交织，由数据使用和保护不当带来数据风险与信息安全风险的可能性增加。同时，金融企业与客户之间相互渗入和交叉，使得各金融机构间、各金融业务种类间、国家间的风险相关性日益增强，使得金融风险事件的破坏性增强，冲击面扩大。

3. 隐蔽性强，增加监督管理难度

金融科技使资金供给能够规避现有的商业银行体系，直接输送给资金需求方和融资者，完成资金体外循环，交易和支付过程均在互联网上完成交易，虚拟化使金融业务失去了时间和地理限制，交易对象变得模糊，交易过程更加不透明，金融风险形式更加多样化，金融交易脱离现有金融管制的情况愈发严重，加大了发生金融风险的可能性。

4. 增加系统性金融风险

金融科技的迅猛发展导致金融体系的关联度急剧增加，进而放大了金融体系负面冲击的传播，增加了金融体系的脆弱性。虽然在微观层面，金融科技会有助于金融机构降低金融类型的风险，但在宏观层面，金融科技存在引发系统性金融危机的可能性。金融科技会导致金融体系在面临负面冲击时出现过度波动。例如，信贷资金供给在面临负面消息时会出现过度紧缩，而智能投顾所导致的"羊群效应"会显著高于传统资产组合方法，大额交易会增加资产价格的单边波动性。

二、金融科技风险的类型和成因

（一）金融科技风险的类型

1. 安全风险

一是数据安全风险。随着电子支付、理财、保险等金融业务的日益增长，网络信息系统上累积了海量的金融数据。但现阶段的网络信息管理系统还不能完全应对虚拟环境下频繁的信息攻击，因此面临着数据丢失或被盗取、篡改的风险，各主体遭受巨额损失的可能性增大。二是业务安全风险。科技使得金融业务趋于智能化，致力于客户体验的提高，从而增加产品销售量以扩大收益。但一些金融企业由于过于追求客户体验，有时忽视一些必不可少的审查环节，有时没有根据客户的风险承受能力出售产品，使金融业务的风险变大。这些都严重违背了业务安全的初衷。三是技术安全风险。金融科技具有强相关、高创新的特点，但一些金融企业盲目追求技术突破，未对一些新兴金融技术进行严格的试验和把关就加以利用，使一些技术的应用领域脱离用户的可控范围，往往导致金融资源利用效率不升反降，更易引发安全隐患，使得安全风险提高。

2. 信用风险

在金融领域，金融资产价格以信息为基本要素之一，并反映着信用风险。信息的传递以金融媒介为载体。尽管金融媒介历经纸质信用媒介和金融中介机构，并因资金供求双方的直接交易而实现金融脱媒，但降低信息成本、实现信息对称并利用和控制信用风险的主旨并未发生变化。在传统金融机构应用金融科技时，一是由于信息披露不当，且其中的问题又难以被发现并得到根本治理，因此不仅难以保障广大投资者的合法权益，更是容易引发信用风险。二是由于我国信用体系不健全，再加上传统金融机构缺乏应对金融科技的经验，机构缺乏自行制定成熟的审查和监管规则的能力，这样就很容易出现信用问题，引发信用风险。这种传统金融风险在金融科技背景下，在技术的驱动下，变得更加分散且更具有传染性。

3. 法律风险

法律风险，是指企业因没有遵循法律法规可能遭受法律制裁、监管处罚、重大财务损失和声誉损失的风险。合法合规是金融企业经营必须遵守的底线。区块链、大数据等技术的发展，对许多金融交易的习惯与方式进行了重构，传统的金融立法难以有效界定并进行监管。新型金融业态和模式难以在现有的法律框架内进行有效的规制，从而在一定程度上存在合规性风险。而《中华人民共和国民法典》第四百六十九条规定：当事人订立合同，可以采用书面形式、口头形式或者其他形式。书面形式是合同书、信件、电报、电传、传真等可以有形地表现所载内容的形式。以电子数据交换、电子邮件等方式能够有形地表现所载内容，并可以随时调取查用的数据电文，视为书面形式。这种合规性风险也是金融科技发展背景下的重要风险之一。再比如，通过第三方支付投资多种网上基金，形成资金池，快速扩大了备付金数额，支付机构不得不非法挪用备付金，加大了用户兑付难度，进而可能导致法律风险爆发。

4. 操作风险

金融科技的应用能极大地提高了工作效率，因此，传统金融机构纷纷引入金融科技，在构建能同时提供多种传统金融服务的综合金融科技平台，使得用户能够快速获得各种有关投资、融资等业务的信息，并能在平台上快速便捷地进行买入、卖出等操作。但新用户往往缺乏金融投融资经验和网络平台的操作应用经验，再加上初步设计的网络平台本身不是很完善，其内部的各种业务交叉又降低了各个业务操作的独立性，易使平台操作流程和内部控制出现问题，导致投资者利益受损或信息泄露，增大了操作风险。

（二）金融科技风险的成因

1. 技术漏洞引发安全风险

科学技术是金融科技发展的先行条件，网站受到攻击、电子系统软硬件故障或识别性错误、通信终端错误、计算机重要内容中毒等情况都有可能丢失金融机构信息并造成一定的损失。技术的复杂性往往会导致系统在容错性、稳定性、交互性及可扩展性方面存在缺陷，甚至会引发较为严重的操作风险，产生难以预估的损失。目前，我国金融科技公司面临着密钥管理和加密技术不完备，传输控制协议/网际协议（TCP/IP）安全性较差等问题，容易遭到网络攻击、渗透、窃听及病毒攻击。同时，区块链去中心化的特点导致监管机构无法有效监管其背后的交易，这往往会成为不法分子的突破口。

2. 长尾客户加剧信用风险

长尾客户是指信用水平较低的客户，这些长尾客户往往不在传统金融机构的服务人群之内。而随着金融科技的广泛运用，金融机构信用评估和风险控制水平得到一定提升，使得长尾客户进入金融市场。虽然客户群体的扩大增加了金融机构的收入，但同时也增加了金融市场的风险。另外，机器学习大多是依赖常规客户的行为产生的数据，但部分长尾客户的投融资行为通常是非理性的，与一般客户的行为模式存在明显差异。因此，目前的机器难以对长尾客户行为模式进行精准识别与判断，导致风险管理的有效性降低。而且，目前，长尾客户信息的真实性还难以保证。大数据等技术手段能够从多种渠道收集客户的信用信息，从而减少信息不对称影响，但前提是需要确保客户提供的信息是真实可靠的。与传统金融机构线下收集客户数据相比，金融科技公司线上收集客户数据的真实性有所降低，容易导致信用风险加剧。

3. 金融科技复合型专业人才紧缺造成操作风险

作为集金融和信息技术于一体的新业形态，金融科技是一个人才和技术密集结合型的产业，然而目前大多数金融科技机构成立时间短，公司经营、资金运营、风险管理、信息科技、审计稽核、人力资源等方面急需专业性强的人才。对于分支机构或者中介代理而言，他们将更多的人力资源投入到营销，缺乏科技与应用相结合的复合型金融专业人才和风险分析防控的管理型人才，由营销员兼职担任金融平台的风险管理、基础保障和维护相关工作，这些人员专业技能有限，且人员流动性大，不利于金融科技机构长远发展，同时加剧操作风险事件的发生。

三、金融科技风险的影响

（一）对个人的影响

在生活信息层面，社交、购物、信息浏览记录、电话住址等会被采集；在金融信息层面，账户、支付、存取款和金融资产的持有和交易信息会被记录；在生物信息层面，面部识别、指纹、健康监测等信息也会被平台收集。一旦相关平台保管不当或遭受网络攻击造成数据泄露，信息持有者稍加分析便可获得客户精准画像，导致客户大量隐私泄露，进而造成重大财产损失和人身安全隐患。

金融科技用大数据算法的结果来精准掌握每位消费者的最高支付意愿，从而进行歧视性定价。金融科技对社会公众的技术应用的能力提出了更高要求，科技知识薄弱、老年人等群体就只能被迫远离部分金融服务，造成社会不公。金融服务提供者过度追求利润，通过科技手段利用过度授信和场景诱导等共同刺激超前消费，或以高利贷，或以向低信用人群推销不适合的信贷产品等形式，使得一些低收入人群和年轻人深陷债务陷阱，最终损害消费者权益，甚至给家庭和社会带来危害。

（二）对金融机构和金融行业的影响

金融科技大大延伸了金融机构开展业务的地域边界和群体边界，增加了金融机构资金运用期限错配、货币错配的可能性，可能会加剧金融机构的流动性风险。基于大数据的信贷业务，在长尾客户的资信水平相对较弱，信用风险评估模型不健全等因素影响下，有可能增加信用风险。大型金融科技公司的出现容易造成行业垄断和不公平竞争。大型金融企业凭借技术优势占据市场的主要地位，并通过并购不断强化市场垄断力量，最终会导致创新动力削弱、经济效率下降和消费者福利的损失。大型金融科技企业凭借金融科技和网络平台模糊了产品和业务边界，突破地域和业务范围限制，容易造成风险的溢出和蔓延，从而放大了系统性风险。

（三）对社会治理和社会稳定的影响

（1）金融科技的兴起为数字金融欺诈提供了新工具。数字金融欺诈呈现出产业化、职业化、精准化、移动化、场景化和技术化的特点，欺诈手段由之前较为简单的盗号、盗刷演变为现在的借助人工智能、大数据等前沿技术，从撒网式向精准化转变，并叠加传销、兼职赚钱、网购退款、金融理财、虚拟货币等更为复杂多样的手法，典型形式主要有高利理财、网络借贷、网络众筹等。

（2）冲击就业格局，加剧社会财富分化。一方面，机械性或高危险的低技术含量工作很容易被技术替代。另一方面，金融科技会重新分配社会财富，人工智能等金融科技的兴起和历次工业革命一样，会重新分配社会财富，致使受教育程度低、技术含量低、人文含量低的工作从业者面临更为严峻的挑战。

拓展阅读：增强忧患意识《求是》杂志2023年第4期

（四）对金融监管带来的影响

金融科技兼具金融、技术属性，助推了金融市场和产品的跨界，扩大了监管的模糊地带，增加了监管套利风险；伴随金融科技产生的高频交易、海量账目等问题也加大了监管机构风险识别、监测的难度。金融科技促使金融风险隐蔽化、分散化，对监管机构的识别和预警效率提出了挑战。金融数据通常面临多系统、多环节留存，导致数据流转追踪难、控制难，金融科技所采用的数据驱动、平台支撑、网络协同的业务模式，使得金融科技风险涉及面广，传播速率快，进一步增加风险处置难度。

四、金融科技风险防范

（一）安全风险防范

（1）要建立完善防范安全风险的相关制度和基础设施。防范金融科技安全风险，不仅要做好技术工作，更重要的是做好相关制度设计。在应用互联网、大数据模型、人工智能、区块链等新兴技术的金融业务领域，政府相关部门及企业应联合起来，完善相关法律规范并严格实施，从根本上加大金融科技安全保障强度。

（2）要加强防范安全风险的技术创新。防范网络金融数据安全风险，应该加快相关安全技术创新，建立全方位的信息系统安全管理机制，丰富监管手段，如利用防火墙、虚拟专用网络等技术，提升信息管理系统应对虚拟环境下信息攻击的能力和监管水平，切实降低数据丢失或被盗取、篡改的可能性。

（二）信用风险防范

防范金融科技信用风险，首先要建立完善我国的金融科技信用体系，加强企业信誉保障，增加投融资者信心，这是根本的制度保障。其次，要建立信用事件通报机制。要防范金融科技信用风险，就要提高企业信息披露的速度和质量，建立健全金融科技领域的信用事件通报机制，使企业能够及时发现在应用金融科技时遇到的问题并加以解决，避免造成信用风险或者风险萌芽极速、极广传播。最后，要加大研究开发力度，企业应加强研发，丰富应对金融科技的经验，从而制定合适的方案和规则保持信用声誉。

（三）操作风险防范

1. 进行技术升级

防范金融科技操作风险，金融企业可以进行技术升级，以优化金融科技网络平台，使其能够减少操作流程和内部控制出现的问题或提高抵抗这些问题的能力，减少操作风险。

2. 进行知识普及

政府和企业可以向公众进行投融资知识普及或金融科技网络平台的教学指

导，以丰富新用户金融投融资经验和网络平台的操作应用经验，从根本上降低操作风险，维护投资者合法权益。

3. 公开交易流程

金融科技风险具有极速传播性和隐藏潜伏性，因此金融企业及相关监管者应丰富监管经验，采用更公开、更严谨的方式开展金融工作，重点监管交易平台不透明、虚拟化的交易和货币信息，及时发现数据不实、流程错误等问题，抑制金融风险的扩散程度。

4. 加强监管合作

金融科技风险具有极广传播性和监管困难性，金融企业应加强内部各部门的监管合作，防止金融科技风险在各业务间交叉传染。同时，还要加强跨地区、跨国家的监管合作，增强各国相关法律的适应性，避免金融科技风险无休止扩散蔓延。

在规范我国金融科技发展时，可以采用法律硬约束和道德软约束的双重约束措施。一方面，做好顶层设计，明确金融科技的界限和相应的监管主体，出台相应的归口领域监管办法，完善各类金融科技机构的市场准入审批和备案制度，做到各类执法检查有法可依，有据可查。另一方面，金融科技行业内部可自行制定行业准则、岗位职责、员工行为规范等，确保金融科技从业者拥有良好的职业约束。金融科技机构要从内部建立健全自身制度体系，从公司治理、风险防控、财务会计、资产资本管理、信息科技、考核和责任追究等方面不断细化完善并制定措施使各项制度有效执行。

金融科技知信行

防范金融风险，维护国家金融安全

在 2024 年 3 月 11 日举行的十四届全国人大二次会议第三场"部长通道"上，金融风险成为热议话题。

当前我国金融风险总体可控。我国银行业保险业运行平稳，尤其主要金融机构经营稳健，金融安全基本盘非常稳固。虽然一些地方存在高风险中小金融机构，但无论总体数量还是个体规模，在整个金融业中占比都很低，而且国家金融监督管理总局正在积极会同相关地方党委政府精准施策，有力有序地推动风险化解。有党中央集中统一领导的政治优势，有集中力量办大事的制度优势，尤其我国经济长期向好的基本趋势没有改变，这是我国防范化解风险的最大底气、最强支撑和最有力保障。此外，防范处置风险的工具和手段更加丰富，相关工作机制也进一步健全，我们完全有信心、有条件、有能力维护国家的金融安全。

就防范金融风险，当前重点在提升前瞻性、精准性、有效性和协同性上狠下功夫。将进一步健全涵盖源头治理、早期纠正、恢复处置的全流程防控机制；将持续推动高风险中小金融机构改革化险，同时把握好风险处置的时度效；将着力推动金融监管基础法制建设，全面提升监管执法效能；将牵头建立监管责任归属认领和兜底监管机制，同时进一步加大与地方党委政府的协调联动，真正做到同责共担、同题共答、同向发力。

第二节 科技赋能的金融科技风险管理

一、科技赋能的金融科技风险防范路径

科技改变了金融行业的发展，科技产生了新的风险，同时科技也为我们防范风险提供了新的工具和思路。在传统风险防范的基础上，应当寻找科技赋能的金融科技风险防范新途径。针对金融科技风险的防范与治理，应当遵循以下两条路径：

（一）金融消费者保护的路径

目前，我国的金融消费者在与金融机构的交易、在信息获取和应用上处于弱势地位，为了改变这种不平等的交易关系，增强金融消费者理性选择的能力，我国金融法律制度设计中引入了投资者适当性制度等一系列保障金融消费者权益的制度。此外，建立投资者分类制度，完善投资者救济机制，建立完善金融消费者保护基金制度。在不同行业内部，通过加强各金融业协会协同作用来保护金融消费者，同时积极地在各级消费者协会内设立由专门人员组成的金融消费者保护工作委员会来切实强化消费者协会保护金融消费者的职能。

（二）"穿透式"监管理念的路径

"穿透式"监管是针对混业经营的金融新业态进行监管的重要模式，是指在监管的过程中打破"身份"的标签，从业务的本质入手，将资金来源、中间环节和资金最终流向穿透联结起来，按照"实质重于形式"的原则辨别业务本质，根据业务功能和法律属性明确监管规则。使金融监管和风险排查跟上金融创新的步伐，同时避免因监管规则的不统一导致监管套利。以资产管理产品为例，其存在着产品规则不统一、层层嵌套；没有严格遵守投资者适当性原则，很多投资者的风险承受能力与投资方向不匹配；数据和投向不清晰等风险点，对此各个监管当局应当坚持穿透性的监管原则，穿透到最终的投资者、穿透到最终使用资金的产品。

依循金融风险的规制逻辑并结合金融科技的创新，金融风险防范要将以上两条路径进行融合，以金融消费者为主导，在强调行为监管和功能监管的同时，引进"穿透式"的监管理念，坚持宏观与微观相结合，加强行业自律监管，完善信息系工具的风险规制作用，突出科学技术在金融风险防范中的重要地位与作用。

二、科技赋能的金融科技风险管理机制

（一）加强宣传教育，增强社会公众金融科技风险防护意识

金融在生产生活中发挥着越来越重要的作用，普及金融知识、增强公众风险防范意识显得越发必要。新兴科技的发展重塑了支付、信贷、保险和财富管理等金融业态，数字技术与金融的加速融合，在提升金融服务便利性的同时，也增加了金融欺诈、个人金融信息泄露等风险。数字经济时代的金融消费者会面临更加多样化的金融服务产品，"数字鸿沟"问题已日益突出。在这种背景下，加强金融消费者教育，增强金融消费者风险防范意识显得尤为重要。

用好数字金融，搞好金融消费者教育，维护好金融消费者合法权益，对提振金融消费信心、维护金融安全稳定具有重要作用。接受良好教育的金融消费者是维护金融稳定的基石。一方面，人民银行同教育部、银保监会、证监会等部委密切沟通协作，联合研制了金融知识进中小学课程教材框架要点，在中小学课程教材修订中有机融入金融素养核心概念，使金融基本知识系统纳入国民教育体系，形成中小学金融素养教育的长效机制。另一方面，支持银发经济、养老金融发展，提升老年人金融素养和风险责任意识，为老年人金融知识宣传普及提供全方位的支持。金融行业依托网络安全宣传周、金融质量月、金融科技宣传周等形式开展贴近广大金融消费者、特色鲜明、通俗易懂的宣传活动，有效推动全民金融科技风险防范意识提升。

（二）提升金融科技风险感知能力

传统金融机构的风控环节中，普遍存在信息不对称、时效性差、效率低等问题，传统的风控手段已经难以满足个人旺盛消费引发的信贷增长和长尾用户的贷款需求。智能风控利用大数据、人工智能、云计算等技术构建线上金融风控模型，通过海量运算与校验训练提升模型精度，最终应用到反欺诈、客户识别、贷前审批、授信定价及贷后监控等金融业务流程，从而提高金融行业的风控能力。智能风控为金融行业风控提供了一种基于线上业务的新型风控模式，是贯穿反欺诈与客户识别认证、授信审批与定价分析、贷后管理与逾期催收等业务全流程的风控模式。

1. 智能反诈

随着网络金融业务的蓬勃发展，金融科技风险随之产生并快速扩张，银行正面临着多变的欺诈手段与多样的欺诈场景，如渠道推广环节的虚假刷量风

险、注册登录环节的拖库撞库风险、交易支付环节的盗卡盗刷风险等，这些风险轻则影响用户体验，重则导致资金损失、违反监管、商业信息泄露、失去用户信任，需要进行针对性的控制。

未来金融业，尤其是商业银行，企业运营将愈加依靠线上模式。各类线上金融交易纷纷涌现，手机银行、直销银行、网络银行、开放银行，这些新业务的开展都不可避免地会面对网络欺诈。智能风控采用不同的技术手段，广泛收集电子商务、社交网络等各类网络欺诈数据，适时监控网络上出现的各类欺诈方式，利用人工智能等技术形成各类规则、策略、模型，输出给各类金融机构，以提高其反欺诈能力，降低金融欺诈风险。服务内容覆盖推广、登录、注册、营销、申请、支付、活动等多个风控场景，服务方式灵活，既可云端调用，也支持本地部署。

2. 智能授信评估

传统授信评估基于征信报告，一方面费时费力，另一方面评估有效性存疑。智能风控则充分利用已有征信数据，结合其他来源数据，通过分析、建模，借助生物识别、机器学习、复杂网络等人工智能技术，多维度、多层次分析用户风险特征，可以有效控制潜在风险，助力信贷业务全流程风控。目前智能风控技术可在中国人民银行征信数据、内部数据的基础上，增加其他维度数据（如电子商务、社交网络），构建多维度指标体系，如信贷类指标、设备类指标、网络类指标、多头借贷类指标等，采用定制分、欺诈分、联合建模等方式，构建更加全面的风控体系，以适应线上运营条件下的业务模式和风控管理要求。

3. 智能贷后管理

传统金融行业，尤其是银行信贷，在贷后管理上投入不够。由于贷后管理表面上看起来并不为业务带来效益且耗费大量人力物力，所以银行在这方面可能投入不足。智能风控的贷后管理服务可持续关注借款人的新增风险，帮助银行动态监控借款人的状况，发现可能不利于贷款按时归还的风险，及时采取风险化解措施。智能风控通过建立贷后监控规则，如新增其他平台借款、新增法律纠纷、其他平台违约记录、新增网络欺诈行为及其他定制规则，可以及时监控借款客户的风险变化状态，提醒金融机构及时采取有效措施，防止风险损失的扩大。

4. 智能逾期管理

一旦出现借款客户逾期的情况，传统的依靠人力的催收模式成本高、效率低。智能风控的逾期管理技术，通过采用逾期客户画像、逾期评分模型、智能互动工具等改变了传统人工催收的互动和决策方式，更便捷地协助银行适应数字经济时代高频低额的业务催收情况。逾期客户画像根据客户的不同情况采取不同的客户交互策略，逾期评分模型对客户逾期情况评估不同账期的催收策略，智能互动工具则采用人工智能技术建立自动化催收流程，减少人力成本。

（三）健全防范金融科技风险新技术应用标准化体系

新技术在金融监管和机构合规领域的全面应用能够有效提升金融科技应用风险技防能力。中国人民银行按照机构自治、行业自律、金融监管和社会监督相结合的协同治理原则，建立了涵盖事前、事中、事后全过程的风险防控体系，指导第三方安全测评机构建设行业统一的金融科技应用风险监控平台，依托国家统一推行的金融科技产品认证稳步推进产品应用标准符合与质量合格评估工作。与此同时，金融机构通过智能风控平台等合规科技应用实现风险防控的专业化与监管合规的智能化。各方加强协作，推动监管科技在金融业务、信息技术、公共管理等领域全面落地应用，进一步发挥合规科技在金融机构反洗钱、反欺诈、风险报告等方面的作用，提升金融监管效率，降低机构合规成本。

按照监管一致性原则、渐进适度原则和市场自律原则，建立行之有效的多层次监管机制，实现风险监管全覆盖，避免监管空白。积极研究探索分类分级监管，针对经营规模、资本、技术和风控能力不同的机构，在各类业务准入、创新方面采取分类分级监管方式，提高监管效率。积极推行"穿透式"监管，把资金来源、中间环节与最终投向信息贯穿连接，综合全链条信息判断业务属性和法律关系，执行相应监管规则。

提升保障金融安全的基础研究和技术创新。一方面，通过有组织的科研攻关，加强对金融安全基础理论的研究。针对金融风险行为表征、认知，金融网络风险传导、建模与评估，金融风险知识跨业关联与融合，以及跨模态多源异构金融数据访问控制等科学问题，提出原创性新概念、新原理、新方法，深入分析其中内在规律。另一方面，注重人工智能等前沿关键技术的创新与应用，提高金融风险识别和预测的能力。面向我国推动建设金融强国、加快发展新质生产力的重大战略需求，需要国家级科研机构与金融监管部门、法检司等部门协同联动，持续跟进和突破前沿的关键核心技术，推动金融安全领域科技的安全、可信、及时发展。

标准化工作在规范技术创新、保障信息安全、防范金融科技风险等领域发挥了不可替代的作用。我国金融业已形成由强制性金融国家标准、推荐性金融国家标准、推荐性金融行业标准、金融团体标准、金融企业标准共同构成的新型标准体系，全面覆盖金融科技关键技术领域，为新技术在金融领域应用划定了安全边界和风险底线。在持续推动各类各层级标准全面建设的基础上，应进一步发挥团体标准和企业标准对标准化体系的支撑作用，在金融行业形成强制性标准守底线、推荐性标准保基本、行业标准防风险、团体标准促创新、企业标准强质量的协调发展格局。

（四）建立常态长效化的金融科技风险处置机制

建立风险应对和处置的常态化、长效化机制，提升金融风险防控的科学性和有效性。一是运用数字化监管手段对金融科技应用进行全生命周期持续动态监测，及时定位、跟踪、预防和化解风险隐患，开展风险综合评估。二是针对风险评估和监测结果，通过安全加固等技术手段持续强化金融科技产品应用的风险防护能力，定期检查和总结风险防控策略有效性、风险问题整改情况等。三是建立涵盖社会公众、创新主体、自律组织、政府部门的风险信息发布机制，及时向金融业和全社会预警风险，提升风险全面掌控能力和联合处置效率。

中国人民银行与有关部门共同研究起草的《中华人民共和国金融稳定法（草案征求意见稿）》（简称《草案》），旨在健全金融风险事前防范、事中化解和事后处置全流程全链条的制度安排，待后续立法正式通过和实施后，将有效增强我国金融稳定法律制度的统筹协调，进一步提升我国系统性金融风险防控能力。《草案》把近年来我国在金融风险防范、化解和处置中的实践经验上升到了立法层面。这些理性的经验，对于在内外部经济金融形势下牢牢守住不发生系统性金融风险底线的意义十分重大。这些经验主要包括：建立健全高效权威、协调有力的金融稳定工作机制，金融委统筹协调、靠前指挥；进一步压实金融机构及其主要股东、实际控制人的主体责任，压实地方政府的属地责任和金融监管部门的监管责任；加强金融风险防范和早期纠正，实现对风险的早发现、早干预；建立市场化、法治化处置机制，明确处置资金来源和使用安排，完善处置措施工具，保护市场主体合法权益；强化对违法违规行为的责任追究，以进一步筑牢金融安全网，坚决守住不发生系统性金融风险的底线。

（五）加强各机构间合作，构建金融科技应用风险防控体系

我国防范化解金融风险攻坚战取得重要阶段性成果，但金融安全长效治理机制仍需进一步健全。国家金融安全受到国际形势影响，必须提升抵御外部风险冲击的能力。必须建立起自主可控的金融科技应用风险防控体系，有效应对国外风险冲击。

金融科技应用风险防控需守牢安全底线。一是优化纵深防御技术架构，完善多层安全保护系统和访问控制管理机制，通过系统监控及时预警风险行为，提升风险动态防御和主动防御能力。二是构建风险联防联控体系，建立涵盖金融机构、科技公司、行业协会、第三方专业机构和政府部门的风险防控协同机制，推动跨行业、跨部门、跨领域风险信息共享。三是健全实战攻防演练和应急响应机制，建设智能化风险防控系统，不断强化"主动发现、智能预警、精准防范"的实战化防控能力。

金融科技应用风险防控是一项系统性工程，需要"政、产、学、研、用"

各方通力协作，开展前沿研究与联合攻关，综合运用多方安全计算、联邦学习、区块链等技术实现不同主体间的信息汇聚共享和关联分析，构建协同联动的风险防控生态圈。进一步发挥行业协会、产业联盟的组织协调作用，推动科研机构和高等院校研究成果转化，依托检测认证为金融科技产品和服务把好安全关口，全面促进金融科技应用风险联防联控。

1. 单选题

（1）以下不是金融科技风险的特点的是（　　）。

　　A.传播速度快　　　　　　B.破坏性强、冲击面广

　　C.更易监督管理　　　　　D.增加监督管理难度

（2）下面风险中属于金融科技宏观层面风险的是（　　）。

　　A.期限错配　　　　　　　B.流动性错配

　　C.高杠杆风险　　　　　　D.政策风险

（3）一些企业过于追求用户体验，有时忽视一些必不可少的审查环节，有时没有根据用户的风险承受能力出售产品，使金融业务蕴含高风险。这属于（　　）。

　　A.信用风险　　　　　　　B.数据安全风险

　　C.业务安全风险　　　　　D.技术安全风险

2. 多选题

（1）金融科技的发展离不开新兴技术的发展，现代新兴科技包括（　　）。

　　A.移动互联网　　　　　　B.人工智能

　　C.大数据　　　　　　　　D.云计算

　　E.区块链

（2）安全风险是金融科技风险的一种类型，安全风险具体可以分为（　　）。

　　A.数据安全风险　　　　　B.业务安全风险

　　C.技术安全风险　　　　　D.可估测损失

　　E.极端损失

（3）金融科技风险对金融机构和金融行业产生的影响包括（　　）。

　　A.金融科技大大延伸了金融机构开展业务的地域边界和群体边界

　　B.增加了金融机构资金运用期限错配、货币错配的可能性

　　C.可能会加剧金融机构的流动性风险

　　D.可估测损失基于大数据的信贷业务，在长尾客户的资信水平相对较弱，信用风险评估模型不健全等因素影响下，有可能增加信用风险。

E. 极端损失

（4）金融科技风险对社会治理和社会稳定产生的影响包括（　　）。

A. 金融科技的兴起为数字金融诈骗提供了新工具

B. 冲击就业格局，加剧社会财富分化

C. 加大了监管机构风险识别、监测的难度

D. 金融科技促使金融风险隐蔽化、分散化，对识别和预警效率提出了挑战

E. 基于大数据的信贷业务，在长尾客户的资信水平相对较弱，信用风险评估模型不健全等因素影响下，有可能增加信用风险。

3. 简答题

（1）简述金融科技风险的特点和类型。

（2）金融科技风险控制的主要手段有哪些？

（3）简述科技赋能的金融科技风险防范应遵循的路径。

Chapter

11

第十一章
金融科技监管

·)) 金融科技监管概述
·)) 金融科技在监管中的应用
·)) 金融科技伦理治理体系

学习目标

素养目标
- 增强科技伦理意识和求真向善理念，提高金融科技伦理素养
- 提升对中国特色社会主义道路的认同感，培养爱国爱民情怀，树立国家金融科技监管安全意识

知识目标
- 了解金融科技底层技术和相关业务监管、监管科技概念与金融科技伦理的内涵
- 熟悉金融科技监管的理念、中国金融科技伦理治理的现状
- 掌握监管科技在合规端和监管端的应用

技能目标
- 能够区分主要经济体金融科技监管实践的差别
- 能够识别监管科技在监管端与合规端的不同应用
- 具备初步分析中国金融科技伦理治理问题的能力

思维导图

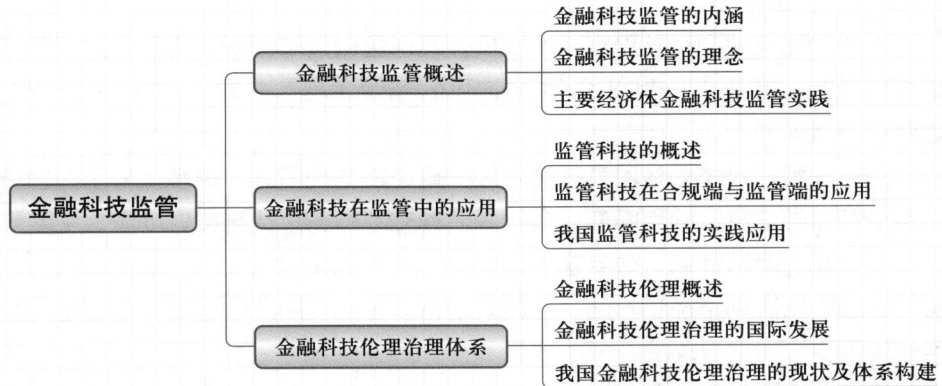

章前引例

北京探索金融科技创新监管工具创新应用

为推动北京金融科技稳定有序发展,北京金融科技创新监管工具实施工作组面向社会公示最新一批3个创新应用("智慧金融"主题),强化人工智能金融应用风险管理。

北京在金融科技创新监管工具方面一直走在全国前列。据悉,公示的创新应用涵盖普惠信贷、网点服务、银行间债券交易等多个智慧金融场景,主要聚焦人工智能、隐私计算、数字孪生体建模、混合现实等新技术,旨在探索人工智能金融创新应用路径和方法,强化人工智能金融应用风险管理,助力金融数字化转型。

根据北京金融科技创新监管工具实施工作组的公示,中信百信银行股份有限公司和中信银行股份有限公司联合申请的"基于人工智能技术的普惠信贷服务",针对现有普惠信贷业务数据源缺乏、数据孤岛等痛点,搭建普惠信贷风控平台,纾解普惠客群融资难题。

中国工商银行股份有限公司北京市分行申请的"基于数字人和混合现实技术的智慧网点服务",为客户提供智能取号、业务办理咨询、金融产品个性化营销等网点服务。

北京快确信息科技有限公司和宁波银行股份有限公司联合申请的"基于人工智能技术的债券交易即时通讯及信息服务平台",搭建债券交易即时通讯及信息服务平台,为机构投资人提供高效精准的银行间市场债券一级销售服务。

中国人民银行启动金融科技创新监管试点工作,支持在北京市率先开展金融科技创新监管试点,探索构建符合我国国情、与国际接轨的金融科技创新监管工具。

> **分析**:党的二十大报告强调,深化金融体制改革,建设现代中央银行制度,加强和完善现代金融监管,强化金融稳定保障体系,依法将各类金融活动全部纳入监管,守住不发生系统性风险底线。金融科技的广泛应用虽然使得金融服务的普及性、可及性和成本收益性大幅提升,但它也给金融监管带来了问题与挑战。现代金融监管体系日趋成熟,应不断强化金融监管机制创新,应对金融科技挑战。

第一节　金融科技监管概述

一、金融科技监管的内涵

金融科技监管其实质是将金融科技应用在监管领域，是金融科技应用的一个延伸。金融科技监管包括了金融科技底层技术监管和金融科技相关业务监管。

（一）金融科技底层技术监管

底层技术的监管主要集中于应用程序接口（Application Programming Interface，API）、云计算和生物识别领域。其中，API 是连接银行与第三方机构的工具，银行可以使用 API 与用户分享信息，是开放式银行的重要底层技术；云计算属于分布式计算，指的是通过网络"云"将巨大的数据计算处理程序分解成无数个小程序，并对数据进行分析；生物识别主要通过计算机、传感器和生物统计学原理等高科技手段，利用人体固有的生理特性和行为特征进行个人身份的鉴定。金融科技底层技术类型及监管措施如表 11-1 所示。

表 11-1　金融科技底层技术类型及监管措施

技术类型	应用领域	具体监管措施
应用程序接口（API）	开放银行	通过立法鼓励 API 的使用，例如，墨西哥《金融科技法》要求开发在金融科技机构、票据交换所、传统金融机构等之间建立 API，新加坡金融管理局与新加坡银行协会联合发布 API 手册
云计算	数据管理、新型金融产品研发	针对外包、风险管理和网络安全框架等关键领域提出具体要求，以确保信息安全和政府的审计权利。例如，美国、英国、韩国等都明确了对云计算的监管要求，中国和俄罗斯也将其纳入规划
生物识别	远程识别和认证	针对数据收集、使用和存储提出具体要求，以保护数据隐私、维护网络安全、加强反洗钱监管。例如，欧盟成员国管辖区内的《欧盟支付服务修订法案（第二版）》《通用数据保护条例》和《欧盟反洗钱第五号指令》

（二）金融科技相关业务监管

数字银行、贷款和股权众筹、加密资产这三种业务具有监管特殊性。当前，各国对数字银行和众筹等业务的监管措施基本类似，而对加密资产业务的监管措施则存在明显差异。金融科技相关业务及监管措施如表 11-2 所示。

表 11-2 金融科技相关业务及监管措施

业务类型	涉及技术	具体监管措施
数字银行	应用程序接口（API）	大多数国家，例如，中国与英国，对于数字银行的牌照发放与监管参照传统商业银行规定；个别国家或地区，例如，新加坡与中国香港，对数字银行进行特殊管理
金融科技资产负债表贷款	大数据	多数国家没有针对金融科技资产负债表贷款的专门规定；个别国家，例如，巴西，针对金融科技资产负债表贷款设定了专门的牌照制度
贷款及股权众筹	大数据	大多数国家，例如韩国与澳大利亚，要求开展相关业务的经营机构进行合法注册，留有充足的资金保障，定时公布经营信息
智能理财	云计算、人工智能	大多数国家，例如美国与中国，将智能理财视同于普通理财业务进行监管；个别国家，例如，新加坡，对智能理财出现的特殊问题提出了监管要求
电子支付	API、生物识别	大多数国家和地区，例如欧盟与新加坡，设立了针对电子支付的特定法规，鼓励非银行机构进入该领域
加密资产	生物识别、分布式记账	各国态度迥异。积极推动派，例如，菲律宾、日本与马耳他，创建适宜加密资产交易的规则；明令禁止派，例如，印度与中国，严禁虚拟货币等加密资产在境内交易

二、金融科技监管的理念

（一）积极主动型监管

积极主动型监管可以细分为主动型监管和合作型监管。英国是主动型监管的典型，于 2015 年首次提出实施监管"沙盒计划"，旨在建立一个为金融创新提供制度保障的监管框架。合作型监管是政府在追求有效监管的同时加强与市场、企业相互合作与支持。这种监管模式不是简单地避免相互之间的利益冲突，而是对制度进行优化，并对被监管者实施有效、合理的监管。

（二）安全稳健型监管

美国实施的归口管理源于历史传统，详细的分业监管机构以及"穿透式"监管、功能监管的理念下，金融科技产品和服务均能较好地归入对应的监管者之下。加之美国传统金融产品和服务相对健全，民众对金融科技的需求较小，美国政府选择了较为保守稳健的限制性监管。德国的金融科技监管也更加倾向于安全与稳健。德国政府是按照不同的业务纳入现有的监管之内，并根据"相同业务，相同风险，相同规则"的相称原则进行监管。德国与美国在金融监管体制上有着明显的区别，一个属于单一体制监管，另一个则属于典型的分业监管，但在金融科技监管的态度上，均较为稳健。

（三）被动型监管

在金融科技监管方面，我国走的是一条先发展再治理的路子，由"自由放任"到"适度监管"再到"运动式治理"。2015年7月，央行等十部门出台了《关于促进互联网金融健康发展的指导意见》，国家对金融科技领域进行适度监管，旨在鼓励金融创新，促进互联网金融健康发展，明确监管责任，规范市场秩序。2016年10月13日，国务院办公厅发布《互联网金融风险专项整治工作实施方案》，央行紧急发布了《非银行支付机构风险专项整治工作实施方案》，紧接着银监会、证监会等部门相继开展股权众筹、网络借贷、互联网资产管理等领域的风险专项整治。

三、主要经济体金融科技监管实践

世界各主要经济体的金融科技监管大多基于现有金融监管体制来修补新发现的监管漏洞。从相关业务监管看，金融科技发展较快的国家或地区主要通过成立专门的金融科技管理机构为金融科技企业提供服务，并利用发放经营许可证、颁布具体准入规定等手段，对现有监管规则进行补充完善。

（一）美国实践

美国采用多层次的监管机制，并以风险预警为主。从监管机制看，美国监管机构由三方组成——联邦政府、地方州政府、行业协会。在联邦政府层面，美国联邦储备委员会、消费者金融保护局、货币监理署、财政部金融犯罪执法网络等机构，都具有介入金融科技监管的权限。在地方州政府层面，监管机构主要负责其辖区的管理。在行业协会层面，区块链技术国际联盟等机构注重对所在细分领域的开发和管理。

（二）欧盟实践

欧盟金融科技监管强调欧盟整体性，旨在加强各成员国之间的交流与合作。从欧盟各国的金融科技监管来看，欧盟各国大多走在全球前沿，许多国家已经对新兴技术、业务提出监管要求。例如，对分布式分类账技术，法国和卢森堡对其使用范围提出了要求，瑞士更是全球唯一针对该技术制定使用框架的国家。从监管政策看，欧盟已针对多项金融科学技术与业务制定了统一政策。2018年5月，欧盟正式公布《通用数据保护条例》。2020年9月，欧盟委员会通过新的数字金融一揽子计划，在隐私保护和数据安全方面要建立统一的欧盟标准。

（三）英国实践

英国金融科技监管灵活性强，注重维护企业的创新动力。英国针对金融实行"双峰监管"，由金融行为监管局和审慎监管局共同监管，并由金融行为监管局负责金融科技监管。英国对金融科技的监管政策具有较强的弹性，旨在支持初创企业发展，鼓励企业创新。具体而言，英国是全球首个提出监管沙盒的国家，并通过建立创新中心为金融科技企业提供专业咨询，帮助初创企业了解相关监管政策，以便获得进入监管沙箱的有限许可申请。

（四）韩国实践

韩国监管严格，以年为时间单位推出金融科技计划，并以此为基础划定新兴金融科技活动的法律界限。2020年5月15日，韩国金融服务委员会发布了《金融中心政策三年规划（2020—2022）》为配合其规划，韩国政府出台、修订了一系列相关法律，例如，2020年8月生效的《在线投资相关金融法》、2021年6月生效的《众筹融资行业发展计划》，修订的《信用信息使用及保护法》等。韩国政府也十分重视大数据的推广与应用，推出了开放银行系统、金融大数据平台等一系列数据交换工具。

（五）新加坡实践

新加坡的金融科技监管机制分工细致，并不断升级完善。2015年8月，新加坡政府在新加坡金管局下设立金融科技和创新团队。2016年5月，新加坡政府与新加坡创新机构合作，为金融科技监管注入技术方面的专业力量，成立了金融科技署。基于细致的监管分工，新加坡积极推动新兴技术在不同金融细分领域的应用。新加坡政府于2021年5月启动了Veritas项目第一阶段，帮助金融机构验证其人工智能和数据分析解决方案的公平性。

教学活动设计

教师活动情景：

1.将班级学生划分为若干小组，并指定组长，组长负责对任务分解和责任落实。

2.请学生查询资料，阐述任意2个国家在金融科技监管实践的进程并进行对比分析。

学生活动情景：

1.查询资料。

2.以PPT的形式进行课堂展示。

活动要点：学生能够对国内外金融科技监管实践情况充分掌握。

(六）中国实践

中国的战略规划立意长远，致力于建设高效全面的监管系统。中央政府成立了相关监管机构，并对中国金融科技发展进行长期规划。中国人民银行于 2017 年成立金融科技委员会，旨在加强对金融科技的研究规划和统筹协调，并明确提出将"建立金融科技监管规则体系，完善创新管理机制，营造有利于金融科技发展的良性政策环境"。在长期规划指导下，中国政府逐步完善了金融科技相关法律与技术规范。政府鼓励金融机构合理使用大数据、物联网等新兴技术，并陆续发布了云计算、声纹识别等新技术金融应用规范，出台了《中华人民共和国数据安全法》《中华人民共和国网络安全法》等较有针对性的法律法规。

第二节 金融科技在监管中的应用

一、监管科技的概述

（一）监管科技的内涵

监管科技（RegTech）是监管与科技的融合，国际金融协会将其定义为能够高效解决监管与合规性要求的新技术。金融科技监管与监管科技既有联系又有区别。第一，监管科技是科技在监管者进行监管方面的具体应用，以及在金融科技公司自身在合规管理方面的应用。第二，从主体来说，金融科技监管更侧重于监管者对金融与科技的高度融合带来的新型风险的管控，它比监管科技的主体更加具体。第三，从监管的内涵来说，金融科技监管的内涵更广阔，它包括监管的理念、措施，是金融科技带来风险的一整套监管体系。而监管科技仅指操作层面上，监管者利用科技规范金融稳健发展的行为。

（二）监管科技的发展

监管科技的诞生滞后于金融科技的发展，但其与技术的融合发展阶段与金融科技的融合过程类似，可分为三个阶段：第一个阶段（监管科技 1.0 阶段），监管与技术的融合较为初级，技术主要起到工具的作用；第二个阶段（监管科技 2.0 阶段），监管与技术融合程度加深，监管体系进行数字化建设；第三个阶段（监管科技 3.0 阶段），监管和科技融合发展，科技逐渐重塑监管体系的架构。

1. 监管科技 1.0 阶段（20 世纪 80 年代—2007 年）

运用技术手段来加强金融监管和合规的历史可以追溯到 20 世纪 80 年代，从这一时期到 2008 年金融危机爆发之前，监管科技的发展仍处于萌芽阶段。这一阶段的监管和科技的结合程度较弱。

在监管科技 1.0 阶段，得益于全球信息技术的发展，从软硬件到系统开发设计都有了较为成熟的经验，能够支撑监管科技的成熟应用。这一阶段的监管科技特征可以归纳为以下两个方面：一是主要目标是替代人工。此阶段的监管科技处于 IT 发展初期，金融监管部门及金融机构更多将其视为提升传统业务处理效率的辅助工具，主要为了解决更加严格的监管要求、日益增长的业务量与手工处理效率低、准确度差之间的矛盾；二是对监管理念的创新有限。在这一阶段，程序设计语言以流程化设计为主，监管系统的设计基于业务数据及已确定的算法、依赖已有的成熟业务流程及明确的业务需求，因此不会对现有的监管流程或监管理念形成实质性的创新。

2. 监管科技 2.0 阶段（2008—2015 年）

2008 年金融危机的爆发，直接推动了监管科技从 1.0 时代向 2.0 时代的迈进。一方面，在监管科技 1.0 时代，金融机构和监管当局过度依赖金融机构的内部量化风险管理模型所带来的风险隐患在危机中凸显；另一方面，危机爆发后，全球金融监管更趋严格，与之带来的监管重叠和矛盾也日益加剧，进一步推升了金融机构的合规成本，金融机构纷纷应用监管科技来优化其合规管理。

在监管科技 2.0 时代，其特征可以归纳为以下三个方面：① 数据仓库等技术的成熟助力此阶段的监管科技打破不同地域、不同业务间的数据孤岛问题，使得监管部门及金融机构能够从更全面的数据维度中提取有价值的信息；② 算法和算力突破成为监管科技的重点，由于数据采集的维度扩展，数据处理、分析的复杂度提升，算法和算力的突破成为系统升级的重要推动力量；③ 系统设计更多体现独立性，随着大型数据库技术、并行计算、网络操作系统等新技术的成熟和应用，监管科技系统逐步成长为具有独立体系和内生动力的模块，从被动地依存于业务流程过渡到主动地构建解决方案模块。

3. 监管科技 3.0 阶段（2016 年至今）

监管科技 3.0 主要是指进入新一代信息技术阶段后所采用的监管技术。从时间上来看，监管科技对于新一代科技的应用滞后于金融科技，2015 年英国金融行为监管局才最先提出要发展监管科技，自 2016 年开始，全球对监管科技的发展都给予了高度关注。

这一阶段的监管科技特征可以归纳为以下三个方面：监管科技的应用实践尚处于探索阶段。无论是从监管部门角度还是金融机构角度看，对于新一代信息技术在监督、合规领域应用的成熟性、有效性还有待进一步证明；缺乏监管配套体系及制度框架。新一代信息技术仍在快速发展，需不断完善配套监管体系和制度框架，对潜在风险做好控制和防范，构建适应监管科技发展的生态环境；逐步向"实时监管"进阶。新一代信息技术能有效解决原有监管体系事后监管的制约因素，向实时监管进阶，能够在风险问题发生时主动干预，及时阻断，并实现激励相容。

二、监管科技在合规端与监管端的应用

（一）监管科技在合规端的应用

应用于合规端的监管科技——合规科技（CompTech），依托云计算、区块链等新兴技术，将金融机构端和监管端以数字化的方式相连通，其着力点主要为数字化、数据识别与分析运用以及数据加密与传输技术。合规科技旨在帮助金融机构降低合规成本，更好地适应不断变化的监管规则，以满足合规要求。

1. 数字化

面对复杂繁多的监管规则，金融机构需要利用合规科技进行数字化处理，以便更全面地解读监管规则，应对突发风险。合规科技在数字化方面的运用主要分为数字化监管协议和数字化监管材料。

2. 数据识别与分析应用

数据识别与分析应用是合规科技的重要应用场景，主要由生成监管报告、风险管理、用户身份识别、合规咨询和交易监控五方面构成。

3. 数据加密与传输技术

合规科技在数据加密和数据传输过程中，主要是依靠区块链、机器学习、API等先进的金融科技为数据提供一个相对安全的加密环境，防止数据被篡改。

（二）监管科技在监管端的应用

运用于监管端的监管科技（SupTech），一方面，要解决监管机构如何获取全面、精准的监管数据的问题；另一方面，要解决在获取了海量数据之后的数据处理和分析问题，即监管端的监管科技主要侧重于数据收集和数据分析两大方面。

1. 数据收集

面对复杂多变的市场环境，监管部门需要更全面、更准确的数据对金融机构进行全面监管，因此，监管部门具有运用监管科技的充足动力。监管科技在数据收集方面的创新主要体现在监管机构对金融机构的业务进行实时监控并能够直接抓取数据，具体包含形成报告、数据管理和虚拟助手三个重要环节。

2. 数据分析

监管科技在数据分析方面的应用主要包括通过对大数据的分析识别来检测内幕交易和操纵市场等行为、利用机器学习等算法识别洗钱行为、结合数据分析对系统性风险进行预警等，具体包括市场监督、不端行为分析、微观审慎监管和宏观审慎监管等。监管科技在数据分析领域的应用，能够将风险和合规性监管从事后监管、被动性监管向前瞻性和主动性监管转变。

> **思考与实践**
>
> 学生可通过查找资料国内监管科技在监管端和合规端热点应用场景。

三、我国监管科技的实践应用

监管科技可以助力监管机构和金融机构从监管端和合规端两端发力，构建审慎监管下的金融科技创新生态。在新的形势下，监管机构、科技公司等参与主体如何发挥监管科技的应用价值，成为我国发展监管科技的当务之急。

（一）监管机构实践

1. 国家监管部门实践

国家相关监管部门加快推进监管科技的应用实践。原银保监会（现国家金融监督总局）开发监管标准化数据（EAST）系统，目前已进入5.0阶段，基本覆盖了现场检查、非现场监管、市场准入等所有金融监管领域。国家外汇管理局开发跨境资金流动监测与分析系统，以加强对跨境资金流动风险的监测和应对，维护国家经济金融安全。中国人民银行反洗钱监测中心开发反洗钱监测分析二代系统——大数据综合分析平台，对数据采集、数据分析、数据挖掘进行智能化再造，有效提高了金融监管效能。证监会运用大数据技术，有效加强对异常交易账户信息、违法线索的综合分析研判，提升了全链条打击的精准度。

2. 地方监管部门实践

地方金融管理部门也积极探索监管科技在风险监测预警中的运用。北京金融法院与北京市地方金融监督管理局通过"冒烟指数"对纳入监管系统的企业进行综合风险等级量化，有效监测企业非法金融活动风险。深圳市委金融委员办公室自主建设深圳市金融风险监测预警平台、深圳市地方金融监管信息平台、与腾讯公司共建了灵鲲金融安全大数据平台，强化金融风险监测预警，稳妥处置各类金融风险隐患。宁波市金融办建设金融风险"天罗地网"监测防控系统，其具备风险监测、风险预警、风险处置、机构监管等功能，能对金融风险进行全流程持续监控和动态分析。

（二）科技公司实践

运用于合规端的监管科技，旨在帮助金融机构降低合规成本、更好地适应不断变化的监管规则，满足合规要求。国内金融科技公司除了利用自身的技术优势来推动监管科技的发展实践外，也在积极探索与监管机构、金融机构的合作，共同推进监管科技理论和实践的开发应用。国内科技公司的监管科技实践如表11-3所示。

表 11-3 国内科技公司的监管科技实践

序号	金融科技公司	监管科技实践
1	蚂蚁金服:"蚂蚁风险大脑"	开发"蚂蚁风险大脑"智能监管科技系统,其具有数字化动态监测、智能化监测预警、穿透式识别隐患、一体化联合处置四大核心能力
2	度小满金融:"AI FinTech 解决方案"	发挥百度 AI 优势和技术实力,拥有智能获客、大数据风控、身份识别、智能客服、区块链等五大核心能力,构建全流程 AI FinTech 解决方案
3	奇富科技:"Argus 风控系统"	通过对企业主体和贷款主体之间关联关系的深入挖掘,将其置于整体关系图谱中进行智能风控,通过信息维度的拓展甄别信息不对称风险
4	陆金所:"巡检机器人"	实现 App 页面自动化巡检监控,"7 天 ×24 小时"不间断检查 App 交易、营销活动、账户安全等核心功能流程,前置发现和快速定位 App 内的各类问题
5	冰鉴科技:"冰盾联邦学习平台"	通过对加密技术、机器学习技术的运用,将银行客户的权益偏好与外部数据融合建立营销模型,实现银行存量客户的偏好分析
6	大数金融:"数字小微信贷技术"	覆盖产品和流程设计、精准获客、数字风控、智能运营、底层科技等,帮助金融机构建立数字风控能力与智能化小微信贷业务体系

第三节 金融科技伦理治理体系

一、金融科技伦理概述

(一)金融科技伦理的概念

从宏观上说,金融科技伦理体现的是各利益关联方在金融科技活动中所建立的特殊伦理关系,它能够规范和调节金融科技活动中的集体行动和个体行为,并使之符合"能做"和"应做"的价值标准和伦理总则。从中微观层面来说,金融科技伦理是指在金融科技活动中,传统金融机构、互联网科技企业、行业从业人员以及其他相关参与主体都应当遵循的符合金融市场规范的行为道德准则。

（二）金融科技伦理的基本特征

1. 跨学科性

一方面，金融科技伦理是大数据、互联网、云计算、人工智能等技术下金融伦理的一个前沿研究领域，属于经济伦理学范畴。作为一种特殊的经济资源，经济伦理在降低交易费用、创造合作效益中具有重要的调节作用。近年来，随着互联网技术的迅速发展，蕴含着经济伦理思想的共享经济、普惠金融等热点问题成为研究的焦点，并成为社会消费、市场竞争和社会信用等方面的经济伦理规范新常态。另一方面，金融科技伦理的研究需要分层次、分类别地厘清相互之间的关系，既包含数字化情景下的"虚拟社会"伦理关系，也包含金融活动参与主体之间形成"市场交易"伦理关系。金融科技伦理规定了金融科技创新活动中参与主体应恪守的道德观、责任观，在应用伦理学的诸多领域中，"科技伦理"同"责任"这一概念联系得最为紧密。从本质上来说，金融科技伦理并不是科学技术本身的问题，而是文化和价值的问题，对层出不穷的金融科技伦理困境进行价值引导和伦理规约，真正实现了金融科技发展是为了服务人而不是制约人。同时，金融伦理涵盖了金融活动中的伦理关系、伦理意识、伦理准则和伦理活动等诸多方面，金融市场参与者自身所具备的伦理素养，不仅会约束微观个体的应然性道德行为，还将直接关系到市场的公平与效率问题，最终影响金融资源的最优配置和金融市场的有效性。

2. 可延续性

金融科技是金融与科技的有机结合体，两者的融合方式与融合深度随着科学技术的迭代更新持续演进，与之相适应的金融科技伦理的内涵与外延也有所不同。从数百年的金融发展史来看，金融业始终伴随着新技术的不断引进、应用和融合，可以说技术革新是金融创新的重要推动力，金融科技本质上是科技驱动型的金融创新。这一进程给传统金融和社会伦理道德带来了新的挑战，使得从金融伦理的角度阐释金融科技融合进而规避潜在金融风险的问题成为应用伦理学的分支领域之一。金融主体的机会主义行为会通过新技术加剧金融领域的伦理冲突，从而为伦理学视域的金融科技风险和道德问题增添了新内容、新特征。虽然金融科技在我国发展时间不长，但我国的金融科技实践已位居世界前列，通过借鉴国外金融和科技融合进程中的伦理失范问题，结合我国金融科技发展的实践，梳理金融科技活动参与各方之间的特殊伦理关系，挖掘其中可能的伦理问题并持续形成与之相关联的金融市场伦理规则，是构建中国特色金融科技伦理规范的可行路径。

3. 多维度性

道德伦理是对金融科技主体参与金融活动的软性规定，金融科技的内在多维度伦理要求使得社会道德成为除政府和市场之外的重要调节力量，这种第三方调节力量可以用来矫正和平衡金融科技行业发展进程。金融科技伦理包含三个维度：一是"非自利"的人性伦理原则。在金融市场中，金融科技活动参与主体作为理性的"经济人"都有其自身利益最大化的诉求，而"价值中立"则进一步加剧了这种逐利天性。金融科技伦理作为从事金融活动的各方应遵循的行为规范和道德原则，以"非自利"的人性伦理来保障社会利益、集体利益和他人利益不受侵犯。二是公平原则，即在金融与科技融合创新的进程中，各方参与主体秉持公平公正的原则，履行其"能做"和"应做"的职责和义务，追求旨在"实现基于公平的平等"。在更深层意义上，公平性还意味着通过新技术与传统金融服务融合，消除传统金融排斥，提高长尾客户群体的金融服务可得性，最终提高金融普惠服务供给质量。三是信用原则。任何形式的金融科技活动都以信用原则为基本框架，诚实信用是实现金融交易的前提。在信用关系层面约束资本道德属性中的消极因素，逐步成为为社会大众服务的新意识形态。鉴于金融科技伦理的多维性特征较好地契合了普惠金融服务大众的理念，其背后的逻辑与普惠金融的伦理思维也存在诸多共同之处。

二、金融科技伦理治理的国际发展

放眼全球，美国、欧盟、新加坡等部分金融科技领先国家（或地区）结合自身金融科技发展与治理实际需要，在金融科技伦理治理领域以"建组织、明原则、出规则、做审查"为切入点采取了一些政策举措，但总体仍处于起步探索阶段。

（一）美国：最早出台金融隐私权法明确行业规范，并提出"负责任的创新"监管框架

1. 出台政策和设立组织

1974年，美国出台了《隐私法案》，对收集和使用个人数据的行为边界和责任作出规定。随后颁布《金融隐私权法案》，明确了政府机关对个人金融信息的利用和银行对个人信息商业利用的行业规范。2009年，美国众议院通过《金融监管改革方案》，明确金融机构最低限度的个人数据保护标准，规定除非征得消费者同意，否则金融机构不能将非公开的个人信息透露给无关联第三方。2014—2016年，美国利用大数据、伦理与社会理事会（the Council for Bigdata, Ethics and Society, BDES），组织开展了关于解决大数据科技应用中的社会、伦理、法律和政策议题的一系列研究讨论活动。

2. 加强金融科技监管

美国货币监理署（Office of Comptroller of the Currency, OCC）将"负责任的创新"作为一个监管主题，并于2016年成立创新办公室支持负责任的金融创新，并对金融科技公司利用云计算、分布式账本、大数据分析等新技术在金

融产品和服务上的应用进行监管。

3. 制定金融数据伦理规范

2017年10月，美国消费者金融保护局（Consumer Financial Protection Bureau，CFPB）发布《关于消费者金融数据共享和整合的指导原则》，明确有权获取金融数据的主体范围、消费者可自主授权的数据范围及第三方获得授权后的数据使用情况披露，通过行为规范保障了科技应用中的金融数据共享的安全性、透明性和准确性。

（二）欧盟：设立独立的金融科技伦理治理机构，推进各成员国的数据保护和伦理治理

1. 基于金融科技伦理角度加强数据保护

2018年5月，欧盟出台的《通用数据保护条例》（简称《条例》）正式生效，在欧盟范围内建立统一的个人信息保护和利用规则，并在《条例》生效当天设立数据保护委员会（European Data Protection Board，EDPB），促进欧盟数据保护要求的统一和各成员国间的保护协作。2018—2019年，欧盟先后发布《伦理与数据保护条例》和《可信人工智能伦理指南》草案，进一步明确了科技应用方面的伦理指引，从道德和价值观的角度设定数据在生活生产应用中的保护规范。

2. 加强金融科技伦理调查与监管

2016年6月—12月，欧盟社会经济委员会（European Economic and Social Committee，EESC）开展了大数据伦理调查，指出具体问题并制定相应的制衡措施，为治理提供决策依据。2019年4月，欧洲委员会人工智能高级专家组（AI HLEG）发布《人工智能指南》，规定人工智能系统开发利用中应坚持有益、无害、保持人的能动性、公平以及透明操作原则，相关原则现已被欧洲银行管理局采用。2019年9月，欧洲保险和职业养老金管理局成立欧洲数字伦理咨询专家组（UNESCO），并于2021年6月发布《人工智能治理原则》，提出保险领域应用人工智能的六项伦理原则，包括比例原则、公平性与非歧视原则、透明度和可解释性原则、人的监督原则、可追溯的数据治理原则、稳健性和性能原则等。

（三）新加坡：鼓励金融机构科技创新，并创建Veritas评估框架促进伦理要求落地实施

1. 建立行业标准

2016年，新加坡金融监管局与新加坡国立研究基金会联合设立金融科技办公室，负责监管政策和发展战略，以促进金融领域的技术和创新应用。2018年11月，新加坡金融监管局发布《金融部门人工智能和数据分析（Artificial Intelligence and Data Analytics，AIDA）使用指引》，正式发布公平（Fairness）、

道德（Ethics）、问责（Accountability）、透明度（Transparency）四原则（FEAT），并提到使用人工智能或数据分析决策应遵循的道德标准、价值观和行为准则。

2. 创新公平性评估方法

2019年11月，新加坡金融监管局与金融行业合作创建Veritas评估框架，帮助金融机构根据FEAT原则评估其人工智能与大数据分析解决方案。2021年1月，新加坡金融监管局发布《FEAT公平性原则评估方法》，从系统目标、数据和模型、系统影响度量、个人数据使用、持续监测五个方面指导开展公平性评估，并启动Veritas第二阶段，将适用范围拓展至保险领域。

三、我国金融科技伦理治理的现状及体系构建

（一）我国金融科技伦理治理的现状

当前，随着金融科技的快速发展和广泛应用，我国金融业界对加强金融科技伦理治理的必要性和紧迫性日益形成共识。目前，我国金融科技伦理治理体系建设主要有以下四个特点。

1. 顶层设计日益完善

中国人民银行于2019年8月发布《金融科技（FinTech）发展规划（2019—2021年）》，其中，守正创新、安全可控、普惠民生等金融科技发展基本原则均涉及伦理道德方面。2021年12月中国人民银行印发的《金融科技发展规划（2022—2025年）》中提到，治理体系方面突出"完善""全面"和"穿透式"的治理模式，从顶层设计到数字化能力再到伦理建设，全方位完善金融科技治理体系，构建互促共进的数字生态。《中华人民共和国国民经济和社会发展第十四个五年规划和2035年远景目标纲要》明确要求，探索建立无人驾驶、在线医疗、金融科技、智能配送等监管框架，完善相关法律法规和伦理审查规则。

2. 标准规范正式发布

中国人民银行于2022年10月发布《金融领域科技伦理指引》（JR/T 0258—2022）金融行业标准。该标准探索提出了守正创新、数据安全、包容普惠、公开透明、公平竞争、风险防控、绿色低碳等标准要求。

3. 伦理规范落实为监管要求

我国金融管理部门在制定金融科技领域相关监管规则时，注重将关键伦理要求贯彻落实到具体监管条款中。比如，原银保监会于2020年12月发布的《互联网保险业务监管办法》明确要求，保险机构开展互联网保险业务，应符合新发展理念，依法合规，防范风险，以人为本，满足人民群众多层次风险保障需求不得损害消费者合法权益和社会公共利益。同时在信息披露、销售管理、服务管理、运营管理等领域的监管规则中将以人为本、公开透明、权益保

护、公平普惠等伦理要求具体化和可操作化。

4. 伦理自律先行先试

行业自律是行政监管的有效补充和有力支撑，也是金融科技伦理治理的重要组成部分。中国互联网金融协会成立之初即发布《中国互联网金融协会会员自律公约》和《互联网金融行业健康发展倡议书》，明确依法合规、诚实守信、科学创新、防范风险、公平竞争、团结协作、自我约束、健康发展等会员自律的基本原则，通过自律惩戒机制将相关伦理要求落实到行业自律管理中。

（二）金融科技伦理治理体系的构建

1. 政府层面：主导构建金融科技伦理体系

（1）推动建立专业的伦理准则。结合数据伦理、算法伦理、人本主义伦理、生态伦理等视角，加快金融科技伦理框架建设，探索建立金融科技道德标准"正面清单"，形成适用于我国的金融科技专业伦理准则。不断丰富金融科技伦理内容，提高对金融科技发展过程中相关问题的覆盖面，使得金融科技伦理能有效指导新出现的问题和无法可依、无章可循的现象。

（2）完善配套政策。除主动将社会和伦理责任纳入金融科技发展的指导原则外，还需加强与监管政策的协同配合，实现伦理、政策、法律的有效协同。例如，加快金融科技发展中的数据处理与数据保护立法、立规进程，在行业中形成较完整的数据保护政策体系，完善金融科技应用主体的法律责任，提升数据和算法的可问责性；加强反垄断监管，防止数据垄断带来的不正当竞争风险。

（3）提高金融消费者的金融科技伦理意识。加快培养金融消费者的伦理意识，通过社会宣传、公众讨论、社区教育等方式，引导金融科技消费者对消费权益、伦理关注并加深其理解，增强其对金融科技有关伦理问题的敏感性，使其主动参与监督金融科技活动，最终在金融科技领域乃至金融行业和全社会形成一种尊重隐私、维护权益的自觉意识和良好氛围。

2. 行业层面：推动金融科技企业伦理自律机制建设

（1）成立金融科技伦理委员会。鼓励全国各地积极开展金融科技伦理委员会的筹备工作，集合人工智能相关的技术、行业产业、法律、社会团体等不同领域代表，综合考虑社会各个阶层与群体的利益及诉求，在金融科技伦理委员会的决策程序中予以反映。探索建立金融科技道德标准、金融科技创新与监管机制，推动建设健康完整的金融科技生态系统。

（2）制定各个细分行业实践标准。加强行业自律，鼓励和支持各金融自律性组织发挥实践优势，建立完善数据、算法、人本等金融科技领域相关伦理的实践标准，为金融科技公司等提供具体操作指南。例如，通过行业标准引导企业加强对环境风险管理、ESG评估、环境效益测算和绿色信贷等方面的投入和应用，提升金融科技企业生态伦理的自觉性。

（3）探索建立金融科技行业伦理监督问责机制。探索建立金融科技伦理听证制度、金融科技伦理风险评估、伦理危机应对机制等行业伦理监督机制，完善伦理责任评价体系，强化行业协会等第三方力量对金融科技的有效监督。同时，参考律师等行业制度，建立纪律委员会制度，对违反金融科技伦理准则和行为标准的金融科技企业及从业者进行劝诫、公开谴责，以此促进金融科技道德规范和行为标准的落实落地。

3. 企业层面：开展常态化伦理行为规范建设

（1）尽快制定金融科技企业伦理治理制度。金融科技企业要增强金融科技伦理意识，不断调整和优化信息技术系统，制定符合金融科技伦理要求的数据采集、使用、保护流程和内部算法风险管理制度，合理平衡好商业利益与伦理道德之间的关系。同时，根据金融科技技术发展变化，及时掌握金融科技伦理准则和行动标准的新动向，对企业金融科技伦理管理制度做出调整和更新，以确保制度的指导性和有效性。

（2）推动企业员工伦理规范培训和考核。将金融科技伦理治理需要与道德教育有机结合起来，注重对从业人员伦理准则和道德责任的教育培训，提高从业人员道德修养的自觉性和自律意识。将数据保护、算法治理等有关专业伦理准则和行业实践标准在金融科技设计、研发和运营中的落实情况，作为企业考核的重要指标，提升金融科技从业者的金融科技伦理意识和社会责任。

（3）加强企业系统伦理建设。金融科技公司可在人机交互系统操作中，通过设置操作冷静期、前置伦理评估等方式，保证消费者能够在理性的自我约束环境下作出决策，接受适度的数据交换和金融服务，并保障消费者的知情权、隐私权和主动权，进一步平衡好金融科技服务效率与金融科技伦理之间的关系。

知识自测

1. 单选题

（1）下列哪项不属于金融科技监管的理念（　　）。
　　A. 积极主动型监管　　　　　　B. 非合作式监管
　　C. 安全稳健型监管　　　　　　D. 被动型监管

（2）当前监管科技的发展阶段属于（　　）。
　　A. 监管科技 1.0　　　　　　　B. 监管科技 2.0
　　C. 监管科技 3.0　　　　　　　D. 监管科技 4.0

（3）下列哪项是监管科技在监管端的运用（　　）。
　　A. 数据分析　　B. 数据加密　　C. 数据识别　　D. 数据传输

（4）下列哪项不是金融科技伦理的基本特征（　　）。

　　A. 跨学科性　　　B. 可延续性　　　C. 多维度性　　　D. 多应用性

（5）关于金融科技伦理治理的国际经验内容描述中，正确的有（　　）。

　　A. 美国出台金融隐私权法明确行业规范，并提出"负责任的创新"监管框架

　　B. 欧盟设立独立的金融科技伦理治理机构，推进各成员国的数据保护和伦理治理

　　C. 韩国创建 Veritas 评估框架促进伦理要求落地实施

　　D. 新加坡鼓励金融机构科技创新

2. 多选题

（1）下列哪项属于金融科技底层技术监管的集中领域（　　）。

　　A. API　　　　　B. 云计算　　　　C. 生物识别　　　D. 量子计算

（2）应用于合规端的监管科技其着力点主要为（　　）。

　　A. 数字化

　　B. 数据识别与分析运用

　　C. 数据加密与传输技术

　　D. 数据收集

（3）中国金融科技伦理治理的现状是（　　）。

　　A. 顶层设计日益完善　　　　　　　B. 标准规范未研制

　　C. 伦理规范落实为监管要求　　　　D. 伦理自律先行先试

3. 简答题

（1）简述金融科技监管。

（2）简述监管科技的发展阶段。

（3）中国金融科技伦理治理的现状。

参考文献

[1] 崔满红，李照临．互联网金融概论［M］．2版．大连：东北财经大学出版社，2020．

[2] 管同伟．金融科技概论［M］．北京：中国金融出版社，2020．

[3] 吕勇，张蓓，单俊．金融科技［M］．北京：中国人民大学出版社，2021．

[4] 郭福春，吴金旺．金融科技概论［M］．2版．北京：高等教育出版社，2024．

[5] 李建军，彭俞超．金融科技学［M］．北京：高等教育出版社，2021．

[6] 杨望，魏志恒．金融科技：发展背景、国际现状及未来展望［J］．国际金融，2022，（04）：54-58．

[7] 周灵．中美保险科技发展现状比较［J］．中国保险，2021，（06）：58-61．

[8] 何柳亭．智能投顾的现状、发展及监管问题研究［J］．中国集体经济，2023，（08）：161-164．

[9] 李鹰，刘帅，邵俊，等．生物识别技术在支付领域的应用［J］．金融纵横，2021，（08）：47-53．

[10] 蔡张炀，高庆海．我国金融科技风险表现、成因与监管应对［J］．投资与创业，2022，33（17）：20-22．

[11] 李莉莎，尹颖欢．金融科技的法律风险与制度回应——以监管沙盒为视角［J］．金融科技时代，2022，30（01）：17-22．

主编介绍

武飞,男,博士,教授,国家高级理财规划师,2007年入选北京市"人才强教"计划中青年骨干教师,2009年被评为北京市高等学校教学名师,2010年担任北京市属高等学校"人才强教"深化计划优秀教学团队负责人,2019年入选北京市属高校高水平教师队伍建设支持计划"长城学者"培养计划,兼任教育部金融职业教育教学指导委员会副秘书长、北京市区域经济学会常务理事、北京国际金融学会常务理事。主持1门职业教育国家级在线精品课程、1门国家级精品资源共享课;主编2本"十二五"职业教育国家规划教材、1本北京市精品教材、1本金融专业核心教材;主持建设国家职业教育金融专业教学资源库项目,主持制定国家职教本科金融专业简介,参与制定国家高等职业教育金融专业教学标准;牵头获得1项职业教育国家级教学成果二等奖、1项北京市高等学校教学成果一等奖、1项北京市高等学校教学成果二等奖。担任全国职业院校技能大赛金融类赛项专家组成员,担任多个省级职业院校技能大赛金融类赛项的裁判长,获评"2021年全国职业院校技能大赛优秀裁判员"称号。参与2项教育部教育规划课题,主持8项北京市科学研究及人才资助课题,出版4部金融产业发展战略和金融职业教育发展的学术著作,发表20余篇学术论文。

胡增芳，男，经济学硕士，副教授，安徽省线上教学名师、安徽省教坛新秀，高级"双师型"教师，安徽省委教育工委优秀共产党员，现任安徽商贸职业技术学院金融科技学院院长，兼迪科金服学院院长、金融科技应用研究中心主任，全国职业教育数字金融产教融合联盟副秘书长。曾获职业教育国家级教学成果奖二等奖1项，安徽省高等学校教学成果奖二等奖3项，安徽省教师教学能力大赛一等奖2项，指导学生参加中国国际大学生创新大赛荣获银奖2项。主编"十四五"职业教育国家规划教材2本、"十三五"职业教育国家规划教材2本、"十二五"职业教育国家规划教材1本，发表学术论文11篇。曾牵头撰写教育部校企合作产教融合典型案例，主持建设国家级骨干专业——金融管理专业，主持省级专业综合改革试点、省级教学团队、省级MOOC项目、省级人才类项目等多个教学、科研、人才项目。

任碧峰，女，硕士，副教授，大数据应用工程师（高级）。主持1门省级精品在线开放课程、国家职业教育金融专业教学资源库子项目，主编财政部规划教材《外汇交易实务》参与制订1项国家国际金融专业教学标准，获得1项职业教育国家级教学成果二等奖，获得3项广东省教学大赛奖项。参与4项省级教育规划课题，发表8篇学术论文。

郑重声明

高等教育出版社依法对本书享有专有出版权。任何未经许可的复制、销售行为均违反《中华人民共和国著作权法》,其行为人将承担相应的民事责任和行政责任;构成犯罪的,将被依法追究刑事责任。为了维护市场秩序,保护读者的合法权益,避免读者误用盗版书造成不良后果,我社将配合行政执法部门和司法机关对违法犯罪的单位和个人进行严厉打击。社会各界人士如发现上述侵权行为,希望及时举报,我社将奖励举报有功人员。

反盗版举报电话 (010)58581999 58582371
反盗版举报邮箱 dd@hep.com.cn
通信地址 北京市西城区德外大街4号
高等教育出版社知识产权与法律事务部
邮政编码 100120

读者意见反馈

为收集对教材的意见建议,进一步完善教材编写并做好服务工作,读者可将对本教材的意见建议通过如下渠道反馈至我社。

咨询电话 400-810-0598
反馈邮箱 gjdzfwb@pub.hep.cn
通信地址 北京市朝阳区惠新东街4号富盛大厦1座
高等教育出版社总编辑办公室
邮政编码 100029

防伪查询说明

用户购书后刮开封底防伪涂层,使用手机微信等软件扫描二维码,会跳转至防伪查询网页,获得所购图书详细信息。

防伪客服电话 (010)58582300

资源服务提示

授课教师如需获取本书配套教辅资源,请登录"高等教育出版社产品信息检索系统"(xuanshu.hep.com.cn),搜索本书并下载资源。首次使用本系统的用户,请先注册并完成教师资格认证。

高教社高职金融教师交流及资源服务QQ群:424666478